古典文獻研究輯刊

二四編

潘美月・杜潔祥 主編

第 17 冊

先唐雜傳地記輯校
——地記輯校乙編
（第十二冊）

王琳主編　張帆帆、王琳輯校

國家圖書館出版品預行編目資料

先唐雜傳地記輯校——地記輯校乙編（第十二冊）／王琳主
編 張帆帆、王琳輯校 -- 初版 -- 新北市：花木蘭文化出版社，
2017〔民 106〕
目 4+246 面；19×26 公分
（古典文獻研究輯刊 二四編；第 17 冊）
ISBN 978-986-485-007-5（精裝）
1. 藝文志 2. 唐代
011.08　　　　　　　　　　　　　　　　106001915

ISBN-978-986-485-007-5

9 789864 850075

古典文獻研究輯刊
二四編　第十七冊　　　　　　ISBN：978-986-485-007-5

先唐雜傳地記輯校──地記輯校乙編（第十二冊）

編 校 者	王琳主編　　張帆帆、王琳輯校
主　　編	潘美月　杜潔祥
總 編 輯	杜潔祥
副總編輯	楊嘉樂
編　　輯	許郁翎、王筑　美術編輯　陳逸婷
企劃出版	北京大學文化資源研究中心
出　　版	花木蘭文化出版社
社　　長	高小娟
聯絡地址	235 新北市中和區中安街七二號十三樓
	電話：02-2923-1455／傳眞：02-2923-1452
網　　址	http://www.huamulan.tw 信箱 hml 810518@gmail.com
印　　刷	普羅文化出版廣告事業
初　　版	2017 年 3 月
全書字數	403157 字
定　　價	二四編 32 冊（精裝）新台幣 62,000 元

版權所有・請勿翻印

先唐雜傳地記輯校

——地記輯校乙編

（第十二冊）

王琳主編　　張帆帆、王琳輯校

目次

《南嶽記》　隋釋灌頂

　　除徐靈期《南嶽記》、宗測《衡山記》外，宋·釋志磐《佛祖統紀》卷七載有釋灌頂《南嶽記》一卷。釋灌頂，唐·釋道宣《續高僧傳》卷十九有傳，其俗姓吳，法名灌頂（562-632），字法雲，常州義興人，祖世避地東甌，因而不返，即爲臨海之章安。因其嘗居章安，後人亦多稱其名爲「章安」。釋灌頂，當生於南朝陳天嘉時，卒於唐貞觀六年。跨陳、隋、唐三代。釋灌頂著述頗豐，除《南嶽記》外，尚有《大般涅槃經玄義》二卷、《大般涅槃經疏》二卷、《觀心論疏》二卷、《天台智者大師別傳》兩卷、《國清道場百錄》五卷、《天台八教大意》一卷、《菩薩戒經義疏》二卷、《阿彌陀經義記》一卷等。

　　釋道宣《續高僧傳》載釋灌頂「陳至德元年，從智顗禪主出居光宅，研繹觀門，頻蒙印可。逮陳氏失馭，隨師上江勝地名山，盡皆遊憩，三宮廬阜，九向衡峯，無不揖迹依迎，訪問遺逸，後屆荊部，停玉泉寺，傳法轉化，教敷西楚。」推斷其《南嶽記》應作於陳至德元年後。釋灌頂《南嶽記》，史志不載，唐·釋湛然《輔行記》引一條。茲將其附於下，以備考證。

天台

　　天台者，章安《山記》云本稱南嶽，周靈王太子晉居之，魂爲其神，命左右公改爲天台山也。若准孫公《山賦》云，所以不列於五嶽，闕載於常典者，以其所立幽奧，其路曠迥，故未知章安所出。」（《輔行記》卷一之一。）

　按，此條，《輔行記》言出章安《山記》，章安，當即釋灌頂。《山記》，應即《南嶽記》之別稱。按，學界有「霍山赤城」即天台赤城山爲「南嶽」的爭論，釋灌頂《南嶽記》，亦或涉及此爭論。《輔行記》作者所引此條，開頭冠以「天台山」句，或《輔行記》作者以爲此條所記爲《天台山記》，引用時又簡稱作《山記》，從而致誤。

《南嶽記》　　佚名

除徐靈期《南嶽記》、釋灌頂《南嶽記》外，唐宋諸書所引又有不標明作者的《南嶽記》數條，因無法判斷其作者歸屬，茲將此數條作者不可考的《南嶽記》單列，另作一種。

仙人壇

仙人壇青石而有白石文，可容人坐，東望湘水如白帶，水聲如琴，鳥鳴如歌。(《編珠》卷一。)

白馬山

衡山縣白馬山，山上有泉，名雞頭水。(《編珠》卷一。)

舜溪

舜澗東出舜廟，廟下有舜溪。(《編珠》卷一。)

丹崖

丹崖即仙人宮也。(《杜工部草堂詩箋》卷三十七。)

仙宮

流丹崖南五里，得仙人宮。道士休糧絕穀，身輕清虛，便得入此宮。(《初學記》卷八。)

流丹崖南五里，得仙人宮，道士非絕穀養氣，不得入此宮。(《太平寰宇記》卷一百一十四。)

太虛寶洞

衡山者，太虛之寶洞。(《初學記》卷八。)

衡山者，朱陵之靈臺，太虛之寶洞。上承翼、軫，鈐總萬物，故名衡山；下踞離宮，統攝火師，故號南嶽。赤帝館其嶺，祝融宅其陽。逮於軒轅，以潛、霍二山副焉。(《方輿勝覽》卷二十三。)

仙人石室

衡山有仙人石室，中有白玉牀榻。(《北堂書鈔》卷一百三十三。)

石床石幾

衡山有〔一〕石室，內〔二〕有石床石几。（《太平御覽》卷七百一十。又見《事類賦注》卷十四。）

〔校記〕

〔一〕有，《事類賦注》無。

〔二〕內，《事類賦注》無。

衡山三峰

衡山有三峰，其一名紫蓋，天景明徹，有一雙白鶴徊翔其上，一峰名石囷，下有石室，中常聞諷誦聲，一峰名芙蓉，上有泉水飛流，如舒一幅練。（《北堂書鈔》卷一百六十。）

《衡山記》　佚名

除徐靈期《衡山記》外，南朝宗測亦有《衡山記》一種。宗測，詳見佚名《廬山記》題解。唐宋時期各類書所引佚名《衡山記》，多無法判斷各條目作者歸屬，茲將其單列，另作一種。

靈壽崗

衡山有靈壽崗，山上多芝草、靈壽木。（《北堂書鈔》卷一百五十七。）

空青崗

空青崗有天津玉池。（《文選·詩庚·雜擬下·嵇中散》李善注。）

灊、霍二山

衡山，南嶽也。至黃帝乃以灊、霍二山爲副。（《白氏六帖事類集》卷二、《事文類聚》前集卷十三、《事類備要》前集卷五、《群書通要》甲集卷八。）

曾青崗

衡山有曾青崗，出〔一〕曾青，可以〔二〕合仙藥。（《北堂書鈔》卷一百五十七。又見《太平御覽》卷九百八十八。）

〔校記〕

〔一〕出，《太平御覽》無。

〔二〕以，《太平御覽》無。

衡山有曾青岡，出曾青，可合仙藥。有靈壽岡，有〔一〕靈壽木，周廻數十里，芝草岡，有神芝靈草〔二〕。（《太平御覽》卷五十三。又見《藝文類聚》卷六。）

〔校記〕

〔一〕有，《藝文類聚》無。

〔二〕「周廻數十里」數句，《藝文類聚》無。

衡山峰

（衡山）其可稱者有芙蓉峰，有紫蓋峰，有石菌峰。（《九家集注杜詩》卷十六。）

黃玉床

仙人室中有黃玉床。（《太平御覽》卷七百零六。）

銅銚

有人採藥，暮宿石室中，見一銅銚，是煮藥處。蠻人聞之，取銚還用，舉村盡病，送返乃已。（《太平御覽》卷七百五十七。）

鐵杵

桂英巖上，鑿石作臼。有鐵杵，倚置〔一〕巖畔。石臼邊有兩人腳跡〔二〕。（《太平御覽》卷七百六十二。又見《南湖集》卷五。）

〔校記〕

〔一〕置，《南湖集》無。

〔二〕此句，《南湖集》無。

石室

雞頭陂西有石室，有人採藥，暮宿其中。曉見一鋸懸在壁上。示有形，無復鐵貫。（《太平御覽》卷七百六十三。）

白艾

測以五月五日，未雞鳴時，採艾若見，似人形，時攬而採之，灸疾極驗也。（《東坡先生物類相感志》卷十二。）

天柱峰

天柱峰高四千一百尺，夏禹理水，刻石峰上。紫蓋峰多隱雲表，常有白鶴仙童飛翔其側。（《施注蘇詩》卷二十四。）

流丹

玄草崗東南有流丹，服之不死。（《北堂書鈔》卷一百五十七。）

淩倚

淩倚隱衡山，往來自負書劍，削竹爲擔，裏以鳥氈，倚既死，山僧取以供事。（《雲仙雜記》卷四。）

《名山略記》　　徐道士

《名山略記》，卷亡，史志不著錄，作者不詳，唯編珠引《名山略記》一條言爲「徐道士」作，觀諸書所引條目，多寫道家靈異之事。但其作者本名無考。是書北宋時諸書多徵引，南宋諸書所引無出北宋書之外，或其亡於兩宋之際。

九疑山

九疑山〔一〕，漢末有〔二〕張禮正，魏時有治明期，南遊九疑，禮正服黃精，明期服澤瀉、桮實，後俱遇〔三〕西城君，受虹景方，兼以守一，遂內洞徹〔四〕，東華遣〔五〕迎，乘雲上升天〔六〕。（《白氏六帖事類集》卷二。又見《藝文類聚》卷七、《輿地紀勝》卷五十八。）

〔校記〕

〔一〕此句，《輿地紀勝》無。

〔二〕有，《輿地紀勝》無。下「魏時有治明期」之「有」字，其亦無。

〔三〕俱遇，《藝文類聚》作「俱適」。

〔四〕徹，《藝文類聚》作「澈」。

〔五〕遣，《藝文類聚》無。

〔六〕此句，《藝文類聚》作「而乘雲升天」，《輿地紀勝》作「乘雲上昇」。

天台山

天台山在剡縣〔一〕，即是眾聖所降，葛仙公山也。（《藝文類聚》卷七。又見《白氏六帖事類集》卷二。）

〔校記〕

〔一〕縣，《白氏六帖事類集》無。

天台山，即〔一〕是定光寺諸佛所降葛仙公〔二〕山也。（《文選·賦己·遊覽·遊天台山賦》李善注。又見《杜工部草堂詩箋》卷十四。）

〔校記〕

〔一〕即，《杜工部草堂詩箋》無。

〔二〕葛仙公，《杜工部草堂詩箋》作「葛仙翁」。

天台山，葛仙公山也。（《通鑒地理通釋》卷五。）

龍尾溪

羅浮有龍尾溪。（《編珠》卷一。）

伏苓

鬱州山出伏苓。（《太平御覽》卷九百八十九。）

天門冬

鬱州出天門冬。（《藝文類聚》卷八十一。）

燒山

赤城山一名燒山，東卿司命君所居。洞周廻三百里，上有玉清平天。（《初學記》卷八、《錦繡萬花谷》後集卷六。）

長楓

天姥山有長楓千餘丈，今無之。（《（嘉定）赤城志》卷三十六。）

長山

有長山，在東北，縣因之爲名。（《太平寰宇記》卷九十七。）

阿育王塔

羅浮山有阿育王塔三十二所，雜道書〔一〕。（《太平御覽》卷四十一。又見《輿地紀勝》卷九十九。）

〔一〕此句，《輿地紀勝》無。

小白山

小白山，在會稽，陽城趙廣信以魏末入小白山，受李氏服氣法。又師左元放，受守中之道，後煉九華丹，丹成服之，太一遣迎。今在東華宮爲眞人。（《太平御覽》卷四十七。）

霍山

僧㩲道人居晉安霍山，晨出澗，忽見白水異常，飲之甘如醴，水過甚迅，器取得少許以餉。晉陶安不復中飲，㩲壽百三十歲〔一〕，〔二〕不知其終。（《太平御覽》卷五十九。又見《事類賦注》卷七。）

〔校記〕

〔一〕此句，《事類賦注》作「㩲年百三十餘歲」。

〔二〕《事類賦注》此處有「後」字。

徐誕

鬱州道祭酒徐誕常以治席爲事，有吳人姓夏侯來師誕，忽暴病死。終冬涉春，有長沙門從北來，於道中見夏侯，雲被崑崙，召不得辭師，寄手巾爲信。誕得手巾，乃本所送入棺者。（《太平御覽》卷七百一十六。）

《遊名山記》　釋法猛

釋法猛《遊名山記》，卷亡，史志不著錄，釋法猛，始末不詳，僅《北堂書鈔》引其《遊名山志》一條。

白丕山

白丕山頂有穴，窺瞰見色爛然，行人畏憚，無敢入者。（《北堂書鈔》卷一百五十八。）

《石室記》　　宋殷斌

　　殷斌《石室記》，卷亡，史志不著錄。殷斌，劉宋時人，元嘉三年，爲郎中，出使梁州、南秦州。

雪壁

　　第三室高十丈，餘者粗相似，皆素壁若雪，則萬象森羅。（《初學記》卷八、《錦繡萬花谷》後集卷六。）

石室

　　安域（城）新喻縣有石室，又有井，仰搆冥洞深，幽穴傍會，莫有能究其極者。（《北堂書鈔》卷一百五十八。）

《當山記》　　宋殷斌

　　殷斌《當山記》，史志亦不載，今所見有《太平御覽》所引一條。

鐵鑊

　　魏興反照山上有三公鐵鑊，常有數十斛，雖大旱而不減。長老云，有天子女欲來此山，愁思而死。三公衛送之，故於此烹之。（《太平御覽》卷七百五十七。）

《名山記》　　宋殷武（殷斌）

　　殷武《名山記》，卷亡，史志不著錄。殷武，疑即殷斌。《太平寰宇記》引其《名山記》一條。上文所言殷斌《當山記》，或爲殷斌《名山記》。

天柱山

上津天柱山，絕巖壁立，秀出眾嶺，有穴名遊仙洞，洞口有竹數莖，寒風凜然，人不敢入。（《太平寰宇記》卷一百四十一。）

《武當山記》　佚名

除殷斌《當山記》外，諸書所引又有不著作者《武當山記》數條。因無法判斷其作者歸屬，茲單列，另作一種。

武當山

山有石室。室中有銅杖〔一〕，長七尺八寸〔二〕。（《北堂書鈔》卷一百三十三。又見《太平御覽》卷七百一十、《太平御覽》卷八百一十三。）

〔校記〕

〔一〕此句，《太平御覽》卷七百一十作「有板床銅杖」，《太平御覽》卷八百一十三作「中有銅杖」。

〔二〕八寸，《太平御覽》卷七百一十作「三分」，《太平御覽》卷八百一十三無。

朝山

區域周迴四五百里，中央有一峰，名曰參嶺，高二十餘里，望之秀絕，出於雲表，清朗之日，然後見峰。一月之中，不過四五。清霄蓋其上，白雲帶其前，且必西行，夕而東返，則惟其常謂之朝山，蓋以眾山朝揖之主也。（《太平寰宇記》卷一百四十三。）

山周迴四五百里，中央有一峰，名曰參嶺，高二十餘里。望之秀絕，出於青雲之表，謂之朝山，盖眾山朝揖之主也。（《輿地紀勝》卷八十五。）

周迴四五百里，中有一峰，名曰參嶺。清明之日，然後見峰，山有三十六巖。（《方輿勝覽》卷三十三。）

山周迴五百里。（《通鑒綱目》卷十八。）

長利城

魏興錫縣有長利城。父老伯相傳云：是長安土所築邑，塞於餘城。（《太平御覽》卷一百九十二。）

《名山記》 佚名

除謝靈運《遊名山志》、殷斌《名山記》、徐道士《名山略記》、釋法猛《遊名山記》以外，諸書所引又有《名山記》一種，其條目皆不與以上諸書同，茲將其單列一種。另外，晉王嘉《拾遺記》卷十亦名《名山記》，後世書徵引時，時有作《名山記》者，因其所記不在地理，所以不將其納入輯佚範圍。

岡山

所謂岡山者也，下有泉水，昔李明於此下合神丹而升元洲，水邊今猶有處所。（《眞誥》卷十三。）

蕈山

蕈山，福地之數，云可避兵水也。（《元和郡縣志》卷二十一。）

松

松有兩鬣三鬣七鬣者，言如馬鬣形也。（《甫里集》卷二、《能改齋漫錄》卷七。）

朱孺子

道士朱孺子，服菊草，乘雲升天。（《初學記》卷二十七。）

道士朱孺子，吳末入王笥山，服菊花，乘雲升天。（《太平御覽》卷九百九十六、《古今合璧事類備要》別集卷三十九、《全芳備祖》前集卷十二、《記纂淵海》卷九十三。）

寶藏

括蒼洞周廻三百里。徐眞人所治，眞人名來勒，嘗得道上昇，至東漢爲太極法師，蒞職洞天，總司水旱罪福之籍。（《（嘉定）赤城志》卷二十二。）

霍山

霍山在羅江縣，高三千四百丈，上方八百里，東卿司命茅君所居。（《華陽陶隱居內傳》卷中。）

羅浮山

昔羅浮仙人居此山，故名之。(《太平寰宇記》卷一百二十。)

青城山

益州西南青城山，一名青城郡山，形似城。其山有崖舍赤壁，張天師所治處。南連峨嵋山，山遙望惟見兩青嶺。山如蠶蛾之眉，亦有洞天，諸靈書所藏不知當是第幾洞天也。(《太平御覽》卷六百七十四。)

北接嶓塚，南接峨嵋，東至成都，山形似城，其山有赤壁，張天師所治處，今遺跡猶存。(《太平御覽》卷六百六十三。)

華嶽

華嶽有三峰，直上數千仞，基廣而峰峻疊秀，迄於嶺表，有如削成。今博山香爐形實象之。又華山與首陽本一山，河神巨靈，以手擘開其上，以足踏離其下，分爲兩山，以通河流，故掌與脚跡存焉。(《太平寰宇記》卷二十九。)

嶽洞

嶽洞方百里，在終南、太一間。或名桂陽宮，多諸靈異。王屋山洞周廻萬里，名曰小有清虛天。按《王君內傳》云：在河內沁水縣界，濟水所出之源也。北有太行，東南有北邙、嵩山，內洞天⊔，日月星辰，雲氣草木，萬類無異矣。宮闕相映，金玉鏤飾，皆地仙所處，即清虛王君所居也。(《太平御覽》卷六百六十三。)

羅浮山洞

羅浮山洞周五百里，在會稽，南行三十里，其山絕高，葛洪解化處。(《太平御覽》卷六百六十四。)

大茅山

大茅山有小穴口，石填之，但精心齋戒，可得而遊。中茅山東亦有小穴，穴口如狗竇，劣容人入耳。愈入愈闊，外以磐石掩塞穴口，故餘小穿如杯大，使山靈守衛之。此磐石亦時開發，若勤懇齋戒，尋之得從而入，易於常洞口。好道者欲求神仙，宜預齋戒，則三茅君於句曲見之，授以要道，入洞門，句曲有五門，立志齋戒三月，尋登此門者可入矣。(《太平御覽》卷六百六十七。)

道士

羅浮山有道士賫鐵臼杵，欲合丹未成而仙化。（《太平御覽》卷七百六十二。）

扶容石

扶容石，草多黃連。（《太平御覽》卷九百九十一。）

臺山

峨嵋山在蜀嘉定州南，北有臺，山有六寺，光相居絕頂，白水寺居其中。自白水至光相歷八十四盤。山徑如線，如是者六十餘里，至山頂即普賢示，現處其屋，皆以板爲之。（《施注蘇詩》卷六。）

赤城丹山

赤城丹山洞周三百里，名曰上清玉平天。此山下洞臺方二百里，司命君之府也。（《太平御覽》卷六百七十四。）

《荊州記》　　任譽（盛喾）

除范汪、庾仲雍、盛弘之等諸家《荊州記》外，金陵書局本《太平寰宇記》卷一百三十二又引《荊州記》一條，言作者爲任譽，清文淵閣四庫全書補配古逸叢書本《太平寰宇記》則言此條出盛喾《荊州記》。是書史志不錄，其所記有晉穆帝永和（345-356）年間事，則其成書當晚於此時。

鳳凰崗

安陸縣東四十里南有鳳凰崗。晉時有鳳產乳其上。又晉穆帝永和四年，鳳凰將九子樓集其上。山下有黃瓊宅，即魏郡太守黃香父。香亦墓焉。（《太平寰宇記》卷一百三十二。）

《荊州記》　　佚名

　　唐宋各類書所引《荊州記》，除部分條目標明作者外，另有衆多條目未標明作者，因無法判斷各條目作者歸屬，茲將其單列，另作一種。

王陵

　　昔漢高祖入秦，王陵起兵丹水以應之，此城王陵所築，因名。（《史記‧高祖本紀》張守節正義。）

賈誼祠

　　長沙城西北隅有賈誼宅及誼石牀在矣。（《史記‧屈原賈生列傳》司馬貞索隱。）

江出岷山

　　江出岷山，其源若甕谷，可以濫觴，在益州建甯滿江縣〔一〕，行〔二〕地底數里，至楚都，遂廣十里，名〔三〕南江。初在犍爲，與青衣水、汶水合；至洛縣，與洛水合〔四〕；東北至巴郡，與涪水、漢水、白水合；東〔五〕至長沙，與澧水、沅水、湘水合；至江夏，與沔水合；至潯陽，分爲九道。東會於彭澤，經蕪湖，名爲中江。東北至南徐州，名爲北江，而入海也。〔六〕（《杜工部草堂詩箋》卷十八。又見《楚辭章句》補注卷二、《初學記》卷六。）

　　〔校記〕
　　〔一〕此句，《楚辭章句》補注無。
　　〔二〕行，《楚辭章句》補注、《初學記》作「潛行」。
　　〔三〕名，《楚辭章句》補注、《初學記》作「名爲」。
　　〔四〕此二句，《楚辭章句》補注無。
　　〔五〕東，《楚辭章句》補注無。
　　〔六〕「東會於彭澤」數句，《初學記》無。

　　江出岷山，至潯陽，分爲九道，東會於彭澤，經蕪湖，名中江。東北至南徐州，名爲北江，而入海。（《（景定）建康志》卷十八、《（至大）金陵新志》卷五下。）

　　江出岷山，其源若甕口，可以濫觴，在益州建甯漏江縣，潛行地底數里至楚都，遂廣十里。（《太平御覽》卷六十。）

武陽二鄉

沅〔一〕陵縣居酉口，有上就、武陽二鄉，唯此〔二〕是盤瓠子孫，狗種也。二鄉在武溪〔三〕之北。（《後漢書・南蠻西南夷列傳》李賢等注。又見《太平御覽》卷七百八十五、《冊府元龜》卷九百五十六、《通志》卷一百九十七。）

〔校記〕

〔一〕沅，《太平御覽》作「阮」、《通志》作「元」，皆當爲「沅」之形誤。

〔二〕唯此，《冊府元龜》作「惟北」，《通志》作「惟此」。

〔三〕武溪，《太平御覽》作「武陵溪」。

沅陵居西口，在上就、武陽二鄉，惟此是盤瓠子孫。（《輿地紀勝》卷七十一。）

沅陵縣居酉口，在武溪北。（《輿地紀勝》卷七十五。）

宛

郡城周三十六里。（《後漢書・郡國志四》劉昭注補。）

桐柏

桐柏淮源涌發，其中潛流三十里，東出大復山南，山南有淮源廟。（《後漢書・郡國志四》劉昭注補、《古文苑》卷十八。）

棘陽

棘陽東北百里有謝城。（《後漢書・郡國志四》劉昭注補、《詩傳旁通》卷九。）

菊溪

酈縣北五十里，有菊谿，源出縣西北五十里石澗山，東南流，會專水，兩岸多甘菊。（《藝文類聚》卷九。）

開林山

縣北四里有開林山，西北有（龜）山。（《後漢書・郡國志四》劉昭注補。）

武當

縣有女思山，南二百里。有武當。（《後漢書・郡國志四》劉昭注補。）

武當山在武當縣南二百里。（《通鑑綱目》卷十八。）

武當山在縣南二百里。一名仙室，一名大和。斯山乃嵩高之參佐，五嶽之流輩。（《方輿勝覽》卷三十三。）

馬頭山

縣有龍淵，深不測。縣北有馬頭山。（《後漢書・郡國志四》劉昭注補。）

中盧侯國

（中盧侯國），是析縣馬頭山。又縣南十五里有疎水，東流注沔。水中有物如馬，甲如鮮鯉，射不可入。七八月中好在磧上自曝，膝頭似虎掌爪。小兒不知，欲取弄戲，便殺人。或曰，生得者，摘其鼻，厭可小，小便名爲木盧。（《後漢書・郡國志四》劉昭注補。此條，《後漢書》注補不言作者，《水經注箋》卷二十八以爲「生得者摘其鼻，厭可小，小便名爲水」句爲《後漢書・郡國志》注補引盛氏《荊州記》，不知所據。《太平寰宇記》卷一百四十五言「縣南十五里有疎水」句出《襄沔記》。）

北津

襄陽舊楚之北津，從襄陽渡江，經南陽，出方關，是周、鄭、晉、衛之道，其東津經江夏，出平罩關，是通陳、蔡、齊、宋之道。（《後漢書・郡國志四》劉昭注補。）

荊山

西北三十里有清谿，谿北〔一〕即荊山，首曰景山，即卞和抱璞之處〔二〕。（《後漢書・郡國志四》劉昭注補。又見《禹貢指南》卷三。）

〔校記〕
〔一〕北，《禹貢指南》無。
〔二〕抱璞之處，《禹貢指南》作「泣玉處」。

夷道

縣西北有宜陽山，東南有羊腸山。（《後漢書・郡國志四》劉昭注補。）

立章山

山高三十丈，周廻百餘里。（《後漢書・郡國志四》劉昭注補。）

昭陽侯國

縣東有余水，傍有漁父廟。（《後漢書・郡國志四》劉昭注補。）

武陵郡

郡社中木鹿樹，是光武種至今也。（《後漢書・郡國志四》劉昭注補。）

沅水

縣南臨沅水，水源出牂牁且蘭縣，至郡界分爲五谿，故云「五谿蠻」。(《後漢書·郡國志四》劉昭注補。)

金井

衡陽溢陽縣有平岡〔一〕，岡〔二〕有金井數百所〔三〕，深者不測〔四〕，相傳〔五〕有〔六〕金人以杵〔七〕撞地，輒便成井〔八〕，故曰金井〔九〕。(《北堂書鈔》卷一百五十九。又見《後漢書·郡國志四》劉昭注補、《太平御覽》卷一百八十九、《事類賦注》卷八。)

〔校記〕

〔一〕此句，《後漢書》注補作「縣南十里有平岡」，《太平御覽》作「益陽縣有岡」；溢陽，《事類賦注》作「益陽」。

〔二〕岡，《太平御覽》、《事類賦注》作「岡上」。

〔三〕所，《太平御覽》作「尺」，《後漢書》注補無。

〔四〕此句，《太平御覽》無。《後漢書》注補此句前有「淺者四五尺」句。

〔五〕相傳，《後漢書》注補作「俗傳云」，《太平御覽》作「傳云」。

〔六〕有，《太平御覽》作「昔有」。

〔七〕杵，《後漢書》注補、《太平御覽》作「杖」。

〔八〕輒便成井，《太平御覽》作「而輒成井」。

〔九〕此句，《後漢書》注補、《太平御覽》無。

益陽縣有金井數百〔一〕，古老傳〔二〕有〔三〕金人以杖量地，輒便〔四〕成井。意者疑是昔人採金，謂之金井〔五〕。(《初學記》卷七。又見《編珠》卷一、《九家集注杜詩》卷十七。)

〔校記〕

〔一〕此句，《編珠》作「益陽縣有金井」，《九家集注杜詩》作「益陽有金井數百」。

〔二〕古老傳，《編珠》無。

〔三〕有，《編珠》作「昔有」，《九家集注杜詩》無。

〔四〕便，《編珠》無。

〔五〕此二句，《九家集注杜詩》無；意者，《編珠》無。

下牢關

峽江突起最險處，山復陡下，名下牢關。(《補注杜詩》卷十三。)

石室

（醴陵）縣東四十里有大山，山有三石室，室中有石牀石臼。父老相傳，昔有道士學仙此室，即合金沙之臼。（《後漢書・郡國志四》劉昭注補。）

宜都柑

枝江有名柑〔一〕，宜都郡舊江北〔二〕有其〔三〕園，名宜都柑。（《記纂淵海》卷九十二。又見《齊民要術》卷十、《太平御覽》卷九百六十六、《事類賦》卷二十七。）

〔校記〕

〔一〕柑，《太平御覽》、《事類賦注》作「甘」，下同；《齊民要術》無。

〔二〕江北，《事類賦注》無。

〔三〕其，《齊民要術》、《太平御覽》、《事類賦注》作「甘」，「其」當爲「甘」之形訛。

宜都郡舊江北甘園，名宜都甘。（《初學記》卷二十八。）

棗

房陵縣有好棗，甚美，仙人朱仲來竊。大山蕭亦稱學問，讀岳《賦》周文弱枝之棗，爲杖策之杖。（《文選・賦辛・志下・閑居賦》李善注。）

燕尾洲

江陵城南岸有燕尾洲，洲上有城。（《編珠》卷一。）

溫泉

新陽縣出溫泉，銀山縣出溫泉，耒陽縣出溫泉。（《初學記》卷七。）

饞燈

南方有魚多脂，照紡績則暗，照宴則明，謂之饞燈。（《編珠》卷三。）

酃湖

有酃湖，周廻三里。取湖水爲酒，酒極甘美〔一〕。（《後漢書・郡國志四》劉昭注補。又見《杜工部草堂詩箋》卷三十八。）

〔校記〕

〔一〕此句，《杜工部草堂詩箋》作「至極甘」。

酒官

桂陽一郡，程鄉有酒官。（《編珠》卷三、《初學記》卷二十六。）

屈原故宅

縣北一百里有屈平故宅，方七頃，累石爲屋基，今其地名樂平〔一〕。宅東北六十里有女須廟。（《後漢書・郡國志四》劉昭注補。又見《資治通鑑釋文》卷七、《杜工部草堂詩箋》卷二十六。）

〔校記〕

〔一〕此句，《資治通鑑釋文》無。

宮亭

宮亭即彭蠡澤也，謂之彭澤湖；一名匯澤，在豫章郡〔一〕。（《初學記》卷七。又見《山谷內集詩注》卷六。）

〔校記〕

〔一〕此二句，《山谷內集詩注》無。

宮亭即彭蠡澤也，一名滙澤；青草湖，一名洞庭湖；雲夢澤，一名巴邱湖；凡此並昭昭尤著也。（《古今合璧事類備要》前集卷八、《事文類聚》前集卷十七、《群書通要》甲集卷九。）

宮亭即彭蠡澤也，謂之彭澤湖，一名匯澤，在豫章郡。青草湖，一名洞庭湖，洞庭湖亦謂之太湖，在巴陵郡。雲夢澤，一名巴丘湖。凡此並昭昭尤著又廣大也。（《太平御覽》卷六十六。）

各書所引「青草湖」條內容相類，有言出盛弘之《荊州記》者，有言出范汪《荊州記》者，亦有部分條目不著作者。爲愼重起見，皆將各書所引不著作者「青草湖」條單列，另作一種：

青草湖，因青草山爲名，洞庭亦謂之太湖，在巴陵郡。（《初學記》卷七。）

巴陵南有青草湖，因青草山爲名，與洞庭湖相連。（《杜工部草堂詩箋》卷三十六。）

君亭湖即彭澤湖，又謂之彭蠡湖。（《歲時廣記》卷七。）

宮亭，即彭澤也，一名青草湖，以青草山得名也。（《紺珠集》卷十三。）

青草湖，南有青草山，湖因山而名。舜陟方死於蒼梧，二妃死於江、湘之間，因葬焉。（《資治通鑑補》卷七。）

舞溪

舞溪謂之朗溪，蓋與朗水合流也。〔一〕又舞溪東流入〔二〕沅，而〔三〕接牂牁，即此水也〔四〕。（《輿地紀勝》卷七十一。又見《初學記》卷八。）

〔校記〕

〔一〕此二句，《初學記》無。

〔二〕入，《初學記》作「注」。

〔三〕而，《初學記》作「西」。

〔四〕此句，《初學記》無。

三峽

各書所引《荊州記》「三峽」此條，文字相類，既有言出盛弘之《荊州記》者，又有言出范汪《荊州記》者，爲愼重起見，將各書徵引不著作者之《荊州記》「三峽」條皆置於此，另作一種。

巴東三峽猿長鳴，至三聲，聞者垂淚〔一〕也。(《白孔六帖》卷九十七。又見《錦繡萬花谷》卷三十七、《古今合璧事類備要》別集卷七十九。)

〔校記〕

〔一〕垂淚，《錦繡萬花谷》作「莫不垂淚」，《古今合璧事類備要》作「皆淚」。

峽長七百里，兩岸連山，略無絕處，重巖迭障，隱天蔽日。常有高猨長嘯，屬引清遠。漁者歌曰：「巴東三峽巫峽長，猿鳴一聲淚沾裳。」(《世說新語・黜免》劉孝標注。)

一柱觀

江陵有臺，上有一柱，衆梁拱此。或云荊州有一柱觀，土人呼爲木履觀。(《杜工部草堂詩箋》卷二十二。此條，《編珠》卷二、《藝文類聚》卷六十二、《初學記》卷二十四亦引，言出張華《博物志》。)

白鹽山

魚腹有白鹽崖，土人見其高大而白，因以名之。(《杜工部草堂詩箋》卷二十六。)

劉郎浦

劉郎浦，在荊州石首縣，沙步之東也〔一〕。(《唐詩鼓吹》卷六。又見《杜工部草堂詩箋》卷二十七。)

〔校記〕

〔一〕此二句，《杜工部草堂詩箋》作「石首沙步」。

昭丘

當陽東南七十里有楚昭王墓，王粲《登樓賦》「西接昭丘」是也。（《杜工部草堂詩箋》補遺卷九。此條，《杜工部草堂詩箋》補遺言出《荊州記》，《太平御覽》卷五百五十九言出《荊州圖記》，《杜工部草堂詩箋》卷二十七言出《荊州圖副》。）

舞溪

舞溪獠獷之類，其縣人但羈縻而已，溪山阻絕，非人跡所履。（《元和郡縣志》卷三十一。）

姚家墓

酈縣北三十里，有一墓，甚崇偉，前有石樓，高一丈五尺，上作石鳳，將九子，相傳云是姚家墓，不詳其人。（《藝文類聚》卷四十。此條，《太平御覽》卷五百五十九亦引，言出《荊州圖記》。）

好李

房陵、南居有名李。（《初學記》卷二十八。）

房陵有好李。（《藝文類聚》卷八十六。）

女子化石

秦時有女子化入〔一〕石，在東岸穴中。（《五百家注昌黎文集》卷三。又見《新定九域志》卷九。）

〔校記〕

〔一〕入，《新定九域志》作「爲」。

謝城

棘縣有謝城。（《初學記》卷八。）

南峴北津

襄陽本楚之下邑，桓溪帶其西，峴山亙其南。（《初學記》卷八、《錦繡萬花谷》後集卷六。）

黽湖

沔陽縣東二〔一〕十里有黽湖。（《初學記》卷八。又見《錦繡萬花谷》後集卷六。）

〔校記〕

〔一〕二，《錦繡萬花谷》作「三」。

白鹽峰

三峽〔一〕之首北岸有白鹽峰，下有黃龍灘〔二〕，水最急〔三〕，沿泝所忌。（《太平寰宇記》卷一百四十八。又見《初學記》卷八、《錦繡萬花谷》後集卷六。）

〔校記〕

〔一〕三峽，《初學記》、《錦繡萬花谷》作「峽」。

〔二〕此句，《初學記》、《錦繡萬花谷》作「中黃龍灘水」。

〔三〕此句，《初學記》、《錦繡萬花谷》無。

諸葛亮宅

諸葛亮宅有井〔一〕，深四丈餘，口廣一尺五寸，累磚如初。（《初學記》卷八。又見《輿地紀勝》卷八十二。）

〔校記〕

〔一〕《輿地紀勝》僅有此句。

寒山九阪

寒山九阪，最爲峭險，又曰三溪水南流數里，南注大江。（《初學記》卷八。《太平寰宇記》卷一百四十八引「寒山九阪，最爲峭險」句，言爲「《記》云」，《記》，應即《荊州記》。）

茹溪

茹溪源出茹龍山，水極清澈。（《初學記》卷八。）

澧州

澧州地名曰茹溪。（《書敘指南》卷十四。）

蠻人射鹿

宋元嘉初，武溪蠻人射鹿，逐入石穴，纔容人，蠻人入穴，見其傍有梯，因上梯，豁然開朗，桑果蔚然，行人翱翔，亦不以怪，此蠻於路斫樹爲記，其後茫茫，無復髣髴。（《初學記》卷八。此條，《異苑》亦載。《太平御覽》卷五十四、《太平寰宇記》卷一百八十八、《輿地紀勝》卷六十八言出《武陵記》，文字稍異。）

却月城

河口北岸臨江〔一〕水有却月城，魏將黃祖所守，吳遣董襲攻而擒之。〔二〕其城遂廢。（《太平寰宇記》卷一百三十一。又見《輿地紀勝》卷七十九。）

〔校記〕

〔一〕江，《輿地紀勝》無。

〔二〕此二句，《輿地紀勝》作「吳遣董習破而擒之」。

〔按〕，此條，《水經注·江水》亦載，其言「沔左有却月城，亦曰偃月壘，戴監軍築，故曲陵縣也。後乃沙羡縣治也，昔魏將黃祖所守，遣董襲、凌統攻而擒之。」清全祖望考證此句中「魏將黃祖守之」爲誤，其曰：「劉表之將黃祖領江夏太守，孫權禽之，曹操得荊州，祖骨朽久矣。」清趙一清《水經注釋》則認爲酈道元此誤爲襲用盛弘之《荊州記》而致。但考《水經注》，並未言此條引自盛弘之《荊州記》，應是酈氏引用時不加出處所致。

沌陽縣至沔口水北有却月城。（《通鑑地理通釋》卷十一。）

羊祜

羊祜在荊州。（《北堂書鈔》卷三十五。《北堂書鈔》所引僅此數字，其應爲殘句。）

石床

臨湘水中有二石床，床上有二石棺，色絕如銅鏡，莫能詳者也。（《北堂書鈔》卷九十二。）

大艑

湘洲七郡大艑所出，皆受萬斛。（《北堂書鈔》卷一百三十八。）

鹽水

海鹽水自凝，生織子鹽，大者方寸，中央隆起，形如張繖。（《北堂書鈔》卷一百四十六、《太平御覽》卷八百六十五。）

鹽井

朐䏰縣北岸有陽溪，溪內有鹽井百二十所。巴峽一川悉資此鹽，周於煮。（《北堂書鈔》卷一百四十六。）

天井臺

江陵縣東有天井臺，飛軒孤映，背邑面河，實郊躔遊憩之佳處也。(《太平御覽》卷一百七十八。此條，《藝文類聚》亦引，言出《荊州圖記》。)

大椑

宜都出大椑。(《重修廣韻》卷一、《記纂淵海》卷九十二、《增修校正押韻釋疑》卷一上。此條，《太平御覽》卷九百七十一亦引，言出《荊州土地記》。)

石廩峰

石廩峰，一名石囷，於石室中嘗聞誦經之聲。(《南嶽總勝集》卷上。)

小石廩

石囷峰在滿谷之東，謂之小石廩也。(《南嶽總勝集》卷上。)

石臼

耒陽縣蔡子江南有石臼，云是蔡倫舂紙之臼。(《箋注簡齋詩集》卷九。)

嶽山

蒲圻縣下流有魚嶽小山，孤峙於中洲，近在江南。(《太平寰宇記》卷一百一十二。)

詹辰、新豐

舞陽有詹辰、新豐二縣，烏滸二萬家，噉蛇鼠之肉，能鼻飲。(《太平寰宇記》卷一百二十二。)

文將軍塚

范陽粉水口有一墓，石虎、石柱，號文將軍冢。晉安帝隆安中，閭丘南陽將葬婦〔一〕於墓側，是夕〔二〕從者數十人皆夢，云何故危人以自安。覺，說之，人皆夢〔三〕同，雖心惡之，恥爲夢廻〔四〕。及葬，但鳴鼓角爲聲勢，聞墓上亦有鼓角及鎧甲聲，轉〔五〕近，及至墓，死於墓門者三人，既葬之後，閭丘爲楊佺期所誅族，人皆以爲文將軍之祟。(《太平廣記》卷三百八十九。又見《地理新書》卷九。)

〔校記〕

〔一〕婦，《地理新書》作「父」。

〔二〕夕,《地理新書》作「以」。

〔三〕夢,《地理新書》無。

〔四〕廻,《地理新書》作「同」。

〔五〕轉,《地理新書》闕。

陽岐山

石首縣陽岐山〔一〕,無所出,不足可〔二〕書,本屬南平界。(《事類賦注》卷七。又見《太平寰宇記》卷一百四十六。)

〔校記〕

〔一〕陽岐山,《太平寰宇記》無。

〔二〕可,《太平寰宇記》無。

寄驛使

陸凱與范曄〔一〕相善〔二〕,自〔三〕江南寄梅花〔四〕一枝,詣〔五〕長安與曄,並贈花詩〔六〕曰:折花逢驛使〔七〕,寄與隴頭人。江南無所有〔八〕,聊贈〔九〕一枝春。(《太平御覽》卷九百七十。又見《太平御覽》卷十九、《太平御覽》卷四百零九、《事類賦注》卷二十六、《錦繡萬花谷》前集卷七、《記纂淵海》卷八十三、《山谷內集詩注》卷十五。)

〔校記〕

〔一〕范曄,《太平御覽》卷十九作「路曄」,《山谷內集詩注》作「范蔚宗」。「蔚宗」為范曄字。

〔二〕相善,《太平御覽》卷十九、《太平御覽》卷四百零九、《記纂淵海》作「為友」。

〔三〕自,《太平御覽》卷十九、《記纂淵海》作「在」,《太平御覽》卷四百零九無。

〔四〕花,《錦繡萬花谷》無。

〔五〕詣,《太平御覽》卷四百零九作「來諸」。

〔六〕並贈花詩,《錦繡萬花谷》作「並詩」,《太平御覽》卷十九、卷四百零九、《事類賦注》、《記纂淵海》、《山谷內集詩注》皆作「並贈詩」。

〔七〕此句,《事類賦注》、《記纂淵海》、《山谷內集詩注》作「折梅逢驛使」,《太平御覽》卷十九作「折花奉秦使」,《太平御覽》卷四百零九作「折花奉驛使」。

〔八〕無所有,《錦繡萬花谷》作「無別信」,《太平御覽》卷四百零九作「無所得」。

〔九〕贈,《太平御覽》卷十九作「寄」。

吳陸凱與范曄相善,自江南寄梅花一枝詣長安與曄,並贈「折梅逢驛使」寄。(《輿地紀勝》卷三十七、《輿地紀勝》卷九十三、《方輿勝覽》卷二十二。)

江南陸凱作詩寄梅一枝,與長安范曄云:折梅逢驛使,寄與隴頭人,江南無所有,聊贈一枝春。(《箋注簡齋詩集》卷四。)

君山

君山上有道通吳之苞山，今太湖亦有洞庭山，亦潛通，君山故得名耳。山後響沙，頓足聽之，有聲。(《岳陽風土記》。)

黃鶴磯

江夏郡城西臨江，有黃鶴磯，又有鸚鵡洲。侯景令宋子仙夜襲江夏，藏船於鸚鵡之〔一〕洲。(《太平寰宇記》卷一百一十二。又見《太平御覽》卷六十九。按，此條言有「侯景」事，當成書於梁後。)

〔校記〕

〔一〕之，《太平御覽》無。

烏林

臨嶂山南峰，謂之烏林峰，亦〔一〕謂之〔二〕赤壁。(《太平寰宇記》卷一百三十一。又見《太平御覽》卷一百六十九、《通鑑綱目》卷十四、《方輿勝覽》卷五十、《輿地紀勝》卷七十九。)

〔校記〕

〔一〕亦，《通鑑綱目》作「又」。

〔二〕之，《太平御覽》無。

石巖山

安陸縣南十五里有石巖山，北臨溳水。張昌作亂，織竹爲籠，衣以五彩，著此山上，置肉其下，而集百鳥以惑於眾。(《太平寰宇記》卷一百三十二。)

大龜山

義陽郡南一百三十里有石自然若龜形。(《太平寰宇記》卷一百三十二。)

若龜石

應山縣北六十里有石，自然若龜。(《輿地紀勝》卷八十三。)

石龍山

永陽縣北五十里石龍山出石斛，如金釵。(《太平寰宇記》卷一百三十二。)

皇后室

衡山有石室，甚整飾，相傳名皇后室，未詳其來。(《太平寰宇記》卷一百四十二。)

墨山

內鄉縣有墨山，一謂玄山。仙圣宅南有丹崖，映川流之濱，實爲殊觀。(《太平寰宇記》卷一百四十二。)

龍泉

內鄉縣西有泉，泉中有白壁、赤柱，相傳曰「龍泉」。(《太平寰宇記》卷一百四十二。)

驢泉山

驢泉山石滷潤〔一〕，牛馬經過，貪其甘，不能〔二〕去。土人云牛馬解逸即此山尋之。(《太平寰宇記》卷一百四十四。又見《輿地紀勝》卷八十三。)

〔校記〕

〔一〕此句，《輿地紀勝》作「驢泉山石潤」。

〔二〕能，《輿地紀勝》作「肯」。

石函

昔荊州城掘地得石函〔一〕，有鐵契，云「楚都郢邑，代無絕。」(《太平寰宇記》卷一百四十六。又見《輿地紀勝》卷六十四。)

〔校記〕

〔一〕石函，《輿地紀勝》作「鐵契」。

畫扇峰

修竹亭西一峰迴然，西映落月，遠而望之，全〔一〕如畫扇。(《太平寰宇記》卷一百四十六。又見《輿地紀勝》卷六十四。)

〔校記〕

〔一〕全，《輿地紀勝》無。

脩竹亭西一峰，遠而望之，如畫扇然。(《方輿勝覽》卷二十七。)

公安

劉備敗於襄陽，南奔〔一〕荊州，吳大帝封爲〔二〕左將軍、荊州牧，城北而鎮之〔三〕。時人號備爲左〔四〕公，故名其城曰〔五〕公安。(《太平御覽》卷一百六十七。又見《太平寰宇記》卷一百四十六。)

〔校記〕

〔一〕南奔，《太平寰宇記》作「本」。

〔二〕封爲，《太平寰宇記》作「推先主爲」。

〔三〕此句，《太平寰宇記》作「鎭油口，即居此城」。

〔四〕左，《太平寰宇記》無。

〔五〕曰，《太平寰宇記》作「爲」。

劉備鎭油口，即此地也。（《輿地紀勝》卷六十四。）

石橋

南石橋津泉水從紫蓋山下東流爲溪，故累石爲橋，以渡行者，因以是爲稱。（《太平寰宇記》卷一百四十六。）

金牛

紫蓋山有名金，每雲晦日，輒見牛出食，光照一山，即金之精。（《太平寰宇記》卷一百四十六。）

紫蓋山有名金，每金牛出食，光照一山，即金之精。（《輿地紀勝》卷七十八。）

紫蓋觀有名金，每日晦，輒見金牛出食。（《輿地紀勝》卷七十八。）

望州山

夷道縣有望州山，山下有泉，欲雨，泉中有赤氣騰上於天。（《太平御覽》卷十五。）

黃溪

零陵郡東南有黃溪，黃溪西有礜石岡。（《太平御覽》卷五十三。）

夏洲

夏首東二十里有湧口，二水之間謂之夏洲，首尾七百里，華容、監利二縣在其中。（《太平御覽》卷五十九。）

劉壽墓、龜塘

長沙郡東十餘里，有郡人劉壽墓，有石闕四所。壽，漢順帝時爲司徒。其東有龜塘，周廻四十五里，有靈龜出其中，故塘因名焉。（《太平御覽》卷七十四。）

鄧遐

鄧遐，襄陽人也。勇力絕人，歷位冠軍將軍、數郡太守，號名將。(《太平御覽》卷二百七十六。)

伍佰村

葉縣東百步有縣故城，西南四里名伍佰村，有白榆連李樹，異幹合條，高四丈餘。士民奉以爲社。(《太平御覽》卷五百三十二。)

謝城

棘陽東北百里謝城是，有謝水。(《路史》卷二十四。)

沱水

沱水在南郡，枝江縣三澨地之南，卭縣之北。(《禹貢指南》卷二。)

南現

襄州地名曰南現。(《書敍指南》卷十四。)

黿湖

隨州地名曰黿湖。(《書敍指南》卷十四。)

石磬

零陵郡界出石磬〔一〕，亞於徐州。(《輿地紀勝》卷五十六。又見《太平寰宇記》卷一百一十五。)

〔校記〕

〔一〕出石磬，《太平寰宇記》作「通出」。

西陵峽

自縣泝江二十里入峽口，名爲〔一〕西陵峽，長二十里，層巖萬仞，所謂三峽，即其一也〔二〕。或曰巴東自有三峽，此即峽口也〔三〕。州城，陸抗之壘也。(《通鑑地理通釋》卷十二。又見《輿地紀勝》卷七十三。)

〔校記〕

〔一〕爲，《輿地紀勝》無。

〔二〕三峽即其一，《輿地紀勝》作「三峽之一」。

〔三〕此二句，《輿地紀勝》無。

陸抗城

夷陵南岸有陸抗城，即山爲墉，下臨江岸，天然城郭。（《輿地紀勝》卷七十三。）

白狗峽

秭歸白狗峽，蜀江水中兩面如削，絕壁之際，隱出白石，如狗形，其足故名。天欲雨，則狗形青，居人以此卜陰晴也。（《輿地紀勝》卷七十四。）

霍山

漢武南巡，以衡山遠，道隔江漢，乃徙南嶽之祭於廬江霍山。（《記纂淵海》卷六。）

故宜都郡城

陸遜築。（《輿地紀勝》卷七十三。）

少農桑

（建平）郡少農桑，農不如工，工不如商。（《輿地紀勝》卷七十四、《方輿勝覽》卷五十八。《輿地紀勝》所引此條言出《荊州記》「建平郡下」，可知此書體例乃按州郡順序排列。）

津鄉

江陵縣東三里有津鄉。（《資治通鑒補》卷一百一十四。）

山石

長沙醴泉縣有山石空，空中有石牀，牀頭有臼，容五升。父老相傳，昔有仙人以此合金丹。（《太平御覽》卷七百六十二。）

罟塘

衡陽重安縣有罟塘。故老相傳云：此塘中有銅神，今猶時聞銅聲。水轉變綠，魚爲之死。（《太平御覽》卷八百一十三。）

石穴

宜都夷道縣有石穴，穴中有蝙蝠，如鳥，多倒懸。（《太平御覽》卷九百四十六。此條，《北堂書鈔》卷一百五十八亦引，言出袁山松《宜都山記》，文字稍異。）

枇杷

宜都出大枇杷。(《太平御覽》卷九百七十一。此條,《齊民要術》卷十、《藝文類聚》卷八十七所引皆言出《荊州土地記》。)

赤石脂山

義陽有赤石脂山。(《太平御覽》卷九百八十七。)

藥草

宜都郡門生藥草,有附子。(《太平御覽》卷九百九十。)

猿門山

猿門山在涪縣,上多猿。其山二峰,傑豎如門。(《事類賦注》卷七。此條,《太平寰宇記》卷八十三、《太平御覽》卷四十四皆引,均言出《益州記》。)

落星灣

南康軍有落星石,岸傍有灣曰落星灣,星子縣因此得名。(《海錄碎事》卷三下。)

曹王皋墓

在廢狠山縣西六十里。李曹王江陵節度使,死葬焉。(《輿地碑記目》卷三。)

李塚石碑

縣長南陽張朔撰,在廢狠山縣南,缺落不可辨。(《輿地碑記目》卷三。)

千秋池

萬歲山有千秋池。(《太平寰宇記》卷一百一十七。)

却月城

沌〔一〕陽縣至沔口,水北有却月城。西一里有馬騎城,周廻五里,高一丈。(《初學記》卷二十四。又見《錦繡萬花谷》後集卷二十五。)

〔校記〕

〔一〕沌,《錦繡萬花谷》作「沔」。

浪溪

《水經注》曰:浪水出武陵鐔城北界山谷,《荊州記》謂之浪溪。(《初學

記》卷八。《初學記》所引此條，並未言其完整句式，品其行文，其所言「浪溪」，應針對前句《水經注》所言「浪水」而發，其完整句式或爲「浪溪出武陵鐔城北界山谷」。）

存疑

月蝕

月蝕後自提鼓階前把槌，擊鼓者三中，良人諸御者，宮人皆擊柝救之，月已食，後乃入齋，服素縞三日，不從樂，以應其祥。（《記纂淵海》卷四。此條，《記纂淵海》言出《荊州記》，《太平御覽》卷四、《事類賦注》卷一亦引此條，言出《荊州占》，考其所引內容，《荊州占》應對也。）

湘水

湘水至清，雖深五六丈，見底了了然，石子如樗蒱矢，五色鮮明，白沙如霜雪，赤岸如朝霞。（《廣博物志》卷六。此條，《廣博物志》言出《荊州記》，《水經注》卷三十八、《白氏六帖事類集》卷二、《藝文類聚》卷八等皆言出《湘中記》，《廣博物志》或誤引也。）

茶

武陵七縣通，出茶最好。（《御定佩文齋廣群芳譜》卷十八。此條，《廣群芳譜》言出《荊州記》，《北堂書鈔》卷一百四十四言出《荊州土地記》。）

斟溪水

始興縣陽山有斟溪水。出巖穴。一日十溢十竭。信若潮流。（《御定淵鑒類函》卷二十六。此條，清前各書未有言出《荊州記》者，《太平御覽》卷六十七言此條出王韶之《始興記》，其後又有盛弘之《荊州記》「菊溪」條，或因兩條並列，《淵鑒類函》作者引用時或誤看，而將《始興記》此條誤作《荊州記》條。）

羊祜

晉羊祜鎮荊州，嘗取江陵澤中鶴，教之翔舞，以娛賓客，因名鶴澤。（《御定淵鑒類函》卷三十二。此條，《淵鑒類函》言出《荊州記》，《初學記》言出劉義慶《世說》，《海錄碎事》卷二十二同。不知《淵鑒類函》是否爲誤引。但觀《北堂書鈔》卷三十五所引「羊祜在荊州」句亦出《荊州記》，不知《書鈔》此條是否爲《淵鑒類函》所引條之殘句，茲存疑。）

武當山

武當山，一名鬖嶺。輕霄蓋其上，白雲帶其前。一名謝羅山。（《格致鏡原》卷五。此條，《格致鏡原》言出《荆州記》，《太平寰宇記》卷一百四十三言出《武當山記》，《太平御覽》言出《山記》，當即《武當山記》之簡稱。明董斯張《廣博物志》言出《荆山記》，當即因《御覽》所引爲《山記》，其誤以爲《荆山記》所致。《格致鏡原》言出《荆州記》，或因其引自《廣博物志》，而又將《荆山記》誤看爲《荆州記》所致。）

鄂縣之東境

東鄂縣，按《晉・地理志》云武昌即東鄂也。《宋・志》云太康元年復立鄂縣，而武昌爲縣如故，以南陽有西鄂，故爲東鄂。《隋・志》云，平陳悉廢天下郡，以州統縣，改郢州爲鄂州，於是武昌始隸鄂州，而鄂縣省入武昌，然雖知武昌嘗分爲鄂，而鄂之所治則不可得而知矣。《荆州記》謂古鄂縣之東境，豈其然歟。（《（寶祐）壽昌乘》。《壽昌乘》所引《荆州記》此條似僅「古鄂縣之東境」句出《荆州記》，此前書不見徵引此條者，不知其完整句式爲何。）

魚復

魚復，古縣名，土人謂鱏鰉，至此復回，不再上也。（《蜀中廣記》卷六十。此條，明前書不見徵引，《蜀中廣記》作者曹學佺言出《荆州記》，不知所據。）

呪龍

有外國人能呪龍，使至天井，有巨蛇呪龍。（《天中記》卷三。此條，始見《東坡先生物類相感志》卷二。其完整句式爲「江陵城東二十里，周廻二里，莫測其深。盛弘之云：中有潛室，人見之，輒有兵起。梁始興王治荆州，歲若旱，有外國人能祀龍，使至天井，有巨蛇長二丈，遶祀壇，俄而致雨。」觀此條所引，應僅「中有潛室，人見之，輒有兵起」句出盛弘之《荆州記》，盛弘之《荆州記》作於劉宋時期，此條所言「梁始興王」事，必不爲盛弘之《荆州記》載，此後數句，或是《東坡先生物類相感志》作者所加，而《天中記》作者誤認爲是盛弘之《荆州記》，誤也。）

廉讓

季祖兄弟十人並慈廉讓，因名江曰廉讓。（《類雋》卷九。此條，《類雋》言出《荆州記》，《記纂淵海》卷一百零四、《事類備要》前集卷二十七皆言出《交州記》，《類雋》或誤將「交」看作「荆」，從而致誤。）

薤山

築陽縣西北有薤山。(《(嘉慶)大清一統志》卷三百四十六。此條,清前書未見引者,《大清一統志》言出《荊州記》,不知所據。)

螺亭

《荊州記》曰:平固水口下數里有螺亭,昔有女伴,乘船採螺,共宿沙邊,夜聞騷騷如車馬行,須臾,見羣螺張口無數,突來破舍,噉此女子。同侶悉走上岸,至曉方還,但見骨耳。收埋林際,報其家,經四日,至埋處,見古塚亭十餘丈,穹窿頂可受二十人,坐旁多螺殼,新故相傳,謂之螺亭。(《江西考古錄》卷五。此條,清前書未有言出《荊州記》者。他書所引多言出《南康記》,不知《江西考古錄》此條從何處輯得。)

巴陵郡

巴陵郡,領縣二,在今湖北境者一。下雋,《荊州記》云:梁大同五年於巴陵郡之下雋縣立樂化縣,則下雋屬巴陵郡矣。(《(光緒)湖南通志》卷三。此條《荊州記》所言為梁以後事,但今所見各《荊州記》,皆為劉宋以前作,不知梁後是否另有《荊州記》一種。)

絳帳臺

府城西南有馬融絳帳臺,與渚宮不遠。(《蘇詩續補遺》卷上。此條,清馮景《蘇詩續補遺》卷上引,清前書未見徵引,茲列於此。)

《荊山記》　佚名

《荊山記》,卷亡,史志不著錄,作者不詳,今所見有《藝文類聚》與《廣博物志》所引兩條,其中,《藝文類聚》所載「青草湖」條與《荊州記》類。

青草湖

巴陵南有青草湖,周迴百里,日月出沒其中。湖南有青草山,故因為名。(《藝文類聚》卷九。)

武當山

武當山，一名篸嶺，輕霄蓋其上，白雲帶其前。（《廣博物志》卷五。此條，《太平御覽》卷四十三亦引，文字稍异，言出《山記》：「武當山，區域周迴四五百里，中央有一峰，名曰參嶺。高二十餘里，望之秀絕，出於雲表，清朗之日然後見峰。一月之間不見四五，輕霄蓋於上，白雲帶其前，旦必西行，夕而東返，常謂之朝山，蓋以眾山朝揖之主也。」）

《荊州土地記》　　佚名

《荊州土地記》，又稱《荊州地記》，卷亡，史志不著錄。其中，《齊民要術》卷十所引《荊州土地記》「宜都出大枇杷」條，《太平御覽》卷九百七十一言出《荊州記》，或以爲《荊州土地記》即爲《荊州記》之別稱。

名李

房陵、南郡有名李。（《齊民要術》卷四。）

名梨

江陵有名梨。（《齊民要術》卷四、《樹藝篇》菓部卷四。）

枇杷

宜都出大枇杷。（《齊民要術》卷十、《藝文類聚》卷八十七、《記纂淵海》卷九十二。）

茶

浮陵茶最好。（《齊民要術》卷十。此條，《齊民要術》言出《荊州地記》。）

武陵七縣，通出茶最好。（《北堂書鈔》卷一百四十四。此條，《齊民要術》言出《荊州地記》。《北堂書鈔》言出《荊州土地記》。）

大艑

湘州七郡，大艑所出，皆受萬斛。（《北堂書鈔》卷一百三十八、《太平御覽》卷七百七十。）

敗䑽

桓宣穆遣人尋廬山，上〔一〕有一湖，中有敗䑽。(《藝文類聚》卷七十一。
又見《太平御覽》卷七百七十。)

〔校記〕

〔一〕上，《太平御覽》作「下」。

木鹿樹

武陵城內社中木鹿樹，及南岸二木鹿樹，光武所種。(《太平御覽》卷九百
六十一。此條《太平御覽》言出《荊州土地記》，《後漢書・郡國志四》劉昭注補則言
出《荊州記》。)

大椑

宜都出大椑。(《太平御覽》卷九百七十一。)

《荊州圖副記》　佚名

《荊州圖副記》，卷亡，史志不著錄，今所存僅《水經注》引一條及《北
堂書鈔》引三條。除《荊州圖副記》外，唐宋時期諸類書、史書、文集注
等又徵引《荊州圖副》與《荊州圖記》、《荊州圖》數條，觀其條目，多有
相類者，如《藝文類聚》卷六所引「陰陽石」條，言出《荊州圖副》，而《太
平御覽》卷五十二所引同條則言出《荊州圖》；又如《杜工部草堂詩箋》卷
二十七所引「楚昭王墓」條，言出《荊州圖副》，而《北堂書鈔》卷九十四
與《太平御覽》卷五百五十九所引皆言出《荊州圖記》。另外，唐宋類書同
一書目不同版本所引同一條內容名稱亦有不一致者，如《北堂書鈔》卷一
百五十八所引「柏枝山」條，文淵閣四庫全書本《北堂書鈔》言出《荊州
圖副記》，而陳俞本《北堂書鈔》則言出《荊州圖記》；又如《太平寰宇記》
卷一百四十五所引「襄陽郡」條，同治五年金陵書局本《寰宇記》言出《荊
州圖副》，文淵閣四庫全書本《寰宇記》則言出《荊州圖記》，或亦可證以
上數篇爲同一書目之不同名稱。或以爲，《荊州圖副》、《荊州圖記》即《荊
州圖副記》之簡稱。此數篇，當爲一書。但爲保持各書徵引原貌，各書所
引條目相同但書名不同者皆單列，不作整合。僅將諸書所引條目相同並言

出自同一篇目者出校。另外，《藝文類聚》卷七所引《荊南圖副》數條多與《荊州圖記》、《荊州圖副記》相合，亦附於下。

博山香爐

山形特秀，異於眾嶽，峰首狀博山香爐，亭亭遠出，藥食延年者萃焉。晉咸和中，歷陽謝允，舍羅邑宰隱遁斯山，故亦曰謝羅山焉。（《水經注》卷二十八。）

柏枝山

昆陽縣有柏枝山，石泉名爲雨穴也。（《北堂書鈔》卷一百五十一。此條，文淵閣四庫全書本《北堂書鈔》言出《荊州圖副記》，陳俞本《北堂書鈔》則言出《荊州圖副》，同一條目，《北堂書鈔》同版本徵引時使用名稱不一致，或可證《荊州圖副記》與《荊州圖記》即是一書之不同名稱。）

鍾乳

潼陽縣南三十里有故鄉山，下有石穴，是出鍾乳，常供採調。（《北堂書鈔》卷一百五十八。）

馬戶山

丹水縣東七里有馬戶山，有穴一，從廣二丈，傍入幽闇，莫測遠近，古者相傳，昔有馬出其中，因以爲名。（《北堂書鈔》卷一百五十八。）

《荊州圖副》　　佚名

于村

鄧州內鄉縣東七里于村，即于中地也。（《史記・越王勾踐世家》張守節正義。）

今縣（內鄉縣）東七里地名于村，即秦張儀所謂商于之地也。（《太平寰宇記》卷一百四十二。）

江陵城

漢臨江閔王榮始都江陵城，坐侵廟壖地爲宮，被徵，出城北門而車軸折。父老共流涕曰「吾王不反矣！」既而爲郅都所訊，懼而縊死。自此後北門存而不啓，蓋爲榮不以道終也。（《史記·五宗世家》張守節正義。）

溫泉

夷陵縣西有溫泉。占老相傳，此泉元出鹽，於今水有鹽氣。縣西一獨山有石穴，有二大石並立穴中，相去可一丈，俗名爲陰陽石。陰石常濕，陽石常燥。（《後漢書·南蠻西南夷列傳》李賢等注。）

銀山縣西有二大石並立穴中，俗云陰陽石。陰石常濕，陽石常燥。每水旱，居人作威儀服飾，往入穴中，旱則鞭其陰石，雨則鞭其陽石。（《編珠》卷一。）

宜都有石穴，穴有二石，相去一丈，俗云，其一爲陽石，其一爲陰石，水旱爲災，鞭陽石則雨，鞭陰石則晴。（《藝文類聚》卷六。）

宜都有石穴，穴有二石，俗云其一爲陽，其一爲陰，旱鞭陽石則雨，雨鞭陰石則晴。（《北山小集》卷十二。）

諸葛亮宅

鄧城舊縣西南一里，隔沔有諸葛亮宅，是劉備三顧處。（《文選·表上·出師表》李善注。）

石室

新野縣東安陸山，山下有石室，謂之皐后避雷室。（《編珠》卷一。）

虎牙山

夷陵縣有虎牙山，石文黃白，有似虎牙。（《編珠》卷一。）

枉山

臨沅縣有枉山，山西有溪，溪口有小灣，名枉渚，《楚詞》曰：「朝發枉渚，夕宿辰陽。」（《編珠》卷一。）

楚昭王墓

當陽縣東南七十里有楚昭王墓，王粲《登樓賦》「西接昭丘」是也。（《杜工部草堂詩箋》卷二十七。）

麥城

麥城，故老相傳云是楚昭王所築。王仲宣嘗登其東隅，故其《賦》云：「挾清漳之通浦，倚曲沮之長洲。」關公爲呂蒙所算，還至當陽，保此城，詐降而遁，朱然、潘璋斬於臨沮之漳鄉也。」（《太平寰宇記》卷一百四十六。）

麥城，相傳楚昭王所築。（《輿地紀勝》卷七十八。）

桃林館

襄陽縣南有桃林館，是則餞行送歸之所萃也。（《藝文類聚》卷六十三。）

丹雀山

丹雀山高可三十丈，北臨丹水，赤壁如霞。（《初學記》卷五。）

雁浮山

雁浮山，雁塞也。（《初學記》卷八。）

天帟

天門角上石〔一〕生倒垂下一竹拂，謂之天帟。（《初學記》卷八。又見《錦繡萬花谷》後集卷六。）

〔校記〕

〔一〕石，《錦繡萬花谷》作「各」。

茗山

茗山九嶺嶮峻。木多杉〔一〕松，獸多熊豹。（《初學記》卷八。又見《錦繡萬花谷》後集卷六。）

〔校記〕

〔一〕杉，《錦繡萬花谷》無。

蜜房

赤馬，其山有蜜房二百所，羅綴相望，因名曰百房。（《北堂書鈔》卷一百四十七。此條，《太平御覽》所引與其類，言出《荊州圖記》。）

南浦

巴東南浦縣與黔陽分界。（《太平寰宇記》卷一百二十。）

胡奮碑

魯山城內有晉征南將軍胡奮碑，又有南平將軍董廣之碑，爲討魯刻石以記事。（《太平寰宇記》卷一百三十一。）

武當之地

豐利、熊川、陽川三縣，即武當之地。（《太平寰宇記》卷一百四十三。）

樊

樊，本仲山甫之國。（《太平寰宇記》卷一百四十五。）

監利縣

晉太康五年立監利縣，屬南郡。（《太平寰宇記》卷一百四十六。）

漳口

《荊州圖副》謂之漳口。（《太平寰宇記》卷一百四十六。此條，《寰宇記》所引較簡略，不知其完整句式爲何。）

高筓山

昔堯時大水，此山不沒如筺，因名焉〔一〕。（《太平御覽》卷四十九。又見《太平寰宇記》卷一百四十七、《輿地紀勝》卷七十三。）

〔校記〕

〔一〕此句，《太平寰宇記》無；因名，《輿地紀勝》作「故名」。

異花

長陽溪側有異花，韶豔奇絕〔一〕，欲摘，先乞，不得輒取，輒〔二〕取即隨手零落。（《太平寰宇記》卷一百四十七。又見《輿地紀勝》卷七十三。）

〔校記〕

〔一〕此句，《輿地紀勝》作「絕豔」。

〔二〕輒，《輿地紀勝》無。

桐栢山

桐栢山，《禹貢》所謂「導淮自桐栢者」也，其山則雲峰秀峙，林惟椅栢，潛潤吐霤，伏流數里。（《太平御覽》卷四十三。）

百里洲

百里洲，其上平廣，土沃人豐，湖澤所產，足穰儉歲。又特宜五果，甘柰梨蔗，於此是出。（《太平御覽》卷六十九。）

君山

湘君所遊，故曰君山。有神，祈之則利。涉山下有道，與吳包山潛通。上有美酒數斗，得飲者不死。（《太平御覽》卷四十九。）

蕥山

築陽縣有蕥山，山多野蕥，因以為名。（《太平御覽》卷九百七十七。）

夏水

此夏水冬斷夏通，故曰夏水。（《輿地紀勝》卷七十六。）

襄陽

建安十三年，魏武〔一〕平荊州，始置襄陽郡。以地在襄山之陽為名。（《太平御覽》卷一百六十八。又見《太平寰宇記》卷一百四十五。按，此條，同治五年金陵書局本《寰宇記》言出《荊州圖副》，而文淵閣四庫全書本《寰宇記》則言出《荊州圖記》。或亦可證《荊州圖記》與《荊州圖副》為一書之二名。）

〔校記〕

〔一〕魏武，《太平寰宇記》作「曹操」。

八陣圖

永安宮南一里，渚下平磧上，周廻四百十八丈，中有諸葛武侯八陣圖。聚細石為之，各高五尺，廣十圍，歷然棊布，縱橫相當，中間相去九尺，正中開南北巷，悉廣五尺，凡六十四聚。或為人所散亂，及為夏水所沒，冬水退，復依然如故。八陣圖下東西三里有一磧，東西一百步，南北廣四十步。磧上有鹽泉井五口，以木為桶，昔常取鹽，即時沙壅，冬出夏沒。（《太平寰宇記》卷一百四十八。此條，同治五年金陵書局本《寰宇記》言出《荊州圖副》，文淵閣四庫全書本《寰宇記》則言出《荊州圖記》。）

永安宮南一里，渚下平磧上有諸葛孔明八陣圖，聚細石為之，各高五丈，皆棋布相當，中間相去九尺，正中開南北巷，悉廣五尺。或為人散亂，及為夏水所沒，至冬水退，依然如故。（《太平御覽》卷一百六十七。）

夏水

　　此夏水既非山流，有渚川瀦，冬斷夏通，故云夏水。(《太平寰宇記》一百四十四。此條，同治五年金陵書局本《寰宇記》言出《荊州圖副》，文淵閣四庫全書本《寰宇記》則言出《荊州圖記》。)

《荊州圖記》　佚名

昭丘

　　江陵縣東〔一〕七十里有楚昭王墓，高四丈餘，王仲宣〔二〕《登樓賦》所謂「西接昭丘」是也。(《北堂書鈔》卷九十四。又見《太平御覽》卷五百五十九。)

　　〔校記〕
　　〔一〕東，《太平御覽》作「東南」。
　　〔二〕仲宣，《太平御覽》作「粲」。

　　當陽東南七十里有楚昭王墓，登樓則見，所謂昭丘。(《文選·賦己·遊覽·登樓賦》李善注。)

　　當陽東有楚昭王墓。(《文選·詩丁·贈答四·暫使下都夜發新林至京邑贈西府同僚》李善注。)

伍伯村

　　鄀縣東百步，有縣故城，縣南里名伍伯村，有白榆連理樹，異根合條，高四丈餘，土民奉爲社。(《藝文類聚》卷三十九。)

天井臺

　　江陵縣東有天井臺，飛軒光映，背邑面河，寔郊鄽遊憩之佳處也。(《藝文類聚》卷六十二。)

桃林館

　　襄陽縣南陸道六里有桃〔一〕林館，是餞行送歸之處〔二〕。(《初學記》卷十八。又見《太平御覽》卷四百八十九。此條，《太平御覽》言出《荊府圖》。)

〔校記〕

〔一〕桃，《太平御覽》無。

〔二〕處，《太平御覽》作「所」。

襄陽縣南，水行四十里，陸道六十里，有桃林館。（《太平御覽》卷一百九十四。）

赤甲城

魚復縣西北赤甲城，東南〔一〕連白帝城，西臨大江。（《初學記》卷二十三。又見《錦繡萬花谷》後集卷二十五、《能改齋漫錄》卷九。）

〔校記〕

〔一〕南，《能改齋漫錄》無。

白帝城

白帝城西臨大江，東南高二百丈，西北高一千丈。（《初學記》卷二十三。）

陸抗故城

夷陵縣南對岸，有陸抗故城，周廻十里，三百四十步。即山爲塿，四面天險。（《初學記》卷二十三、《通鑑地理通釋》卷十二。）

夷陽縣南對岸有陸抗故城，即山爲塿，四面天險，上有步闡故城。（《太平御覽》卷一百九十二。）

雁浮山

沮縣西北平里，有雁浮山，是《山海經》所謂「景山」，沮水之所出也。高三十餘里，修巖遏互，擢幹干霄，雁南翔北歸，徧徑其上。土人由茲山名改焉。（《初學記》卷三十。）

沮陽縣西北有雁浮山，是《山經》所謂「景山」也。高三十餘里，周迴三百里，脩巖遏互，擢幹干霄，雁南翔北歸，徧經其上，士人由茲改山名焉。（《太平御覽》卷九百一十七。）

沮陽縣西北有雁浮山，雁南翔北歸，徧經其上。（《記纂淵海》卷九十七。）

白石

澧水之南岸有白石立，類人形，昔有充懸左尉，與零陵論強，因相傷害，化爲此石者也。（《北堂書鈔》卷七十七。）

澧陽縣西百三十里，澧水之南岸有白石雙立，狀類人形，高各三十丈，周廻等四十丈，古之相傳，昔有充縣左尉與零陵尉共論疆，因相傷害，化爲此石，即以爲二縣界。首東摽零陵，西磦充縣。充縣廢省，今臨澧縣則其地也。(《太平御覽》卷二百六十九。)

澧陽縣西百三十里，澧水之南岸有白石，先是縣左尉與零陵縣共論疆界，因相侵害，化爲此石，即以爲二縣界。(《職官分紀》卷四十二。)

立碑

羊叔子與鄒潤甫嘗登峴山，羊〔一〕泣曰：「〔二〕有宇宙便有此山，由來賢達，登此望如我與卿者多矣。皆湮滅無聞，念此使人悲傷。」潤甫曰：「公德冠四海，道嗣前哲，令問令望，當與此山俱傳。若潤甫輩，乃當如公語耳。」後參佐爲立碑在〔三〕其望處，百姓每行望碑，莫不悲感，杜預名爲「墮淚碑」。(《北堂書鈔》卷一百零二。又見《太平御覽》卷五百八十九。此條，《北堂書鈔》各版本徵引差異較大，此條所依《北堂書鈔》底本爲明萬曆二十八年虞山陳禹謨刻本。)

〔校記〕
〔一〕羊，《太平御覽》無。
〔二〕《太平御覽》此處有「自」字。
〔三〕在，《太平御覽》作「著」。

羊叔子與鄒潤甫嘗登峴山遠望，後參佐爲立碑著故處，百姓每行，望碑莫不悲感，因名爲墮淚碑。(清光緒十四年萬卷堂刻本《北堂書鈔》卷一百零二。)

赤馬山

鍾陽縣有赤馬山，其東十里點溪與岸有蜜房二百所，羅綴相望。(《北堂書鈔》卷一百四十七。)

赤馬山有蜜房二百所，羅綴相望，因名曰百房。(《太平御覽》卷八百五十七。)

黃竹山

洹陽縣東北有黃竹山，其北一處常蕭蕭有風，名曰風門。(《北堂書鈔》卷一百五十一。)

仙穴

縣北九十里有趙屬山，傍有石臺，高十五丈，廣三尺〔一〕，有穴深一里，內甚平整虛寂，謂之仙穴。（《北堂書鈔》卷一百五十八。又見《太平御覽》卷五十四。）

〔校記〕

〔一〕尺，《太平御覽》作「丈」。

百里洲

百里洲，其上寬廣，土沃人豐，陂潭所產，足穀儉歲，又特宜五穀，洲首派別，南爲外江，北爲內江。（《太平寰宇記》卷一百四十六。此條，金陵書局本《太平寰宇記》言出《荊州圖》，四庫本《太平寰宇記》言出《荊州圖記》，《太平御覽》卷六十九則言此條出《荊州圖副》，或以爲，《荊州圖副》、《荊州圖記》、《荊州圖副記》三者皆爲一書之異名。）

空舲峽

此峽（空舲峽）絕崖壁立數百丈，飛鳥所不能棲，有一火爐，插石崖間，望見可長數尺。相傳云：堯洪水時，行者泊舟崖側，爨於此，以餘爐插之，至今猶曰插竈。（《太平寰宇記》卷一百四十八。）

馬穴山

盧縣有馬穴山，傍有地道，漢時常有百匹馬出其中，形皆小，似滇池馬，今遂名其處曰馬穴。（《太平御覽》卷五十四。）

佷字潭

武當縣西北六里江中，名佷字潭，潭中有右磧洲，長六十丈，世傳佷子未曾從父命，父臨終欲葬山上，故謬曰「葬我水中」，佷子唯從此命。習鑿齒《記》云：「佷子是漢時人，家在山東五女徼。」（《太平御覽》卷六十六。）

厲鄉山

永陽縣西北二百三十里厲鄉山，東有石穴，昔神農生於厲鄉，《禮》所謂烈山氏也。後春秋時爲厲國，穴高三十丈，長二百丈，謂之神農穴。（《太平御覽》卷七十八。）

屈原故宅

秭歸縣北有屈原故宅，方七頃，累石爲屋。今其名樂平里。(《太平御覽》卷一百五十七。)

天門竹

臨澧縣南三百里有高巒特立，素崖千里，望之有似香爐。吳永安六年，自然洞開，其朗如門，古老相傳名天門，門兩角上各生一竹，垂下，爲（謂）之天帚。(《太平御覽》卷一百八十三。)

夏口

江夏郡所治夏口城，其西南角因磯爲高，崇墉枕流，上則遠眺山川，下則激浪崎嶇，是曰黃鵠磯。寔舟人之所艱也。(《太平御覽》卷一百九十二。)

白帝城

白帝城，西臨大江，東南高二百丈，西北高一千丈。(《太平御覽》卷一百九十二。)

樊城

鄧城有樊城，是樊仲山甫所封也。(《太平御覽》卷一百九十二。)

却月城

沌陽縣有却月城，西一里有馬城也。(《太平御覽》卷一百九十二。)

三公城

新野郡魏三公城，左右傳漢時三公餞離處也。(《太平御覽》卷一百九十二。)

姚家墓

酈縣北三十里有一墓，甚崇偉，前有石樓，高一丈五尺，上作石鳳將九子。相傳云是姚家墓，不詳其人。(《太平御覽》卷五百五十九。)

龍寄山

臨澧縣南有龍寄山，其獸多麛。(《太平御覽》卷九百八十一。)

零陽縣

以界內有零溪水爲名。(《輿地紀勝》卷七十。)

八陣圖

永安宮南一里渚，下平磧，上有孔明八陣圖，聚細石爲之，各高五尺，廣十圍，歷然綦布，縱橫相當，中間相去九尺，正中間南北巷悉廣五尺，凡六十四聚。（《蘇詩續補遺》卷上。此條，《蘇詩續補遺》卷上言出《荊州圖記》，宋代書徵引此條多言出《荊州記》。）

《荊州圖》　　佚名

澹水

漢壽縣城南一百步有澹水，出縣西陽山。又曰：灃陽縣蓋即灃水爲名也，在郡西南接灃水。（《文選·詩丙·贈答一·贈士孫文始》李善注。）

劉喜

陰令劉喜，魏時宰縣，雅好博古，教學立碑。（《文選·表下·爲范始興作求立太宰碑表》李善注。）

望州山

宜都郡望州山，袁山松《宜都記》曰武鍾山。山根有湧泉成溪，溪注丹水，天陰欲雨，輒有赤氣，故名丹溪。（《太平御覽》卷十五。）

廩君石

宜都有穴，穴有二大石，相去一丈，俗云其一爲陽石，一爲陰石，水旱爲災，鞭陽石則雨，鞭陰石則晴，即廩君石是也。但鞭者不壽，人頗畏之，不肯治也。（《太平御覽》卷五十二。）

陰陽石

夷陵縣西有溫泉，古老相傳，此泉元出鹽，於今水有鹽氣。縣西一獨山有石穴，有二大石並立穴中，相去一丈，俗名爲陰陽石。陰石常濕，陽石常燥。（《太平御覽》卷七百八十五。）

歸鄉岸

南北岸曰屈原之鄉里。原既流放，忽然歸鄉，人喜悅，因名南岸曰歸鄉

岸。原有姊，聞原還，亦來歸，責其矯世，鄉人又名其北岸曰姊歸岸。（《太平御覽》卷五百一十七。）

孤竹

筑陽薤山上有孤竹，三年而生一筍，筍成，代謝常一。（《太平御覽》卷九百六十三。）

厲鄉山

永陽縣西北二百三十，厲鄉山東有石穴，高三十丈，長二百丈〔一〕，謂之神農穴。神農生此〔二〕，老子亦生於此。（《路史》卷十二。又見《路史》卷三十九。）

〔校記〕

〔一〕丈，《路史》卷三十九作「尺」。

〔二〕此句，《路史》卷三十九作「神農生於厲鄉者」。

樊城

樊城，仲山甫所封。（《路史》卷二十七。）

《荆南圖副》　　佚名

唐宋諸書所引除《荆州圖記》、《荆州圖副》外，《藝文類聚》卷七又引《荆南圖副》數條，觀其條目，多與《荆州圖記》、《荆州圖副》相合，茲列於下。

荆門山

宜都夷陵縣東六十里，南岸有荆門山，北有虎牙，二山相對，虎牙有石壁，其文黃赤，又似虎牙形，荆門山上合下空，有若門像。（《藝文類聚》卷七。）

作樂山

鄧城西七里有作樂山，諸葛亮常登此山，爲《梁甫吟》。（《藝文類聚》卷七。）

馬穴山

襄陽郡中廬縣西百三十里，有馬穴山，傍有一地道，云漢時有馬出其中。（《藝文類聚》卷七。）

高筐山

宜都夷陵縣西八十里，有高筐山，古老相傳，堯時大水，此山不沒，如筐篋，因以爲名。(《藝文類聚》卷七。)

栢枝山

巴東昆陽縣東南十里，有栢枝山，有石泉，口方數丈，中有魚。(《藝文類聚》卷七。)

女觀山

宜都夷道縣北有女觀山，昔有思婦，登山絶望，懷思而死，葬之山頂，山遂枯悴，因以名山。(《藝文類聚》卷七。)

《荊州地理記》　佚名

《荊州地理記》，卷亡，史志不著錄，今所見有《北堂書鈔》所引一條，茲列於下。

繖蓋

枝江縣崗上有一墳如繖蓋形，前鹵簿小冢二百餘，相承云楚王也。(《北堂書鈔》卷九十四。)

《南荊州記》　佚名

《南荊州記》，卷亡，史志不著錄，僅《初學記》卷八引一條。南荊州，陳天嘉二年置，隋時廢，其應作於陳、隋之間。是書宋代書皆不見引，或亡佚於其時。劉緯毅《漢唐方志輯佚》輯《南荊州記》一條。

豐利郡

豐利郡領豐利、熊川、陽川三縣。(《初學記》卷八。)

《吳地記》　董覽

董覽《吳地記》，卷亡，史志不著錄。董覽，生卒年、里籍皆不詳。覽，又作「監」。吳郡，今江蘇蘇州。劉緯毅《漢唐方志輯佚》輯是書條目數則。

苦酒城

吳築城以貯。（《北堂書鈔》卷一百四十六。）

南武

海渚〔一〕，有吳王闔閭，與越結怨，相伐築城，名曰南武城，以禦越。後〔二〕吳先主亦因此更繕修以備魏也。（《初學記》卷二十四。又見《錦繡萬花谷》後集卷二十五。）

〔校記〕

〔一〕海渚，《錦繡萬花谷》作「南武海渚」。

〔二〕後，《錦繡萬花谷》無。

子胥廟

夫差立，子胥以忠謇見亡。遂賜死，浮尸於江。夫差悔焉，與群臣於江設祭置壇〔一〕，國人因為立廟〔二〕。（《初學記》卷六。又見《太平御覽》卷六十。）

〔校記〕

〔一〕置壇，《太平御覽》無。

〔二〕此句，《太平御覽》無。

銅嶺

穹崇山，東兩嶺相趨，名曰銅嶺。（《初學記》卷七。）

陽城山

富春有陽城山，縣氏所葬，漢末，上有光，雲氣天屬。（《太平御覽》卷四十六。）

姑蘇山

姑蘇山，一名姑胥，連橫山之北。（《太平御覽》卷四十六。）

硯石山

硯石山，在縣西門外，亦名石鼓山，又有琴臺在其上。（《太平御覽》卷四十六。）

香山

香山，吳王遣美人採香於山，因以爲名，故有採香徑。（《太平御覽》卷四十六。）

曲阿

曲阿，秦時曰雲陽嶺〔一〕。太史言〔二〕，東南有天子氣，始皇發赭徒三千〔三〕，鑿雲陽之北岡〔四〕，曲之〔五〕，因曰曲阿〔六〕。（《（至大）金陵新志》卷二。又見《太平御覽》卷五十六。《路史》卷三僅引「曲阿，秦時曰雲陽嶺」一句。）

〔校記〕
〔一〕嶺，《太平御覽》無。
〔二〕言，《太平御覽》作「云」。
〔三〕此句，《太平御覽》無。
〔四〕此句，《太平御覽》作「在雲陽之間，故鑿北岡」。
〔五〕此句，《太平御覽》作「令曲而阿」。
〔六〕曰，《太平御覽》作「名」。

平陵縣

晉分永世爲平陵縣，宋文帝元嘉九年，併入永世、溧陽二縣。（《資治通鑒補》卷九十四。）

華林里　龍壇里

林園在華林里，石龍在龍壇里，里在烏鵲橋東，皆闔閭作。（《（紹定）吳郡志》卷十五。按：此條位置與下條「石城」條前後並列，「石城」條據考爲董覽所作，則此條爲董覽《吳地記》無疑。）

存疑

石城

石城，吳王離宮，越王獻西施於此城。（《（紹定）吳郡志》卷八。此條，范成大《（紹定）吳郡志》卷八未言作者。明章潢《圖書編》卷六十亦存此條：「吳王離宮在石鼓山，越獻西施於此，有琴臺在其上」，並明言作者爲董覽。）

梅里平墟

太伯築城於梅里平墟。(《漢書地理志補注》卷三十八。此條，范成大《吳郡志》言出自《吳越春秋》，《太平寰宇記》卷九十二言此條出自《輿地志》。)

靈巖山

靈巖山，即古石鼓山，又名硯石山。董監《吳地記》:「案《郡國志》曰：吳山離宮在石鼓山，越王獻西施於此山。山有石馬，望之如人騎，南有石鼓鳴即兵起，亦名硯石山。又有琴臺在其上。」(《(紹定)吳郡志》卷十五。按，此條，與上文「石城」條類似，此條所言「董監」，應即「董覽」。)

《吳地記》　佚名

除張勃《吳地記》、顧夷《吳地記》、董覽《吳地記》、王僧虔《吳地記》外，唐代各書所引還有佚名《吳地記》一種。此外，唐代陸廣微又有《吳地記》一種，約成書於唐乾符三年（876），宋代類書多引，且條目繁多。本文所輯佚名《吳地記》，僅將陸廣微《吳地記》之前各書所引佚名《吳地記》納入，陸廣微《吳地記》以後諸書所引佚名《吳地記》不再輯佚。

姑蘇山

吳王闔閭十一年，起臺於姑蘇山，因山爲名，西南去國三十五里，春夏遊焉。後大差復高而飾之。越伐吳，遂見焚。太史公云:「余登姑蘇，望五湖」。五湖去此臺二十餘里。(《藝文類聚》卷六十二。)

因山爲名，西南去國三十五里。(《漢書·蒯伍江息夫列傳》顏師古注。)

朱方

朱方，秦改曰丹徒。(《史記·吳太伯世家》裴駰集解。此條，見於《史記》裴駰集解，或其作於劉宋初或劉宋前。)

吳改朱方曰丹徒。(《文選·詩丙·哀傷·廬陵王墓下作》李善注。)

徐枕山

徐枕山，一名卑猶山。(《史記·吳太伯世家》司馬貞索隱。)

壇浦

越軍於蘇州東南三十里三江口，又向下三里，臨江北岸立壇，殺白馬祭子胥，杯動酒盡，後因立廟於此江上。今其側有浦名上壇浦。至晉會稽太守糜豹，移廟吳郭東門內道南，今廟見在。（《史記・伍子胥列傳》張守節正義。）

胥山

胥山，太湖邊胥湖東岸山，西臨胥湖，山有古葬胥二王廟。（《史記・伍子胥列傳》張守節正義。）

相唐

吳王濞葬武進縣南，地名相唐。（《史記・吳王濞列傳》裴駰集解。此條，南朝宋裴駰《史記》集解已引，其成書應早於裴駰是書。其或作於劉宋初期或劉宋前。）

徐杭山

徐杭山，一名卑猶山是也。（《吳越春秋・夫差內傳》注。）

松江

松江，松陌流溢，至此故名。（《吳越春秋・勾踐伐吳外傳》注。）

毗陵

本名延陵，吳王諸樊封季札，漢改曰毗陵。（《後漢書・獨行列傳》李賢等注。）

浙江

縣惟浙江，今無此水。（《水經注》卷四十。）

昌門

閶闔門〔一〕者，吳王闔閭所作也，名爲閶闔門，高樓閣道，後由此出伐楚，改曰破楚門〔二〕。（《藝文類聚》卷六十三。又見《文選・詩戊・樂府下・吳趨行》李善注。）

〔校記〕

〔一〕閶闔門，《文選》注作「昌門」。

〔二〕此二句，《文選》注無。

若下美酒

長安故屬烏程，太康十年分爲五縣，若下出美酒。（《北堂書鈔》卷一百四十八。）

長洲

長洲在姑蘇南，太湖北岸，闔閭所遊獵處也。吳先主使徐詳至魏，魏太祖謂詳曰：「孤願越橫江之津，與孫將軍遊姑蘇之上，獵長洲之苑，吾志足矣。」（《藝文類聚》卷六十六。）

齊女墳

海隅縣西山上齊女墳，吳王闔閭爲太子娉齊女爲妃，憂思發病，王築吳大城北門層樓，使女登其上，名曰「齊門」。女臨終謂太子曰：「若吾死有知，必葬我虞山之丘，以望齊國而已。」（《北堂書鈔》卷九十二。）

梅里

太伯居梅里，在闔閭城北五十里許。（《史記·吳太伯世家》司馬貞索隱。）

仲雍冢

仲雍冢在吳郡常孰縣西海虞山上，與言偃冢並列。（《史記·吳太伯世家》司馬貞索隱。）

《吳地志》　佚名

石首魚

石首魚，至秋化爲冠鳧〔一〕。冠鳧頭中猶有石也〔二〕。（《初學記》卷三十。《海錄碎事》卷二十二上。《太平御覽》引此條，言出《吳錄·地理記》。）

〔校記〕
〔一〕至秋，《海錄碎事》作「秋」。
〔二〕冠鳧，《海錄碎事》無。

大庾嶺

南野縣有大庾嶺，通廣州。（《太平御覽》卷五十四。）

百丈山

百丈山，堯時洪水尙餘百丈，因以名焉。(《輿地紀勝》卷二。)

海鹽縣

王莽改海鹽縣爲展武縣，後陷爲湖，水淺，視之仿佛尙見。(《輿地紀勝》卷三。)

六里山

山有石篆書三十八字，吳歸命侯天冊元年刻。(《輿地紀勝》卷三。)

金牛洞

昔有金牛糞金，村民皋伯與弟隨之。牛穴此山而入，二人鑿山，以取之，入，不止，山頹，兄弟皆死，遂以名之。亦曰金牛洞。(《輿地紀勝》卷三。)

皖口

皖口，今舒州之山口鎮。(《資治通鑒補》卷一百六十七。)

《分吳會丹陽三郡記》　　佚名

《分吳會丹陽三郡記》，《舊唐書·經籍志》言三卷，作者不詳，唐宋諸書所引有《吳會分地記》數條，或即此書。此書，《太平御覽》多引，當北宋時仍存，南宋諸書未見有徵引者，或亡於兩宋之交。按三郡，即丹陽郡、吳郡、會稽郡。其地在今江蘇南部、浙江東北部。

卞山

六〔一〕出山者，勾踐於此山鑄銅，銅〔二〕不鑠，則〔三〕埋之，上〔四〕生馬〔五〕箠，勾踐遣使者〔六〕，移於〔七〕南社種之，飾爲馬箠〔八〕，獻於吳〔九〕。(《北堂書鈔》卷一百二十六。又見《北堂書鈔》卷三十一、《初學記》卷二十二、《太平御覽》卷三百五十九、《太平御覽》卷八百二十三。)

〔校記〕

〔一〕六，《北堂書鈔》卷三十一作「夏」，《太平御覽》卷八百二十三作「卞」。

〔二〕銅，《北堂書鈔》卷三十一無。

〔三〕則，《北堂書鈔》卷三十一、《太平御覽》卷八百二十三無。

〔四〕上，《太平御覽》卷八百二十三無，《北堂書鈔》卷三十一作「土」。

〔五〕馬，《初學記》無。

〔六〕遺使者，《北堂書鈔》卷三十一作「遺使取」，《初學記》、《太平御覽》卷八百二十三作「遺使者取」。

〔七〕移於，《北堂書鈔》卷三十一作「從於」、《初學記》作「從」，《太平御覽》卷八百二十三作「徙於」。

〔八〕此句，《北堂書鈔》卷三十一作「飾治以爲箠」，《太平御覽》卷三百五十九、《太平御覽》卷八百二十三作「飾治以爲馬箠」。

〔九〕此句，《北堂書鈔》卷三十一作「獻之於吳者」。

土城

勾踐時索美女，欲以獻吳，於羅山得西施、鄭旦，作土城貯之，使近道習見人，令賢傅母教之三年。(《太平御覽》卷三百八十一。)

《吳郡緣海四縣記》　佚名

《吳郡緣海四縣記》，卷亡，史志不著錄，作者不詳。除此名外，諸書所引又有《吳郡緣海記》、《吳郡臨海記》，或皆爲一書之別名。是書《太平御覽》徵引數條，南宋諸書不見引，或亡於兩宋之際。

定山

錢唐西南五十里有定山，去富春又七十里，橫出江中，濤迅邁以避山難，辰發錢唐，已達富春。赤亭，定山東十餘里。(《文選·詩丁·行旅上·富春渚》李善注。)

煮鹽

已分海濱，鹽田相望，吳煮爲鹽，即此典之。(《北堂書鈔》卷一百四十六。)

穿山

虞縣有穿山，下有洞穴，高廣十餘丈，昔在海中行侶，舉帆從空中過。(《北堂書鈔》卷一百五十八。)

虞縣有穿山，下有洞穴，昔有在海中行者，舉帆從穴中過。(《太平御覽》卷五十四。)

會骸山

帶海有會骸山，傳云山有金牛〔一〕，昔有兄弟三人共鑿求之，坎崩同死，因以爲名〔二〕。(《太平御覽》卷四十六。又見《(紹定)吳郡志》卷十六。)

〔校記〕

〔一〕此句，《(紹定)吳郡志》作「傳有金牛」。

〔二〕此句，《(紹定)吳郡志》作「因以會骸爲名」。

紫菜

郡海邊諸山悉生紫菜，《吳賦》云「綸組紫絳」者也。(《太平御覽》卷九百八十。)

《淮南記》　　佚名

《淮南記》，《隋書·經籍志》言一卷，未著作者。新、舊《唐志》皆不載。此書約爲南朝時期所作。晉宋時期，淮南郡治壽縣，即安徽今縣。劉緯毅據《太平御覽》、《太平寰宇記》輯得兩條。又漢高誘注《呂氏春秋》，所引《淮南子》或言爲《淮南記》，後代學者徵引時，多沿高氏之弊，如周嬰《巵林》卷四、陳立《公羊義疏》卷三、汪克寬《環谷集》卷七徵引時均將《淮南子》作《淮南記》，蓋誤也。

牛渚

吳初以周瑜屯牛渚。晉鎮西將軍謝尚亦鎮此城。袁宏時運船泊牛渚〔一〕，尚乘月泛江，聞運船中諷詠，遣問之，即宏誦其自作《詠史詩》，於是大相歡賞〔二〕。(《太平寰宇記》卷一百零五。又見《輿地紀勝》卷十八。)

〔校記〕

〔一〕運，《輿地紀勝》作「寄運」。

〔二〕歡賞，《輿地紀勝》作「賞嘆」。

濠水

濠水合流千金塘，流出縣西莫耶山是也〔一〕。(《太平寰宇記》卷一百二十八。又見《太平御覽》卷四十三。)

〔校記〕

〔一〕流出，《太平御覽》作「源出」。

存疑

南門三里許有池曼衍，碧瀾映底，菰蔣菱蒲，互相淩亂，柳樹百株，籠煙拂風，架木爲橋，澗可並度橋及洲，洲上築天妃宮，堂楹精楚，庭除清蔭，亦柳爲翳景也。(《佩文齋廣群芳譜》卷之七十六。此條，清前各書不錄，僅見於清《佩文齋廣群芳譜》。此條所言「天妃宮」，爲祭祀媽祖之所，媽祖祭祀興起於宋代時，則此條應作於宋代或宋代以後。)

《淮陽記》　佚名

《淮陽記》，作者不詳，史志未著錄。《太平寰宇記》引一條，《太平御覽》所引同條作《淮地記》。

禹治水

按古《嶽瀆經》云，禹治水，三至〔一〕桐栢山，乃獲淮渦水神，名曰無支祁。善應對言語，辨江、淮之淺深，原隰〔二〕之遠近，形若獼猴，縮鼻高額，青軀白首，金目雪牙，頸伸百尺，力踰九象，搏擊騰踔，疾奔輕利倏忽間。人視之不可久。禹授之童律，童律不能制；授之烏木田，烏木田不能制；〔三〕授之庚辰〔四〕，庚辰能制。頸鵶脾栢、木魅、水靈、山妖、石怪，奔號叢繞以千數，庚辰以戟逐之，〔五〕遂頸鎖大索，鼻穿金鈴，徙淮泗〔六〕陰，鎖龜山之足，淮水乃安，流注於海。(《太平寰宇記》卷十六。又見《太平御覽》卷八百八十二。)

〔校記〕

〔一〕三至，《太平御覽》作「止」。

〔二〕原隰，《太平御覽》作「源」。

〔三〕「搏擊騰踔」數句，《太平御覽》無。

〔四〕授之庚辰，《太平御覽》作「禹授之庚申」。

〔五〕「庚辰能制」數句，《太平御覽》無。

〔六〕泗，《太平御覽》作「之」。

《江乘地記》 是乘民

《江乘地記》，南朝是乘民作。此書史志皆不著錄。南宋時各書仍徵引，當此時尚存。《宋史·藝文志》不見著錄，或亡於宋元之交。是乘民，生卒年、里籍皆不詳。江乘，秦置江乘縣，三國吳廢，晉復置，今屬江蘇南京。《江乘地記》，諸書徵引時亦有作《江乘記》者。

翻車峴

城東四十五里竹里山，王途所經，甚傾險〔一〕，行者號爲翻車峴。（《編珠》卷一。又見《北堂書鈔》卷一百五十七、《太平御覽》卷五十六。）

〔校記〕

〔一〕甚傾險，《太平御覽》作「途甚傾險」。

半湯泉

（江乘）縣東南四十里半湯泉〔一〕，半溫半冷〔二〕，共同一壑〔三〕，謂之半湯泉〔四〕。（《初學記》卷七。又見《藝文類聚》卷九、《太平御覽》卷七十一、《記纂淵海》卷八、《事文類聚》前集卷十八。）

〔校記〕

〔一〕縣，《藝文類聚》、《太平御覽》無。四十里，《藝文類聚》、《太平御覽》作「三十五里」。半湯泉，《藝文類聚》作「有半湯泉」，《太平御覽》作「有湯泉」，《事文類聚》作「有泉」。此句，《記纂淵海》作「江乘縣有泉」。

〔二〕半溫半冷，《藝文類聚》、《太平御覽》作「半冷半溫」。

〔三〕同，《記纂淵海》、《事文類聚》作「出」。

〔四〕此句，《藝文類聚》、《太平御覽》、《記纂淵海》、《事文類聚》均無。

攝山

攝山有山猨，赤足。或見涉冬積雪，輒有一行跡。（《初學記》卷二十九。）

攝山有山猱，赤足。(《太平御覽》卷九百一十。)

樵採者

樵採者常於山上得空青。此山一朝出雲〔一〕，零雨必降〔二〕，民人以爲常占〔三〕。(《藝文類聚》卷八十一。又見《太平御覽》卷九百八十八、《(至大) 金陵新志》卷七。)

〔校記〕

〔一〕一朝，《太平御覽》作「三朝」。

〔二〕零雨，《太平御覽》作「雨」。

〔三〕民人，《太平御覽》作「民」。

思村山

南十五里上思村山，山上有穴，未測深淺，名爲雲隆。(《北堂書鈔》卷一百五十八。)

石城山

石城山〔一〕，嶺鄣千里〔二〕，相重似〔三〕若一，遊歷者以爲吳之石城，猶楚之九疑也。多生箭竹，又有桑樹〔四〕。山上有城，因以名焉〔五〕。(《太平御覽》卷四十六。又見《(景定) 建康志》卷十七、《(至大) 金陵新志》卷五上。)

〔校記〕

〔一〕石城山，《(景定) 建康志》作「石頭山」，《(至大) 金陵新志》「石頭城山」。

〔二〕鄣，《(景定) 建康志》、《(至大) 金陵新志》作「嶂」。

〔三〕重似，《(景定) 建康志》、《(至大) 金陵新志》作「重」。

〔四〕此一句，《(景定) 建康志》、《(至大) 金陵新志》無。

〔五〕此句，《(景定) 建康志》、《(至大) 金陵新志》作「因以爲名」。《(至大) 金陵新志》此句後又有「漢建安十六年，吳孫權修理改名『石頭城』，用貯軍糧器械」句。

鍾乳穴

木蘆山上有鍾乳穴，以授之流水瀦湖。(《北堂書鈔》卷一百五十八。)

西南二十里，木廬山有鍾乳穴。(《太平御覽》卷五十四。)

木廬山有鍾乳穴。(《(至大) 金陵新志》卷五上。)

嘉魚

瀦湖中有嘉魚美蓴。(《太平御覽》卷六十六。)

攝山

扈村有攝山，山多藥草，可以攝生，因名之。方四面各起重嶺，遊者名繖山，形似繖也，山頂舊有周江乘廟。(《太平御覽》卷四十六。)

扈村有攝山，形方，四面重嶺似繖，故名繖山。(《太平寰宇記》卷九十。)

村有攝山，藥草可以攝生，因以名之(《輿地紀勝》卷十七。)

村有草可以攝生〔一〕，故名。(《方輿勝覽》卷十四。又見《資治通鑑》卷一百六十六。)

〔校記〕

〔一〕村，《資治通鑑》無。

攝湖

湖在攝山之側，因以為名〔一〕。(《(景定)建康志》卷十八。又見《(至大)金陵新志》卷五下。此條，二書並言出《江乘縣記》。)

〔校記〕

〔一〕此條，《(至大)金陵新志》作「湖在攝山側，因名」。

負丘山

負丘山石精好，不謝吳興，即此山也。(《太平寰宇記》卷九十四。此條，《寰宇記》言此條出《江乘記》。)

《聘北道里記》　陳江德藻

江德藻（508-565），名德操，字德藻，以字行。濟陽考城（今河南蘭考）人，《隋書》卷三十四有傳。梁時，起家南中郎武陵王行參軍，遷南平王蕭偉東閤祭酒、安西湘東王府外兵參軍，歷尚書比部郎、廬陵王記室參軍、廷尉正、南兗州治中、中書侍郎、臨海王長史。入陳，授秘書監兼尚書左丞、振遠將軍、通直散騎常侍。後以事出貶新喻令。天嘉六年卒，年五十七。

江德藻《聘北道里記》，述其天嘉四年（563）使北齊經見，《陳書·江德操傳》稱：「天嘉四年，與中書郎劉師知使齊，著《北征道里記》三卷。」《隋書·經籍志》言「《聘北道里記》三卷，江德藻撰」，與《陳書》本傳

所載同。《聘北道里記》，或作《聘北道記》。李德輝《晉唐兩宋行記輯校》
有輯。

鹿筋梁

自邵伯棣三十六里至鹿筋，梁先有邏。此處足白鳥，故老云，有鹿過此，
一夕爲蚊所食，至曉見筋，因以爲名。（《酉陽雜俎》續集卷四。）

鹿筋驛

江淮間有露筋驛，今有祠存，一名鹿筋驛。云昔有孝女〔一〕爲蚊蚋所食，
惟存筋骸而已〔二〕。（《太平寰宇記》卷一百三十。又見《輿地紀勝》卷四十。）

〔校記〕

〔一〕云昔有孝女，《輿地紀勝》作「有孝女」。

〔二〕此句，《輿地紀勝》作「露筋」。

禮婚

北方婚禮必用青布幔爲屋，謂之青廬。於此交拜，迎新婦。夫家百餘人
挾車，俱呼曰：「新婦子催出來。」其聲不絕，登車乃止，今之催粧是也。以
竹杖打壻爲戲，乃有大委頓者。（《酉陽雜俎》續集卷四。）

木龍寺

木龍寺，寺有三層磚塔，側生一大樹，縈繞至塔頂，枝榦交橫，上平，
容十餘人坐。枝杪四向下垂，團團如柏子帳，經過莫有辨者，梁武帝曾遣人
圖寫樹形，還都大抵屈盤似龍，因呼爲木龍寺。（《北户錄》卷三。）

淇水

枋頭城，故虞國之險，淇水經其後，清水經其前。（《太平寰宇記》卷五十六。）

《南兗州記》　　阮昇之

阮昇之《南兗州記》，《新唐書·藝文志》言「阮敘之《南兗州記》一卷。」
阮昇之，又名阮敘之，生卒年、里籍未詳。南兗州，晉元帝南渡僑置兗州於
廣陵，南朝宋改曰南兗州，移治盱眙，後復還廣陵，即今江蘇揚州。《太平

寰宇記》卷一百二十三所引《南兗州記》有記宋元嘉二年時事,當是書成書應在此後。

都梁山

都梁山通鍾離郡,廣袤甚遠,出桔梗、芫花等藥。(《太平寰宇記》卷十六、《太平御覽》卷四十四。)

東陽山

東陽山有池水,一名天井,冬春夏水深五丈。(《太平寰宇記》卷十六、《輿地紀勝》卷四十四。)

盱眙山

其(盱眙)山形若馬鞍,遂名馬鞍山〔一〕。(《太平寰宇記》卷十六。又見《輿地紀勝》卷四十四。)

〔校記〕

〔一〕此句,《紀勝》作「遂名爲馬鞍」。

盱眙縣

盱眙縣〔一〕,春秋時,本善道地〔二〕,魯襄公五年,會吳之處。秦胡亥二年,項羽立楚懷王孫心爲王。都於此。三年徙都彭城。漢爲縣,又封江都易王子蒙之爲盱眙候。(《太平寰宇記》卷十六。又見《太平御覽》卷一百六十九、《資治通鑒補》卷八、《輿地紀勝》卷四十四。)

〔校記〕

〔一〕縣,《御覽》、《資治通鑒補》無。

〔二〕此句,《御覽》作「本春秋時善道地」,以此結。《資治通鑒補》作「本春秋善道地」,其後以「宋屬泗州」結。《紀勝》作「本春秋善道之地」,以此結。

江祀

(江祀)〔一〕,其神復號「江都王」,或「易王廟」〔二〕。(《太平寰宇記》卷一百二十三。又見《輿地紀勝》卷三十七。)

〔校記〕

〔一〕江祀,《紀勝》作「江水祠」。

〔二〕易王廟,《紀勝》作「易王之廟」。

裘塘屯

齊高宗建武五年，遏艾陵湖水立裘塘屯，移縣於萬歲村。中興元年廢縣，西南去州城六十一里。（《太平寰宇記》卷一百二十三。）

孝義里

（劉宗）宋文帝時爲上黨太守。少有志操，居世清謹。元嘉二年，魏太武兵至廣陵，宗母爲軍所害，遂蔬食，不嘗五味以終世。其所住村，因改爲「孝義里」。（《太平寰宇記》卷一百二十三。）

（劉宗）宋文帝時，魏太武至廣陵，宗母爲軍士所害，遂蔬食，不嘗五味，以終其世，其所住村因號爲「孝義里」。（《輿地紀勝》卷三十七。）

鹽亭

（鹽城海水），上有南兗州鹽亭一百二十三所〔一〕。縣人以漁鹽爲業，略不耕種，擅利巨海，能致饒沃〔二〕，公私商運充實，四遠舳艫往來，恒以千計〔三〕。此吳王所以富國強兵而抗漢室也〔四〕。（《太平寰宇記》卷一百二十四。又見《太平御覽》卷一百六十九、《輿地紀勝》卷三十九、《方輿勝覽》卷四十六。）

〔校記〕

〔一〕此句，《御覽》作「南兗州地有鹽亭百二十三所」。上有，《紀勝》、《勝覽》作「有」。一百二十三，《紀勝》作「百二十三」，《勝覽》作「百二十」。

〔二〕能致饒沃，《紀勝》、《勝覽》作「能致沃饒」。

〔三〕此二句，《御覽》作「舳艫千計」。恒以千計，《紀勝》、《勝覽》作「常以千計」。

〔四〕此，《御覽》無。而，《勝覽》作「以」。

茱萸溝

吳王濞開此溝，通運至海陵倉，北有茱萸村，以村立名，故《記》云邗溝，即吳王夫差所開，漕運以通上國。（《太平寰宇記》卷一百二十三。）

神祠

孤山有神祠，側悉生大竹，可以爲涔田焉〔一〕。竹或伐之者〔二〕，必祀此神〔三〕，言其所求之數，無敢加焉。（《太平寰宇記》卷一百三十。又見《輿地紀勝》卷四十。）

〔校記〕

〔一〕此句，《紀勝》無。

〔二〕竹或伐之者，《紀勝》作「或伐之者」。

〔三〕祀，《紀勝》作「祠」。

孤山

江北三百步有孤山。（《輿地紀勝》卷四十三。）

土山

高郵界有土山，上有土井、石臼。山下之人時見人著朱高冠〔一〕，徘徊井側。或云：古列仙之宅焉〔二〕。（《太平寰宇記》卷一百三十。又見《輿地紀勝》卷四十三。）

〔校記〕

〔一〕此句，《紀勝》作「時見著絳衣高冠」。

〔二〕此二句，《紀勝》無。

雲山

（雲山）一名東陽山，有煬天子洞，又有池，名天井。（《輿地紀勝》卷四十四、《太平寰宇記》卷一百二十三。按，此條所言「煬天子洞」爲隋時事，似爲後人增入。）

赤岸山

瓜步山東五里，江有赤岸〔一〕，南臨江中。羅君章云「赤岸若朝霞」，即此謂也〔二〕。濤水自海入江，衝激六七百里，至此岸側，其勢始衰。郭景純《江賦》云「鼓洪濤於赤岸」，即此也〔三〕。（《太平寰宇記》卷一百二十三。又見《太平御覽》卷四十三。）

〔校記〕

〔一〕江有赤岸，《御覽》作「江有赤岸山」。

〔二〕此謂，《御覽》作「即此是也」。

〔三〕「郭景純」數句，《御覽》無。

釣臺

吳王濞之釣臺。（《初學記》卷八、《太平寰宇記》卷一百二十三、《錦繡萬花谷》後集卷六。）

白沙

湖岸有白沙，故名。（《輿地紀勝》卷四十三。）

輿浦

　　輿浦朝夕恒淤濁〔一〕，一朝清徹，太守范邈表〔二〕以爲瑞。（《錦繡萬花谷》後集卷六。又見《輿地紀勝》卷三十七。）

　　〔校記〕
　　〔一〕恒淤濁，《輿地紀勝》作「常濁」。
　　〔二〕表，《輿地紀勝》作「表上」。

　　揚州地名曰輿浦。（《書敍指南》卷十四。）

《揚州記》　　阮勝之

　　阮勝之《揚州記》，史志不見著錄。今所見僅《太平御覽》所引一條。阮勝之，應即「阮昇之」。

楊子宮

　　楊子縣有楊子宮，宮中有玄珠觀。（《太平御覽》卷一百七十九。）

《揚州記》　　佚名

　　除劉澄之《揚州記》、阮勝之《揚州記》外，北齊諸葛穎亦有《巡撫揚州記》七卷，隋唐間揚州人曹憲亦有《揚州記》一種，以下數條，因無法判斷作者歸屬，茲將其單列，另作一種。

冶城

　　冶城，鼓鑄之所。吳平，猶不廢。王茂弘所治也。（《世說新語·言語》劉孝標注。此條，《世說新語》注不言作者，但其成書應早於梁。）

會骸山

　　海鹽縣西南有會骸山，山有金牛，昔有兄弟三人共鑿求之，坎崩，同死穴中，因名「會骸」。（《北堂書鈔》卷一百五十八。）

太湖

太湖一名震澤〔一〕，一名笠澤〔二〕，一名洞庭。（《初學記》卷七。又見《記纂淵海》卷七、《吳郡志》卷四十八、《古今合璧事類備要》卷八、《詳注昌黎先生文集》卷二十二。）

〔校記〕

〔一〕震澤，《詳注昌黎先生文集》作「宮亭」。

〔二〕笠澤，《詳注昌黎先生文集》作「震澤」。

洞庭

太湖之別名，又曰洞庭山。（《輿地紀勝》卷六。此條，《輿地紀勝》言出《楊州記》，不著作者。）

新林橋

金陵南沿江有新林橋，即梁武帝敗齊師之處。（《（景定）建康志》卷十六。此條，有言梁武帝敗齊事，其應成書於梁後。）

《會稽地志》　夏侯曾先

夏侯曾先《會稽地志》，卷亡，史志不著錄，諸書徵引時多作「夏侯曾先《地志》」，考其所記，皆為會稽郡事，當為《會稽地志》。《太平寰宇記》卷九十六記會稽事，有引自夏侯曾先《吳地志》者，《吳地志》，當為《地志》之誤，王十朋《會稽三賦·會稽風俗賦》注「射的山」條，引夏侯曾先《地理志》，《地理志》，亦應為《地志》之誤。夏侯曾先，始末未詳。其記中有梁武帝時事，唐《初學記》徵引，當其成書于陳隋之間。會稽郡，秦置，漢因之，治山陰，今浙江紹興。夏侯曾先此記，魯迅《會稽郡故書雜集》、劉緯毅《漢唐方志輯佚》皆輯。

徐偃王城

翁洲上有徐偃王城，傳云昔周穆王巡狩，諸侯共尊偃王，穆王聞之，令造父御，乘驊騮之馬，日行千里，自還討之。或云命楚王帥師伐之，偃王乃於此處立城以終。（《史記·秦本紀》張守節正義。此條，《史記》正義言出《夏侯志》，當為夏侯曾先《地志》。）

查浦

吳王伐越，次查浦。越立城以守查。吳作城於浦東，以守越。以越在山絕水，乃贈之以鹽。越山頂有井，深不可測，廣二丈餘，中多魚，乃取鯉一雙以報吳，吳知城中有水，遂解軍而去。其山四旁皆高，隱然有城壍遺址，其中坦平，井泉湛然。(《(嘉泰)會稽志》卷一。)

吳王伐越，吳以越王城在山上，絕水，而越山頂有井，越王取鯉一雙，以報吳，吳知城中有水，乃解去。(《輿地紀勝》卷十。)

查浦在東，吳伐越，次查浦，深入至此，宜勾踐不能忘也。(《(寶慶)四明志》卷二十。)

大隱山

大隱山口南入天台北峰四明東足，乃謝康樂煉藥之所。(《新定九域志》卷五。)

大隱山口南〔一〕，入天台北峰，爲四明東足〔二〕，乃謝康樂煉藥之所也。晉虞喜三召不就，遁跡此山，因以爲名〔三〕。〔四〕(《(寶慶)四明志》卷十六。又見《輿地紀勝》卷十一、《(延祐)四明志》卷一、《(延祐)四明志》卷七。)

〔校記〕

〔一〕口南，《(延祐)四明志》卷一作「南」。

〔二〕爲四明東足，《輿地紀勝》作「四明足」，《(延祐)四明志》卷一作「四明東足」。

〔三〕因以爲名，《(延祐)四明志》卷七作「因此以名之」。

〔四〕「晉虞喜」數句，《(延祐)四明志》卷一無。

新婦山

新婦山〔一〕，北〔二〕臨溪水，其石五色，望之頗似花鈿〔三〕，新婦首飾，故曰新婦巖。(《輿地紀勝》卷十一。又見《太平寰宇記》卷九十八、《(寶慶)四明志》卷十四、《(延祐)四明志》卷七。)

〔校記〕

〔一〕山，《太平寰宇記》作「巖」。

〔二〕北，《太平寰宇記》作「山北」，《(寶慶)四明志》、《(延祐)四明志》作「西北」。

〔三〕花鈿，《太平寰宇記》無。

梅湖

(梅澳)湖有〔一〕溪澳。(《太平寰宇記》卷九十六。又見《輿地紀勝》卷十。)

〔校記〕

〔一〕有，《輿地紀勝》作「又有」。

赤菫山

赤菫山上有盤石，可坐千人，秦始皇遣徐福求訪神仙，嘗至此。或云昔有赤菫仙人，嘗居此山，因以名焉。（《（寶慶）四明志》卷十四。）

赤菫山，秦始皇遣徐福訪神仙，嘗至於此。（《輿地紀勝》卷十一。）

埋馬山

秦始皇遊海，至此馬斃，埋之〔一〕，故以爲名〔二〕。（《（寶慶）四明志》卷十六。又見《輿地紀勝》卷十一、《（延祐）四明志》卷七。）

〔校記〕

〔一〕埋之，《輿地紀勝》無。

〔二〕故以爲名，《輿地紀勝》作「故名」，《（延祐）四明志》作「故以此名」。

仙雞山

仙雞山，上有石井石床〔一〕，又有銅瓶〔二〕，非〔三〕人力所能舉〔四〕，旁有石雞〔五〕，俗云〔六〕是扶桑雞飛下，因以爲名。（《（延祐）四明志》卷七。又見《（寶慶）四明志》卷十六、《輿地紀勝》卷十一。）

〔校記〕

〔一〕石井石床，《（寶慶）四明志》作「石並石床」，《輿地紀勝》作「石井」。

〔二〕又有銅瓶，《輿地紀勝》作「末有銅井」。

〔三〕非，《（寶慶）四明志》作「皆非」，

〔四〕舉，《輿地紀勝》無。

〔五〕旁有石雞，《輿地紀勝》作「與旁有石雞館」。

〔六〕俗云，《輿地紀勝》作「云」。

羅城

晉〔一〕劉牢之築城，以遏三江口，即此城也。〔二〕或云越王無諸所築。〔三〕（《輿地紀勝》卷十一。又見《新定九域志》卷五、《（延祐）四明志》卷一。）

〔校記〕

〔一〕晉，《（延祐）四明志》無。

〔二〕此句，《（延祐）四明志》無。

〔三〕此句，《新定九域志》、《（延祐）四明志》皆無。

羅城，劉牢之築，以塞三江之口〔一〕，西城外有城基，上生竹篠，俗曰篠牆，即故基也。(《(寶慶) 四明志》卷三。又見《(乾道) 四明圖經》卷一。)

〔校記〕

〔一〕口，《(乾道) 四明圖經》誤作「日」。

鬼谷子廟

大白山亦有鬼谷子廟，郭璞詩云：「清溪千餘仞，中有一道士。雲生棟梁間，風吹牕牖裏。借問此是誰，云是鬼谷子。」(《輿地紀勝》卷十一。)

鬼谷子廟三面連山，前有清溪之水，泉源不竭，山崖重疊，雲霧蔽虧。晉〔一〕郭璞曾到，有《遊山詩》〔二〕曰：「清溪千餘仞，中有一道士。雲生梁棟閒，風吹窗牖〔三〕裏。借問此阿誰，云是鬼谷子。」即此祠也。〔四〕(《(乾道) 四明圖經》卷二。又見《(延祐) 四明志》卷十五、《(寶慶) 四明志》卷十三。)

〔校記〕

〔一〕晉，《(延祐) 四明志》無。

〔二〕《遊山詩》，《(延祐) 四明志》作「《遊仙詩》」。

〔三〕窗牖，《(延祐) 四明志》、《(寶慶) 四明志》作「牕牖」。

〔四〕此句，《(延祐) 四明志》無。

太白山

縣西六十里有太白山，連巖崔嵬，吐雲合景。又有小白山相連，即趙廣信鍊九華丹登仙之所也。(《太平寰宇記》卷九十六。)

峻極崔嵬，吐雲含景，與小白山接。趙廣信於此山鍊九華丹。(《(嘉定) 剡錄》卷二。)

峻極于天，巖崔嵬，趙廣信煉丹登仙之處，上有白猿赤玃。(《會稽三賦·會稽風俗賦》注。)

會稽郡

南面連山萬重，北帶滄海千里。(《太平寰宇記》卷九十六。)

〔按〕此條，《太平寰宇記》言出夏侯曾先《吳地志》，然考此條，實言會稽郡事，非吳郡，此條當爲《寰宇記》作者誤將夏侯曾先《地志》寫作夏侯曾先《吳地志》所致。

射的山

射的山西南銅牛〔一〕，是〔二〕越王鑄冶之〔三〕處。昔有銅牛走入山，因名之。〔四〕（《太平寰宇記》卷九十六。又見《（嘉泰）會稽志》卷九。）

〔校記〕

〔一〕銅牛，《（嘉泰）會稽志》作「銅牛山」。

〔二〕是，《（嘉泰）會稽志》作「即」。

〔三〕之，《（嘉泰）會稽志》無。

〔四〕此三句，《（嘉泰）會稽志》無。

銅牛山

昔有銅牛，見於靈汜橋，人逐之，奔入此山，掘地視之，悉銅屑也。（《會稽三賦·會稽風俗賦》注。）

石帆山

此（石帆）山有石帆壁立，臨川湧石，亙山遙望，芃芃有似張帆也。下有懸巖，名爲射堂，傳云，仙人常射於此，使白鶴取箭，此是會稽東峰。（《太平御覽》卷四十一。）

石帆壁立，臨川通石亙山，遙望之有似張帆也。下有懸巖，名爲射堂，傳云仙人常射於此，使白鶴取箭。（《太平寰宇記》卷九十六。）

射的山北有〔一〕石壁，高數十丈，中央少紆，狀如張帆，又有文石，狀〔二〕如鷁人，亦謂之石鷁山〔三〕。（《會稽三賦·會稽風俗賦》注。又見《（嘉泰）會稽志》卷九。）

〔校記〕

〔一〕有，《（嘉泰）會稽志》無。

〔二〕狀，《（嘉泰）會稽志》無。

〔三〕此句，《（嘉泰）會稽志》作「一名石帆」。

射的北有石帆壁立。臨水漫石，宜山遙望〔一〕，芃芃有似張帆。又名玉笥山，又曰石匱山。（《初學記》卷八。又見《錦繡萬花谷》後集卷六。）

〔校記〕

〔一〕望，《錦繡萬花谷》無。

桐柏山

（剡）縣有桐柏山，與四明、天台相連屬，皆神仙之宮也。（《太平寰宇記》卷九十六。）

孝女曹娥

餘姚縣有孝女曹娥，父泝濤溺死，娥年十四，號痛入水，因抱父屍出而死。縣令度尚使外生邯鄲子禮爲碑文。後蔡邕過讀碑，乃題八字曰：「黃絹幼婦，外孫韲臼。」(《太平寰宇記》卷九十六。)

曹娥父溺死，娥見瓜浮其處，即得父屍。(《太平御覽》卷九百七十八。)

丈亭

丈亭是老尉廨宇〔一〕築方丈室，故曰丈亭，乃古之軍令尉。〔二〕(《(延祐) 四明志》卷八。又見《(寶慶) 四明志》卷十六。)

〔校記〕

〔一〕廨宇，《(寶慶) 四明志》作「宇」。

〔二〕此句，《(寶慶) 四明志》無。

彭城湖

墻下湖，周環一十里，即此湖也。(《(寶慶) 四明志》卷十八、《(至正) 四明續志》卷四。)

烏帶廟

梁武帝遣烏笪採石英於此山而卒，後人立廟。帶，笪聲之誤也。(《(嘉泰) 會稽志》卷六。)

虞翻墓

虞翻墓，在餘姚羅壁山下。蓋縣南十有八里。(《(嘉泰) 會稽志》卷六。)

虞喜墓

晉虞喜墓在亶洲，山去縣東北四十五里。喜字仲寧，會稽餘姚人也。晉帝嘗三詔之，官至太學博士，封建寧侯。(《(乾道) 四明圖經》卷五。)

夏靜墓

夏靜墓，在蕭山縣東螺山。螺山者，其形似也。(《(嘉泰) 會稽志》卷六。)

長山

長山，在縣西一里。山高五十餘丈，其頂平博。有石室，可坐百人。南范蠡壇、陶朱公廟，東法樂寺。(《(嘉泰) 會稽志》卷九。)

穴湖

穴湖，在縣東一十二里〔一〕。吳時望氣者鑿斷此山，故以名湖〔二〕。周六里〔三〕，西有土門。〔四〕（《（嘉泰）會稽志》卷十。又見《地理新書》卷九。）

〔校記〕

〔一〕東一十二里，《地理新書》作「東北十二里」。

〔二〕故以名湖，《地理新書》作「因名之」。

〔三〕周六里，《地理新書》作「周廻六里」。

〔四〕此句，《地理新書》無。

漁浦湖

驛亭埭南有漁浦湖，深處可二丈。漢周舉乘白馬遊而不出，時人以爲地仙，白馬湖之名由此。（《（嘉泰）會稽志》卷十、《（寶慶）會稽續志》卷四。）

釣臺山

上虞縣釣臺上，（陶宏景）先生嘗乘槎釣於山下潭中。（《（嘉泰）會稽志》卷十五。）

淮陽里

淮陽里，一名淮南宮。越王之宮，范蠡立於淮陽。（《（嘉泰）會稽志》卷十八。）

長岡

連山長岡九里，西北至定山，秦始皇欲置石橋渡浙江，今尙有石柱數十，列於江際，世傳秦始皇驅山塞海。（《會稽三賦·會稽風俗賦》注。）

東錢湖

其（東錢）湖承錢埭水，故號錢湖。（《（乾道）四明圖經》卷二。）

東海聖姑

東海聖姑，從海中乘舟張石帆至〔一〕，二物見在廟中。〔二〕又有周時樂器名「錞于」〔三〕，銅爲之，形似鍾，〔四〕有頸，映水用芒莖拂〔五〕則鳴。宋武修廟得古珪，梁武初修之〔六〕，又得青玉印。（《太平御覽》卷四十七。又見《太平寰宇記》卷九十六、《（嘉泰）會稽志》卷十三。）

〔校記〕

〔一〕此句，《（嘉泰）會稽志》作「乘石船張石帆至」。

〔二〕《（嘉泰）會稽志》此句後以「蓋江北禹廟也」結。

〔三〕錞于，《太平寰宇記》作「錞如」。

〔四〕有頸，《太平寰宇記》作「而有頸」。

〔五〕拂，《太平寰宇記》作「拂之」。

〔六〕梁武初修之，《太平寰宇記》作「梁初」。

〔按〕，此條，各書言出《會稽記》，但皆不著作者，魯迅《會稽郡故書雜集》所輯數種會稽地記皆不收此條，劉緯毅《漢唐方志輯佚》將此條納入孔靈符《會稽記》，並言「梁武初修之，又得青玉印」句爲後人羼入。但《太平御覽》、《太平寰宇記》、《（嘉泰）會稽志》三家所引皆有此句，似不爲羼。另外，文淵閣四庫全書載宋王十朋《會稽三賦》注亦引此條，其文曰：「《郡國志》云：塗山有石船，長一丈云，禹所乘來。宋元嘉中，於船側掘得鐵履一雙。《會稽記》云，梁初又得青玉印。」〔註 3〕按《會稽三賦》注引「梁初又得青玉印」句應是作者從《會稽記》中直接摘錄而成，其應不爲衍文。其所記梁時事既不僞，則此條應非孔靈符《會稽記》，其爲夏侯曾先《會稽地志》的可能性大，姑置於此。

塗山廟中有周時樂器，名錞于，樂器鳴之，所以和鼓。（《會稽三賦·會稽風俗賦》注。）

存疑

舜橋

舜橋，舜避丹朱於此，百官從之，故亦名「百官橋」。（《太平寰宇記》卷九十六。此條，《寰宇記》僅言出《地志》，未言作者，魯迅《會稽郡故書雜集》將其輯入夏侯曾先《會稽地志》。其言餘姚地區事，是也。）

《會稽記》　佚名

除賀循《會稽記》、孔靈符《會稽記》、夏侯曾先《會稽地志》外，南

〔註 3〕王十朋，《會稽三賦》，影印文淵閣四庫全書，臺北：臺灣商務印書館，1986年，第 589 冊，第 265 頁。

朝虞愿亦著《會稽記》一種，但諸書不見徵引。虞愿（425-479），跨宋、齊兩代，《南齊書》卷五十三言其嘗事宋明帝，「齊初，宋神主遷汝陰廟，愿拜辭流涕，建元元年卒。年五十四」。虞愿另著有《五經論問》《文翰》數十篇。」今所見各會稽地區地記，未有明言出虞愿者，考慮到一些不著作者的地記條目亦有可能為其所作，我們謹將作者不確定的《會稽記》數條單列。

白樓亭

亭在山陰，臨流映壑也。（《世說新語·賞譽》劉孝標注。）

鏡湖

漢順帝永和五年，會稽太守馬臻創立鏡湖，在會稽、山陰兩縣界，築塘蓄水，高丈餘，田又高海丈餘，若水少則泄湖灌田，如水多則開湖泄田中水入海，所以無凶年。堤塘周廻三百一十里，溉田九千餘頃。（《太平御覽》卷六十六。）

鏡湖

創湖之始，多淹〔一〕塚宅，有千餘人怨訴於臺〔二〕，臻遂被刑於市，及臺中〔三〕遣使按鞫〔四〕，忽〔五〕不見人，驗〔六〕籍，皆是先死亡人之名。〔七〕（《太平御覽》卷六十六。又見《通典》卷一百八十二、《太平寰宇記》卷九十六、《（嘉泰）會稽志》卷二、《（嘉泰）會稽志》卷六。）

〔校記〕

〔一〕淹，《（嘉泰）會稽志》卷六作「毀」。

〔二〕於臺，《通典》、《（嘉泰）會稽志》卷二、《（嘉泰）會稽志》卷六無。

〔三〕臺中，《通典》、《（嘉泰）會稽志》卷二、《（嘉泰）會稽志》卷六無。

〔四〕鞫，《通典》作「履」，《（嘉泰）會稽志》卷二作「覆」，《（嘉泰）會稽志》卷六作「復」。

〔五〕忽，《通典》、《太平寰宇記》、《（嘉泰）會稽志》作「總」，《（嘉泰）會稽志》卷六作「絕」。

〔六〕驗，《（嘉泰）會稽志》卷六作「閱」，《通典》、《（嘉泰）會稽志》卷二無。

〔七〕此句，《通典》、《（嘉泰）會稽志》卷二作「皆是先死亡者」，《（嘉泰）會稽志》卷六作「皆先死者」。

禹穴

郡有禹穴，案《漢書·司馬遷傳》云：「上會稽，探禹穴。」又有禹井。（《太平御覽》卷五十四。）

始皇像

始皇崩，邑人刻木爲像祀之，〔一〕配食夏禹。〔二〕後漢太守王朗棄其像江中，像〔三〕乃泝流而上，人以爲異，復立廟。（《（嘉泰）會稽志》卷六。又見《輿地紀勝》卷十。）

〔校記〕
〔一〕此二句，《輿地紀勝》作「邑人刻木作始皇像，祀之」。
〔二〕此句，《輿地紀勝》無。
〔三〕像，《輿地紀勝》無。

銅溪

昔歐冶子涸若耶之溪而出銅，破赤堇之山而出錫。（《初學記》卷八、《錦繡萬花谷》後集卷六。）

昔歐冶造劍於此山，云涸若耶〔一〕而採銅，破赤堇而取錫。（《太平寰宇記》卷九十六。又見《（寶慶）四明志》卷十四。按，此條，《太平寰宇記》、《（寶慶）四明志》言出《會稽記》；《初學記》、《錦繡萬花谷》言出《會稽志》。當爲一書也。）

〔校記〕
〔一〕耶，《（寶慶）四明志》言出「邪」。

雷門大鼓

雷門上有大鼓，圍〔一〕二丈八尺，聲聞洛陽，孫恩之亂，軍人斫〔二〕破，有雙白〔三〕鶴飛出，後不復鳴〔四〕。〔五〕（《太平寰宇記》卷九十六。又見《（嘉泰）會稽志》卷十三、《會稽三賦·會稽風俗賦》注、《輿地紀勝》卷十。此條，《太平寰宇記》、《（嘉泰）會稽志》、《會稽三賦》注作《會稽記》，《輿地紀勝》作《會稽志》，《會稽記》、《會稽志》二者當爲一書也。）

〔校記〕
〔一〕圍，《（嘉泰）會稽志》作「闊」。
〔二〕斫，《會稽三賦》注作「打」。
〔三〕白，《會稽三賦》注、《輿地紀勝》無。
〔四〕後不復鳴，《會稽三賦》注無。
〔五〕《輿地紀勝》此句後有「漢王尊曰：持布鼓，過雷門」句。

孤石

射的山東北有孤石，高二十丈，廣八尺，望之如帆。（《昌谷集句解》卷三。）

蘭室山

上虞蘭室山，葛玄所隱之處。有隱几化爲鹿。鹿鳴，即縣令有罪。（《獨異志》卷中。）

舍利塔

東晉丞相〔一〕王導云：初過江時〔二〕，有道人神采不凡，言從海來〔三〕相造〔四〕。昔與育王共遊。鄞縣下眞舍利〔五〕起塔鎮之。〔六〕育王〔七〕與諸〔八〕眞人捧塔飛行，虛空入海。諸弟子攀引〔九〕，一時俱墮，化爲烏石。石猶人形〔十〕，其塔在鐵圍山也。〔十一〕（《法苑珠林》卷三十八。又見《（寶慶）四明志》卷十三、《（乾道）四明圖經》卷二、《（延祐）四明志》卷十七。）

〔校記〕

〔一〕東晉丞相，《（寶慶）四明志》、《（乾道）四明圖經》、《（延祐）四明志》作「晉相」。

〔二〕云：初過江時，《（寶慶）四明志》、《（乾道）四明圖經》、《（延祐）四明志》作「初渡江」。

〔三〕言從海來，《（寶慶）四明志》、《（乾道）四明圖經》、《（延祐）四明志》作「自言來從海上」。

〔四〕相造，《（寶慶）四明志》、《（乾道）四明圖經》、《（延祐）四明志》作「告導曰」。

〔五〕共遊。鄞縣下眞舍利，《（寶慶）四明志》、《（乾道）四明圖經》、《（延祐）四明志》作「同遊。鄞縣安眞身舍利塔」。

〔六〕此句，《（寶慶）四明志》、《（乾道）四明圖經》、《（延祐）四明志》無。

〔七〕育王，《（寶慶）四明志》、《（乾道）四明圖經》、《（延祐）四明志》作「阿育王」。

〔八〕諸，《（寶慶）四明志》、《（乾道）四明圖經》、《（延祐）四明志》無。

〔九〕攀引，《（寶慶）四明志》、《（乾道）四明圖經》、《（延祐）四明志》作「攀引不及」。

〔十〕石猶人形，《（寶慶）四明志》、《（乾道）四明圖經》、《（延祐）四明志》作「如人形」。

〔十一〕此句，《（寶慶）四明志》、《（乾道）四明圖經》、《（延祐）四明志》無。

昔阿育王與眞人捧塔飛行，虛空入海，諸弟子不及，一時俱墮，化爲烏石，如人形，至今村名塔墅，嶼名烏石。（《輿地紀勝》卷十一。）

千秋亭

漢議郎〔一〕蔡邕避難，宿於此亭，仰觀榱〔二〕竹，知有奇響〔三〕，因取爲笛，果有異聲〔四〕。（《太平御覽》卷一百九十四。又見《太平寰宇記》卷九十六。）

〔校記〕

〔一〕漢議郎，《太平寰宇記》無。

〔二〕橽，《太平寰宇記》作「橡」。

〔三〕響，《太平寰宇記》作「音」。

〔四〕此句，《太平寰宇記》作「遂以爲寶器」。

餘姚

（餘姚）吳將朱然爲令時所築。（《（嘉泰）會稽志》卷十二。）

百官里

百官者，丹朱從舜於此。（《會稽三賦·會稽風俗賦》注。）

戩山

王羲之居於是，墨池、鵝池存焉。（《海錄碎事》卷三上。）

梅市

在會稽縣下，梅福爲吳市門卒。（《海錄碎事》卷十五。）

《會稽志》　佚名

除佚名《會稽記》外，諸書徵引又有佚名《會稽志》數條，作者皆不可考，姑另置，單作一種。

嘉祥寺

會稽嘉祥寺，寺即右軍之舊宅也。後以每年拜墓，便近因移此寺。自右軍之墳，及右軍叔薈已下，塋域並置山陰縣西南三十一里蘭渚山下。梁武帝以欣永二人皆能崇於釋教，故號所住之寺爲永欣焉。（《法書要錄》卷三。按，此條，有梁武帝時事，則此書當作於梁代以後，其爲夏侯曾先《會稽地志》的可能性大。）

曹娥

後漢曹娥父溺死，娥見瓜浮而得屍。（《全芳備祖》後集卷八。）

夏香

夏香，有盜刈稻者，香助收之，盜者慚，送以還香，香不受。(《全芳備祖》後集卷二十。)

東武里

龜山之下有東武里，即琅邪東武縣。山一夕移於此，東武人因徙〔一〕此，故里不動。(《太平御覽》卷四十七、《太平寰宇記》卷九十六、《輿地紀勝》卷十。又見《太平御覽》卷一百七十一。)

〔校記〕

〔一〕因徙此，《太平御覽》卷一百七十一作「皆從此」。

《會稽地理記》 佚名

除朱育《會稽土地記》、賀循《會稽記》、孔靈符《會稽記》、夏侯曾先《會稽地志》外，諸書徵引尚有《會稽地理記》、《會稽郡記》、《會稽舊記》、《會稽郡十城地志》等會稽地區地記數種，作者皆不可考，謹將此數種地記單列於下，以備考証。

石華

鄮縣濱多石華。(《太平御覽》卷九百四十三。)

《會稽郡記》 佚名

會稽山水

會稽境特多名山水，峰嶦隆峻，吐納雲霧。松栝楓柏，擢幹竦條，潭壑鏡徹，清流瀉注。王子敬見之曰：「山水之美，使人應接不暇。」(《世說新語‧言語》劉孝標注。此條，《世說新語》劉注言出《會稽郡記》，未著作者，《說郛》言其為孔靈符《會稽記》，不知何據。)

會稽郡特多名山水，潭壑鏡徹，清流瀉注，惟剡溪有之。王子敬云：「從山陰道上行，山川自相映發，使人應接不暇。若秋冬之際，尤難忘懷。」（《（嘉定）剡錄》卷二。）

《會稽舊記》　佚名

姚丘

舜，上虞人，去虞三十里有姚丘，即舜所生也。（《史記·五帝本紀》張守節正義。）

千人壇

禹葬茅山，有聚土平壇，人功所作，故謂之「千人壇」。（《（嘉泰）會稽志》卷十八。此條，《（嘉泰）會稽志》言出自《史記正義》所引《會稽舊記》，但未言出自何卷，然考《史記》清武英殿本及金陵書局本各卷所徵引，皆無此條。或版本不一所致。）

《會稽郡十城地志》　佚名

上虞縣東南有古塚二十餘墳。宋元嘉之初，潮水壞其大塚。初壞一塚，磚題文曰：「居在本土，厥姓黃，卜葬于此大富強，《易》卦吉，龜卦凶，四百年後墮江中。」當墜，值王顯縣令皮熙祖取數磚置縣樓下池中，錄之，悵然而已。（《太平御覽》卷五百五十九。）

《新安記》　佚名

《新安記》，史志不載，宋羅願《新安志·序》提「梁蕭幾爲新安太守，愛其山水，始爲之記，又有王篤《新安記》」，現存各條目，均不言著者，不知作者是蕭幾還是王篤，但均當爲梁時之作，劉緯毅《漢唐方志輯佚》言此書爲隋唐時所作，應非。新安，漢時設郡，隋置歙州，又改新安郡。

錦沙村

錦沙村傍山依壑，素波澄映〔一〕，錦石舒文。冠軍吳喜聞而造焉〔二〕。鼓枻遊之〔三〕，彌旬忘反〔四〕。歎曰：「名山美石，故不虛賞，使人喪朱門之志。〔五〕」（《太平寰宇記》卷九十五。又見《太平御覽》卷七十四、《輿地紀勝》卷八。）

〔校記〕

〔一〕映，《太平御覽》作「膜」，當誤。

〔二〕聞，《太平御覽》作「聞之」。

〔三〕遊之，《太平御覽》、《輿地紀勝》作「遊泛」。

〔四〕反，《太平御覽》、《輿地紀勝》作「返」。

〔五〕喪，《輿地紀勝》作「忘」。

錦砂村，林木森聳，波流澄澈，映石如錦，故以名。（《（淳熙）嚴州圖經》卷三。）

靈村

靈村有山，生香草也〔一〕，名曰靈香。又有黃精木〔二〕。上有靈壇，道士祈請不燒香，自然芬馥。村人射獵〔三〕，經踐此土〔四〕，犯山神〔五〕，終無所獲。或失火燒崗，其人必有疾病，故曰靈山〔六〕。（《太平寰宇記》卷一百零四。又見《太平御覽》卷四十六、《新安志》卷三。）

〔校記〕

〔一〕也，《太平御覽》、《新安志》無。

〔二〕黃精木，《太平御覽》作「黃精山」。

〔三〕此句，《太平御覽》作「村人常射獵」，《新安志》作「人射獵」。

〔四〕此句，《新安志》作「經踐之者」。

〔五〕犯，《新安志》作「忤犯」。

〔六〕此三句，《太平御覽》無，《新安志》作「或失火燒網，人則疾病，故曰靈山。」

飛布山

昔因寇亂〔一〕，有歙縣主簿率百姓保據此山〔一〕，因名主簿山〔三〕。（《太平寰宇記》卷一百零四。又見《新安志》卷三、《輿地紀勝》卷二十。）

〔校記〕

〔一〕因，《輿地紀勝》無。

〔二〕此句，《新安志》作「縣主簿率百姓保此山，獲金」，《輿地紀勝》作「主簿率百姓保此山獲全，因鑣」。

〔三〕此句，《新安志》、《輿地紀勝》無。

三姑山

天將雨，此山先有鼓角之音〔一〕。（《太平寰宇記》卷一百零四、《新安志》卷五。）

雉山

郡西南渡水一里餘有雉山，形如雉。（《輿地紀勝》卷八。）

郡西南渡水一里餘，有山如鳳立雉蹲，因以爲名。（《（淳熙）嚴州圖經》卷三。）

邁山

其山重疊，邁於諸山，故以名。（《（淳熙）嚴州圖經》卷三。）

軒清溪

洛陽令方儲乘鶴軒至此登船，遂以名溪。後人復立廟以祀仙翁，名軒駐，言鶴軒嘗駐此也。（《（淳熙）嚴州圖經》卷三。）

銅官山

秦時於此置官採銅，因以名〔一〕。（《新定九域志》卷五。又見《輿地紀勝》卷八、《（淳熙）嚴州圖經》卷二。）

〔校記〕

〔一〕名，《（淳熙）嚴州圖經》作「爲名」。

龍耳山

有兩峰直上，如兔耳，有神號大姥夫人，祈禱皆應。若寇至，土人能勝之，則神鼓先鳴。（《（雍正）浙江通志》卷十九。）

《武陵記》　佚名

除黃閔《武陵記》、伍安貧《武陵記》外，諸書所引《武陵記》又有未注明作者的數條，姑另作一種，單錄之。

包茅山

山際出包茅，有刺而三脊，因名包茅山。（《史記·夏本紀》張守節正義。按，此條，《史記》正義轉引自《括地志》，但言出《武陽記》：「辰州盧溪縣西南三百五十

里有包茅山，《武陽記》云，山際出包茅，有刺而三脊，因名包茅山。」盧溪縣，在沅水中游沅陵附近，此處所引「包茅山」亦在武陵地區。並觀盧溪縣，歷代沿革並無名「武陽」者，此處「武陽」應爲「武陵」之誤也。張守節引時或誤，今人劉緯毅《漢唐方志輯佚》亦從其誤，將此條納入唐《武陽記》，言武陽爲今福建韶武，觀此條所言地理位置，必不爲《武陽記》。清王謨《漢唐地理書鈔》已將此條錄入黃閔《武陵記》。陳運溶《麓山精舍叢書》不輯。除《史記》正義所引此條外，晉杜預《春秋釋例》卷八亦引佚名《武陵記》一條，內容與此條稍異：「山際出茅，有刺，三脊，如越。」）

葱嶺

《沅川記》曰：沅川有孤山，巖石崔嵬，上有葱，如人所種。人時往取，援輒斷絕，請神而求，不挽自出，《武陵記》謂之葱嶺。（《初學記》卷八。《初學記》所引《武陵記》此條文字較簡略，不知其完整句式爲何。）

高溪

辰州高溪有丹青樹，直上籠雲，下無枝條，上有五色葉，圓如華蓋。（《北戶錄》卷一。）

黔中

楚威王使將軍莊蹻定黔中，因山造此城。（《元和郡縣志》卷三十一、《輿地紀勝》卷七十五、《方輿勝覽》卷三十。）

繡囊

後漢馬融勤學，夢見一林，花如繡錦，夢中摘此花食之。及寤，見天下文詞，無所不知，時人號爲「繡囊」。（《獨異志》卷中。）

龍池

謝承爲武陵郡守時，有黃龍見於郡東水中。拜表上賀，因號龍池。（《初學記》卷八。）

文廣通

廣通以宋元嘉二十六年，見有野豬食其稼，因舉弩射，中之，流血而走。尋血蹤，越十餘里，入一穴中，行三百許步，豁然明曉，忽見數百家居止，莫測其由來，視所射豬，已歸村人圈中。俄有一叟出門，云：「汝非

射吾豬者乎？」文曰：「豬來犯僕，非僕犯豬。」翁曰：「牽牛蹊人之田，信有罪矣。而奪之牛者，罪又重矣。」文因稽首謝過，翁云：「過而知改，是無過矣。此豬前緣應有其報，君無謝焉。」翁呼文通至廳上，見十數書生，皆冠章甫之冠，服縫掖之衣。有博士，獨一榻面南，談《老子》。又見西齋有十人相對彈一絃琴，而五聲自韻。有童子酌酒，呼令設客。文飲半酣，四體怡然，因爾辭退。觀其墟陌人事不異外間，覺其清虛獨遠，自是勝地。徘徊欲住，翁乃遣小兒送之，令堅關門，勿復令外人來也。文與小兒行，問其始末，答曰：「彼諸賢避夏桀難，來此，因學道得仙。獨榻座談《老子》者，昔河上公也。僕漢時山陽王輔嗣，至此請問《老子》，滯義，僕自掃門已來，於茲十紀，始蒙召進，得預門人，猶未深受要訣。只令守門至洞口，分別慇懃，自言相見未期。文通自所入處，見所用弩皆已朽斷。初謂少頃，已十二年矣。文通家已成喪，訖聞其歸，乃舉村驚疑，明日，與村人尋其穴口，唯見巨石塞之。燒鑿不可爲攻焉。（《太平廣記》卷十八。按：此條，《廣記》轉引自《神仙感遇傳》，王謨《漢唐地理書鈔》言此條爲武陵人讀《桃花源記》將人事附會於《武陵記》而作，《神仙感遇傳》所記人事多荒唐之語，但依其說，仍錄之。）

白石雉

淳于山，與白雉山相近，在辰州、武陵二郡界。絕壑之半，有一白雉，遠望首尾可二丈，申足翔翼若虛中翻飛，即上視之，乃有一石雉舒翅綴著石上。山下有石室數畝，望室裏雖暗，猶見銅鐘高丈餘，數十枚，其色甚光明。（《太平御覽》卷四十九。）

淳于山與白雉山相近，絕壑之半有白石雉，遠望首尾可長二丈，伸足翔翼，若虛中翻飛。（《事類賦注》卷七。）

交讓木

白雉山有木名交讓，眾木敷榮後方萌芽，亦更歲迭榮也。（《酉陽雜俎》續集卷十。按，此條，《酉陽雜俎》言出自《武陵郡記》，應即《武陵記》也。）

風門山

風門山有石門，去地百餘丈，每將欲風起〔一〕，此門先有黑氣若煙，隱隱而上，〔二〕斯須風起竟人〔三〕。（《太平御覽》卷四十九。又見《初學記》卷八、《東

坡先生物類相感志》卷三。)

〔校記〕

〔一〕每將欲風起，《初學記》作「將欲風起」，《東坡先生物類相感志》作「欲風起」。

〔二〕此二句，《初學記》、《東坡先生物類相感志》作「此門隱隱有黑氣上」。

〔三〕此句，《初學記》作「須臾有黑風競起」，《東坡先生物類相感志》作「　斯須風起」。

石帆山

石帆山，石危起若數百幅帆形。(《太平御覽》卷四十九。)

虎齒山

虎齒山，形如虎齒。民嘗六月祭之；不然即輒有虎害。(《太平御覽》卷四十九。)

移山

移山，在汧陽界，本在江北岸，因風雨之勢，一夕移渡江南岸。後以此名之。(《太平御覽》卷四十九。)

鹿山石穴

鹿山有穴〔一〕。昔宋元嘉初，武陵溪蠻入射鹿，逐入一石穴，穴纔可容人。蠻人入穴，見有梯在其傍，因上梯，豁然開朗，桑果藹然，行人翱翔，不似戎境。此蠻乃批樹記之，其後尋之，莫知所處〔二〕。(《太平御覽》卷五十四。又見《太平寰宇記》卷一百八十八、《輿地紀勝》卷六十八。)

〔校記〕

〔一〕有穴，《紀勝》作「有鹿穴」。

〔二〕莫知其所處，《寰宇記》作「莫知其處所」；《紀勝》作「莫知處所」。

張若城

後漢梁松自義陵郡移居張若城，〔一〕今州東張若城是也〔二〕。太常潘濬征樊仙，平五溪，還以郡城大而難固，築障城，移郡居之。〔三〕(《輿地紀勝》卷六十八。又見《太平御覽》卷一百六十八、《太平寰宇記》卷一百一十八。)

〔校記〕

〔一〕《寰宇記》僅錄此句。

〔二〕張若城是也，《御覽》作「有張若城是」。

〔三〕此數句，《御覽》無。

三雅池

昔人鑿池得三銅器，其下有銘，曰伯雅、仲雅、季雅。蓋靈帝末，斗酒十千，而劉氏子好酒愛客，乃製三品，伯雅受一斗；仲雅容七升；季雅可五升，以資酬樂，蓋劉氏飲器也。（《輿地紀勝》卷六十八。）

舊臨此池者，於池內得銅器三枚，其題有伯雅、仲雅、季雅，即劉氏之三雅也。（《太平寰宇記》卷一百一十八。）

採菱亭

其湖產菱，殼薄肉厚，味特甘香。楚平王嘗採之，有採菱亭。（《輿地紀勝》卷六十八、《方輿勝覽》卷三十。）

酉沅二川

（都尉城）在酉、沅二川交互口，津渚平闊，城中遠眺，行舟若樹一葉也。（《輿地紀勝》卷七十五。）

沚水

（沚水）即沅水之別派，還入沅水。其兩岸杜衡是產，仍以杜衡為村名。（《太平寰宇記》卷一百一十八。）

芷江在武陵縣東八十里，乃沅水之別派。（《輿地紀勝》卷六十八。）

延溪

延溪有柘樹千餘頃，枝條茂暢。昔有烏集其上，枝下垂著地，烏去，枝振殺之，群烏號嘯。楚人取其枝為弓，名曰烏號。（《太平寰宇記》卷一百一十八。）

寶剎

梁普通中，沅水大溢，巨木長十餘丈，流泊於此。夜光明數里，郡人丁提因捨宅為寺，賜號寶剎。（《輿地紀勝》卷六十八。）

武陵山

武陵山中有秦避世人，居之尋水，號曰桃花源，故陶潛有《桃花源記》，又云山上有神母祠。（《太平御覽》卷四十九。）

存疑

菱

菱米不知種所，自出植於旱山，不假耒耜，不事灌溉，逮秋則自熟，粒米粗糲。（《格致鏡原》卷七十六。按，此條，周履靖《茹草編》卷三言出自《本草》，《格致鏡原》或誤也。）

《武陽記》 佚名

《武陽記》，卷亡，史志不載，南宋時《輿地紀勝》徵引，或其時仍存。《武陽記》部分條目，經考有屬《武陵記》者，或是前人徵引時將書名互混而致誤。

三峰一水

三峰峙其南，一水界其北。（《輿地紀勝》卷一百三十四。）

三脊茅

上有三脊茅，可以縮酒。（《輿地紀勝》卷七十一、《方輿勝覽》卷三十一。按，此處所寫亦爲包茅山，或亦爲《武陵記》。）

《登羅浮山疏（記）》 梁竺法眞

竺法眞，南朝梁時人。住相宮寺。《登羅浮山疏》，卷亡，史志不著錄，是書北宋諸書多徵引，當其時仍存，南宋時期諸書不見徵引，或亡於兩宋之交。清嚴可均《全齊文》據各類書輯得竺法眞《登羅山疏》七條。竺法眞《登羅浮山疏》，諸書所引名稱不一，有稱《登羅浮山記》者，有稱《登羅山疏》者，有稱《羅山記》者，有稱《羅浮山疏》者。

白鸚鵡

山中有純白鸚鵡。（《太平御覽》卷九百二十四。此條，《御覽》言出竺法眞《登羅浮山記》。）

山檳榔

山檳榔一名蒳子，幹似蔗葉，類柞，一蔾十餘〔一〕幹，每〔二〕幹生十房，房底數百子，四月採。樹似栟櫚，生日南者與檳榔同狀，五月子熟，長寸餘。〔三〕（《太平御覽》卷九百七十一。又見《齊民要術》卷十。）

〔校記〕
〔一〕一蔾十餘，《齊民要術》作「一叢千餘」。
〔二〕每，《齊民要術》無。
〔三〕此四句，《齊民要術》無。

越王鳥

鳥狀似鵝，口鈎可受二升，南人以爲酒杯，珍於文螺鳥，不餌蟲魚，惟噉木葉，糞似薰陸香。（《北戶錄》卷一。）

越王鳥狀似鳶，口句末可受二升許，南人以爲酒器，珍於文螺，不踐地，不飲江湖，不唼百草，不餌蟲魚，唯噉木葉，糞似薰陸香，山人遇之，既以爲香，又治雜瘡。（《太平御覽》卷九百二十八。）

越王擣薰陸香。（《太平御覽》卷九百八十一。）

荔枝

荔枝多青〔一〕，夏至日子始赤，六七日可食，〔二〕甘酸宜人。其細核者，謂之焦核，荔攴之最珍也。（《太平御覽》卷九百七十一。又見《太平御覽》卷二十三。）

〔校記〕
〔一〕多青，《太平御覽》卷二十三作「以多青」。
〔二〕此後數句，《太平御覽》卷二十三無。

荔攴似多青，夏至日子赤，可食。（《藝文類聚》卷八十七。）

金花蟲

金光蟲大如班〔一〕貓，形色文彩，全是龜〔二〕，余偶得之〔三〕，養玩彌日，疑此是也〔四〕。（《北戶錄》卷一。又見《太平御覽》卷九百四十九。）

〔校記〕
〔一〕班，《太平御覽》作「斑」。

〔二〕此二句，《太平御覽》作「形色文彩如金，是龜屬」。

〔三〕此句，《太平御覽》作「得之」。

〔四〕此句，《太平御覽》無。

鷩雉

《山海經》云，鷩雉，一名山雞〔一〕，養之禳火災。〔二〕（《藝文類聚》卷九十一。又見《證類本草》卷十九。）

〔校記〕

〔一〕此句，《證類本草》無。

〔二〕《證類本草》此後有「如雉五色」句。

沉香

沉香葉似冬青，樹形崇竦，其木枯折，外皮朽爛，內乃香。山雖有此樹而非香所出，新會高涼土人，斫之經年，內爛盡，心則爲沉香。出北景縣，樹極高大，土人伐之，累年，須外皮消盡，乃割心得香。（《太平御覽》卷九百八十二。）

栴檀

栴〔一〕檀出外國。元嘉末僧成藤〔二〕於山見一大樹，圓蔭數畝，三丈餘圍，辛芳酷烈。其間枯條數尺，援而刃之，〔三〕白栴檀也。（《法苑珠林》卷三十六。又見《太平御覽》卷九百八十二。）

〔校記〕

〔一〕栴，《太平御覽》作「旃」。

〔二〕僧成藤，《太平御覽》作「曾城有人」。

〔三〕《太平御覽》此處有「乃」字。

筋竹

嶺南道無筋竹，惟此〔一〕山有之，其大尺圍，細者色如黃金，堅貞疏〔二〕節。（《藝文類聚》卷八十九。又見《太平御覽》卷九百六十三。此條，《藝文類聚》言出竺法真《羅山記》。）

〔校記〕

〔一〕此，《太平御覽》作「羅」。

〔二〕疏，《太平御覽》作「疏」。

又有筋竹，色如黃金。（《齊民要術》卷十。）

羅浮山有竹，色如黃金。(《竹譜》卷七。)

烈青洲

增城縣南有列渚洲，洲南又有牛潭，北岸有石，周圓三丈，漁人見金鎖牛，常出水，盤鎖此石上。縣民張安，釣於石上，躡得金鎖數十尋，俄有物從水中引之，力不能禁，以刃斷之，唯得數尺，遂致大富。(《藝文類聚》卷九十四。此條，《御定淵鑒類函》言出竺法眞《登廬山疏》，當誤。)

曾城縣有金牛潭，人見牛出其中。(《白氏六帖事類集》卷二十九。)

增城縣有牛潭，潭側有圓石，金牛出，時盤此石上。有周靈潛往，掩擊，得金鎖三尺許，牛出水時，有五色光，又吳與巴及淮南並有金牛，皆帶金鎖也。(《唐開元占經》卷一百一十七。)

牛潭深洞無極，北岸有石，周圓三丈，討魚人見金牛自水而出，磐於此石，義興周靈甫嘗見此牛寢伏石上，旁有金鎖如索繩焉，周甫素銳勇，往掩此牛，掣斷其鎖，得二丈許，遂以財雄。(《太平御覽》卷四百七十二。)

州南十里有牛潭，漁人見金牛自水出。義熙中，縣民張安躡得金鎖，大如指，遂數十尋，尋尋不已，俄有物從水引之，掘不能禁，以刀斷得數尺，安遂致富，其後義興周雲甫掩此牛，掣斷其鎖，得二丈，遂以財雄。(《太平御覽》卷八百一十一。)

增成縣南有烈清洲，洲南又有牛潭，漁人見金牛常出水磐石上。義熙中，縣民張安釣此潭，於石上躡得金鎖，大如指，長數十尋，尋之不已。俄有物從水中引之，力不能禁。以刀斫斷，惟得數尺，遂致大富。後義興周靈分亦好釣，常見此牛寢伏石上，旁有金鎖，往掩之，得二丈許，遂以財雄，爲南江都尉。(《太平御覽》卷九百。)

牛潭深洞無極，北岸有石，周圍三丈許，漁人見牛自水而出，盤於此石。(《太平御覽》卷六十六。)

五距鳥

五距鳥，足有重距，其音「先顧」，或謂之先顧鳥。似孔雀，背連錢文。(《太平御覽》卷九百二十八。)

沙棠

羅浮山有沙棠，華黃實赤，味甘如李。(《太平御覽》卷九百七十二。)

神湖

山上有神湖，湖中有白鴨。（《太平御覽》卷九百一十九。）

石溝

增城縣有石溝，深廣三丈，有兩瀑布皆同注此溝。相傳云是仙人流杯池水。（《太平御覽》卷七十一。）

存疑

筋竹

筋竹堅利，南土以爲矛箭，未竹時，堪爲弩弦。（《（嘉定）剡錄》卷九、《（寶慶）會稽續志》卷四。此條，二書均不言作者，僅言出《羅浮山疏》。）

《羅浮山記》 佚名

除袁宏《羅浮山疏》、竺法眞《登羅浮山疏》、徐道覆《羅山記》外，唐宋各類書又徵引佚名《羅浮山記》一種。其中有些條目與袁宏《羅浮山疏》合，有些條目與竺法眞《登羅浮山疏》合，其餘部分條目，皆不可考其作者，姑另作一種，予以單列。

羅浮

羅浮者，蓋總稱焉。羅，羅山也；浮，浮山也〔一〕。二山合體，謂之羅浮，在曾〔二〕城、博羅二縣之境。舊說羅浮高三千丈，〔三〕七十石室，七十〔四〕長溪，神明神禽，玉樹木草也〔五〕。（《白氏六帖事類集》卷二。又見《藝文類聚》卷七、《北堂書鈔》卷一百六十。）

〔校記〕
〔一〕此二句，《北堂書鈔》作「羅山、浮山」。
〔二〕曾，《藝文類聚》、《北堂書鈔》作「增」。
〔三〕《藝文類聚》、《北堂書鈔》此處有「有」字。
〔四〕七十，《藝文類聚》作「七十二」。
〔五〕此二句，《藝文類聚》作「神明神禽，玉樹朱草」，《北堂書鈔》作「神禽玉樹，朱草在焉」。

羅浮者，蓋總稱也。羅，羅山；浮，浮山；二山合體，謂之羅浮。在增城、博羅二縣之界〔一〕，有羅水南流注於海。舊說，相傳浮山自會稽來，今山上猶有東方草木〔二〕。(《杜工部草堂詩箋》卷三十七。又見《杜工部草堂詩箋》卷三十九。)

〔校記〕

〔一〕界，《杜工部草堂詩箋》卷三十九作「境」。

〔二〕「舊說」數句，《杜工部草堂詩箋》卷三十九作「神仙之所居也」。

山高三千丈，長八百里。舊說浮山從會稽來，博於羅山，故稱博羅。今羅浮山上獨有東方草木。(《文選·詩丁·行旅上·初發石首城》李善注。)

羅，羅山也；浮，浮山也。二山合體，謂之羅浮，在層城、博羅二縣之境，有羅水南流注於海。舊說羅浮高三千丈，長八百里，有七十二石室，七十二長溪，神湖神禽，玉樹朱草，相傳云浮山從會稽來，今浮山上猶有東方草木。(《太平御覽》卷四十一。)

羅浮者，蓋總稱。羅山、浮山，二山合體，謂之羅浮，在增城、博羅二縣之境。(《輿地紀勝》卷八十九。)

羅浮者，蓋二山總名，在增城、博羅二縣之境。(《方輿勝覽》卷三十四。)

羅山自爲一山，浮山即蓬萊別島。堯時洪水浮至，依羅而止，二山合體，謂之羅浮。(《施注蘇詩》卷三十五。)

浮邱，即羅山，朱明之門戶，先在水中，若邱陵之浮。(《南海百詠》。)

昔有山自會稽浮海，薄於羅山，因名爲羅浮。(《南海百詠》。)

石鼓

浮〔一〕山東石樓下有兩石鼓，扣之清越，所謂神鉦也。(《太平御覽》卷五百八十二。又見《事類賦注》卷十一、《記纂淵海》卷七十八。)

〔校記〕

〔一〕浮，《事類賦注》無。

洞庭南口有羅浮山，高三千六百丈，浮山東石樓下有兩石鼓，叩之清越，所謂神鉦者也。(《水經注》卷二十九。)

浮山東有兩石鼓，扣之其音清越，所謂神鉦也。左思《魏都賦》曰：「神鉦迢遞於高巒，靈響時驚於四表」。(《編珠》卷二。)

羅浮山東別有山，有兩石鼓，扣之清越。(《北堂書鈔》卷一百零八。)

相思樹

增城縣南迴溪之側多相思樹，號相思亭，送行之所贈也。(《北戶錄》卷三。)

薺

望乎地樹如薺。(《顏氏家訓》卷上。)

邛竹

邛竹本出邛山，張騫西至大夏所見〔一〕也。而此山左右時有之，鄉老多以爲杖。《爾雅》又曰：東南之美者，有會稽之竹箭焉〔二〕。(《初學記》卷二十八。又見《太平御覽》卷九百六十三、《筍譜》。)

〔校記〕

〔一〕大夏所見，《筍譜》作「大宛所得歸」。

〔二〕此二句，《太平御覽》無；《筍譜》代之以「今羅浮山有筍生」。

神龜

山有龜淵，淵有神龜，龜鼻貫銅環，若有人穢此淵，便即注雨。(《太平御覽》卷十、《事類賦注》卷三。)

菱

綏寧縣元龜淵中出菱，甚爲甘旨。(《太平御覽》卷九百七十五、《記纂淵海》卷九十二。)

木緜

木緜，正月則花，大如芙蓉，花落結子，方生緜與葉耳。子內有緜，甚白，蠶成則熟，南人以爲緼絮。(《太平御覽》卷九百六十。)

正月花如芙蓉，結子方生葉子，內綿至蠶成即熟。(《重修廣韻》卷二。)

男青女青

男青條藥之屬，莫不朱色，尤易植立，折插土中，因便開榮。(《太平御覽》卷九百六十一。)

又有男青，似女青。(《太平御覽》卷九百九十三。)

男青女青，皆木名。(《重修廣韻》卷二。)

外國樹

求郁衛外國樹，英華紅粉，至可愛翫。（《太平御覽》卷九百六十一。）

菖蒲

羅浮山〔一〕中菖蒲，一寸二十節。（《藝文類聚》卷八十一。又見《證類本草》卷六。）

〔校記〕

〔一〕羅浮山，《證類本草》作「山」。

宣山中菖蒲，一寸二十節，堅芬之極。（《太平御覽》卷九百九十九、《記纂淵海》卷九十四。）

桂

羅山頂有桂，《山海經》所謂「賁隅之桂」〔一〕。（《太平御覽》卷九百五十七。又見《藝文類聚》卷八十九。）

〔校記〕

〔一〕此句，《藝文類聚》無。

木槿

木槿一名赤槿，華甚丹，四時敷榮。（《藝文類聚》卷八十九。）

鮑靜（靚）

鮑靜（靚），字子玄，上黨人。博究仙道，爲南海太守，晝臨民政，夜來羅浮山，騰空往還。（《太平御覽》卷四十一。）

瀑布

羅嶺之南有瀑布，掛泉四十餘丈。（《太平御覽》卷七十一。）

王方平

王方平著遠遊冠、五色綬。（《太平御覽》卷六百八十五。）

名鑊

有名鑊，容千餘斛，溢爲瀑布。（《太平御覽》卷七百五十七。）

仙人石

浮山東有別山，山上石門樓，樓北有六石，各高十餘丈，儼若人狀，故謂之仙人石。（《編珠》卷一。）

浮山東嶺

浮山東嶺杳冥，東南望海，有如縈帶。（《編珠》卷一。）

《京師塔寺記》

《京師塔寺記》，有釋曇宗撰與劉璆撰兩種。《隋書·經籍志》言《京師寺塔記》十卷，《錄》一卷，劉璆撰；又錄《京師寺塔記》二卷，釋曇景（宗）撰。釋曇宗，俗姓虢，秣陵（今江蘇南京）人，出家止靈味寺，少而好學，博通眾典，唱說之功，獨步當世，辯口適時，應變無盡，嘗爲齊孝武帝唱導，後終於所住。劉璆，梁朝尚書兵部郎中兼史學士臣。《法苑珠林》言劉璆《京師塔寺記》一部二十卷。另外，《大唐內典錄》卷十上載有《塔寺記》一卷，並有寺銘，唐釋澄觀《華嚴大疏鈔》卷七十七所引又有《金陵塔寺記》一卷，《新唐書·藝文志》載有《清徹金陵塔寺記》三十六卷，此應爲唐時人作。各書所引《塔寺記》，除注明作者的外，又有不著作者《塔寺記》數條，作者可考屬於南朝的，皆列於佚名《塔寺記》下。

《晉塔寺記》　　梁劉璆

安世高

沙門安世高者，安息國王之太子也。《陰持入經》是其所出也。往豫章，至宮亭湖廟，神告世高曰：「吾昔在外國，出家作道人，好行布施，不持戒，今日在此爲宮亭湖神，周圓千里，竝吾所統，百姓貢獻，珍玩無數，是我先身損己之報。若能持戒福應，生天以毀禁，故墮此神中。師是同學，今得相見，悲欣可言。壽盡旦夕，而醜形長大，不欲於此捨命穢污湖水，當度山西空澤之中，此身滅後，恐寶使我過世得生善處，深以相託。」世高聞此，涕泣流漣，便語神曰：「何不現形面，共言對？」神曰：「毀戒之罪，形甚醜陋，見必驚怖。」世高曰：「但暫現身，吾不懼也。」神從床後出頭，乃是大蟒蛇，至世高膝邊，淚如雨下，不知其尾長短所在。俄而入於床後，世高於是收取絹物，悉內船中，辭別而退，宗侶一時，颺帆進路。神復出蛇身，登於山頂，遙望發去。眾人舉手，然後乃滅。倏忽之間，便達豫章，即於彼境以起東寺。

神即移度山西。過命，頭尾相去四十餘里。今尋陽郡蛇村是也。世高還都，以廟中餘物於瓦官寺起塔三層。世高後夢神，來報云：「蒙師作福，已離蟒身。」（《辯正論》卷七。）

《京師塔寺記》　齊釋曇宗

瓦官寺

丹陽瓦官寺，晉哀帝時沙門慧力所立，後有沙門安世高，以邱亭廟餘物治之然。（《高僧傳》卷一。）

《塔寺記》　佚名

高坐

尸黎密冢曰高坐，在石子岡常行頭陀，卒於梅岡，即葬焉。晉元帝於冢邊立寺，因名高坐。（《世說新語・言語》劉孝標注。）

尸黎密，宋曰高座，晉元帝於塚邊立寺，因號高座。（《輿地紀勝》卷十七。）

尸黎密寺，宋曰高座，在石子岡，尸黎密常行頭陀，卒於梅岡，晉元帝於塚邊立寺，因號高座。高座，道人不作，漢語或問此意，簡文曰以簡應對之繁。（《（至大）金陵新志》卷十三下之下。）

興嚴寺

今興嚴寺，即謝尚宅也，南直竹閣巷，臨秦淮，在今縣城東南一里二百步。尚嘗夢其父告之曰：「西南有氣至，沖人必死，行當其鋒，家無一全，汝宜修福建塔寺，可禳之。若未暇立寺，可杖頭刻作塔形，見有氣來，可擬之。」尚寤懼，來辰造塔寺，遂刻小塔施杖頭，恒置左右。後果有異黑氣，遙見西南從天而下，始如車輪，漸彌大，直沖尚家，以杖頭指之，氣便回散，闔門獲全。氣所經過處，數里無有孑遺。遂於永和四年捨宅造寺，名莊嚴寺。宋大明中，路太后於宣陽門外大社西藥園造莊嚴寺，改此爲謝鎮西寺。至陳太建元年，寺爲延火所燒。至五年，豫州刺史程文季更加修復，孝宣帝降勅，改名興嚴寺至今也。（《建康實錄》卷八。）

謝尚

謝尚夢其父告之曰：「西南有氣至，沖人必死，勿當。其鋒見塔寺可禳，未暇立寺，可杖頭形。見有氣來，擬之。」尚如其言，置杖左右，果有黑氣沖尚家，尚以杖指之，氣即迴散，闔門獲全，氣所經處，數里無復孑遺。（《太平御覽》卷七百一十。）

瓦官寺

興寧中，瓦官寺初置僧眾設會，請朝賢鳴刹注疏，其時士大夫莫有過十萬者。既至，長康直打刹一百萬。長康素貧，時以爲大言僧，後寺成，請勾疏。長康曰：「宜備一壁。」遂閉戶，往來一百餘日，所畫維摩一軀工畢，將欲點眸子，謂寺僧曰：「第一日開，見者責施十萬。第二日開，可五萬。第三日，可任例責施。」及開戶，光明照寺，施者填咽，俄而果百萬錢也。（《建康實錄》卷八。）

竹林寺

元嘉元年，外國僧毗舍闍造。又置下定林寺，東去縣城一十五里，僧監造，在蔣山陵里也。（《建康實錄》卷八。此條，《建康實錄》言出《寺記》，或即《塔寺記》之簡稱也。）

嚴林寺

駙馬王景琛爲母范氏，宋元嘉二年，以王坦之祠堂地與比丘尼業首爲精舍；十五年，潘淑儀施西營地以足之，起殿。又有七佛殿二間，泥素精絕，後代希有及者。置嚴林寺，西北去縣四十五里，元嘉二年，僧招賢二法師造。（《建康實錄》卷十二。）

長樂寺

元嘉四年，謝方明造，本名長樂寺，爲同郡延陵有之，改爲畢，置南林寺。建康城南三里，元嘉四年，司馬梁王妃捨宅，爲晉陵公主造，在中興里，陳亡廢。（《建康實錄》卷十二。）

劉薩

晉太元九年，西河离石縣有胡人劉薩者，暴疾亡，而心下猶暖，其家不敢殯殮，經七日而蘇。言初見兩吏錄去，向北行，不測遠近。至十八重地獄，

隨報輕重，受諸楚毒。忽觀世音語云：「汝緣未盡，若得再生，可作沙門。今洛下、齊城、丹陽、會稽，並有阿育王塔，可往禮拜。若壽終，不墮地獄。」語竟，如墜高巖，忽然醒寤。因此出家，法名惠達，遊行禮塔。次至丹陽，未知塔處。乃登越西望，見長干里有异气色，因就禮拜，果是先阿育王塔之所也。由是定知必有舍利，乃聚眾掘之。入地一丈，得石牌三，下有鐵函，函中復有銀函，函中又有金函，盛三舍利及爪髮。薛乃於此處造一塔焉。（《太平廣紀》卷三百七十九。）

石興

梁大同元年，後閣舍人石興造山頂第一峰，佛殿後有一井泉，與江潮盈縮，增減相應。（《輿地紀勝》卷十七。）

《國山記》　　陳陳暄

陳暄，南朝陳文人。義興國山（今江蘇宜興）人。梁代大降陳慶之幼子。生卒年不詳。文才俊逸，尤嗜酒，遍遊王公門。宣帝太建中，曾與蔡凝、劉助、徐伯陽、孔範為文會之友。文帝天康時，徐陵為吏部尚書，以暄狂放，黜之，暄作書謗陵。後主在東宮，引為學士，及即位，與江總、孔範等時侍宴禁中，號為狎客。暄以俳優自居，後主常狎侮之，嘗倒懸之於梁，臨之以刃，使作賦，立成。至德末（585年左右），後主以火燃艾，置暄首，燃及髮，泣求弗釋，賴柳莊救之得免，遂以悸死。官至司農。暄嗜酒，兄子秀曾致書暄友人何胥，欲諫之，暄致書拒之，頗狂放，書存《南史》本傳中，嚴可均輯入《全上古三代秦漢三國六朝文》。又有詩四首，皆樂府詩，見《文苑英華》及《樂府詩集》，逯欽立輯入《先秦漢魏晉南北朝詩》。《國山記》，今所見僅《太平寰宇記》所引一條。《輿地紀勝》卷六所引與其同。

國山

士人皆傳碣下埋金銀函、玉璧、銀龍、銅馬之屬，孫皓疑有王氣，故以此物鎮之。山東北有兩重石洞，土人呼為石室，周幽王二十四年忽開，可容

千人。又有石柱，呼爲玉柱。其山名九斗，以其九峰斗峻，四面水流注章溪。〔一〕（《太平寰宇記》卷九十二。又見《輿地紀勝》卷六。）

〔校記〕

〔一〕「山東北」以下數句，《輿地紀勝》無。

《建康（地）記》　佚名

《建康記》，史志不載，作者亦不詳。是書，《北堂書鈔》有引，其應成書於隋前，《太平御覽》多引此書，當其北宋時仍存，南宋時書不見徵引，其或亡於兩宋之交。另外，《太平御覽》卷一百九十四又引《建康地記》一條，或即《建康記》之別稱。《陳書·姚察傳》言姚察嘗撰《建康三鍾》等記，劉緯毅《漢唐方志輯佚》輯《建康記》數條，並認爲作者爲姚察。

天門冬

建康出天門冬，極精妙〔一〕。（《藝文類聚》卷八十一。又見《太平御覽》卷九百八十九。）

〔校記〕

〔一〕此句，《太平御覽》無。

精術

建康出精術。（《藝文類聚》卷八十一。）

龍穴

灌水對大廟東，深，下不測，有龍穴，洞源出白石山下，郭璞卜之，以安厝大廟。（《北堂書鈔》卷一百五十八。）

卷柏

建康出卷柏。（《太平御覽》卷九百八十九、《（至大）金陵新志》卷七。）

當歸

建康出當歸，不堪用。（《太平御覽》卷九百八十九。）

芍藥

建康出芍藥，極精好。(《太平御覽》卷九百九十。)

澤蘭

建康出澤蘭。(《太平御覽》卷九百九十。)

狗脊

建康出狗脊。(《太平御覽》卷九百九十。)

白頭翁

建康出白頭翁。(《太平御覽》卷九百九十。)

白及

建康出白及。(《太平御覽》卷九百九十。)

玄參

建康出玄參。(《太平御覽》卷九百九十--。)

沙參

建康出沙參。(《太平御覽》卷九百九十一。)

紫參

建康縣出紫參。(《太平御覽》卷九百九十一。)

山茱萸

建康出山茱萸。(《太平御覽》卷九百九十一。)

草盧茹

建康出草盧茹。(《太平御覽》卷九百九十一。)

鬼督郵

建康出鬼督郵。(《太平御覽》卷九百九十一。)

芫華

建康出芫華。(《太平御覽》卷九百九十二。)

躑躅

建康出躑躅。(《太平御覽》卷九百九十二。)

蜀漆

建康出蜀漆。(《太平御覽》卷九百九十二。)

秦皮

建康出秦皮。(《太平御覽》卷九百九十二。)

半夏

建康出半夏,極精。(《太平御覽》卷九百九十二。)

射干

建康出射干。(《太平御覽》卷九百九十二。)

通草

建康出通草。(《太平御覽》卷九百九十二。)

牛膝

建康出牛膝。(《太平御覽》卷九百九十二。)

紫葳

建康出紫葳。(《太平御覽》卷九百九十二。)

桔梗

建康出桔梗,極精好。(《太平御覽》卷九百九十三。)

狼牙

建康出狼牙。(《太平御覽》卷九百九十三。)

甘遂

建康出甘遂。(《太平御覽》卷九百九十三。)

顯仁館

顯仁館,在江甯縣東南五里,青溪中橋東湘宮巷下,古高麗使處。(《太平御覽》卷一百九十四。此條,《御覽》言出《建康地記》,或即《建康記》也。)

《建康宮殿簿》　佚名

　　《建康宮殿簿》，卷亡，史志不著錄，作者不詳。《太平御覽》引有數條。其中所引有南朝陳代事，其或作於陳隋之間。《太平御覽》之後，南宋《玉海》、《（景定）建康志》所引條目皆與其同，當其南宋時已亡，是書或亡佚於兩宋之交。

林光殿

　　林光殿，在縣東北十里潮溝村覆舟山前，晉以爲藥園。（《太平御覽》卷一百七十五。）

臺城眾殿

　　陳永初中，於臺城中起昭德、嘉德、壽安、乾明、有覺等殿。（《太平御覽》卷一百七十五。按，陳代無「永初」年號，「永初」應爲「永定」。）

光嚴殿

　　光嚴殿，在縣東北六里景陽山東。嶺南起重雲、光嚴二殿。前爲兩樓。（《太平御覽》卷一百七十五。）

曾城觀

　　梁於臺城中立曾城觀。觀歷四代修理，更起重閣七間，上名重雲殿，下名光嚴殿。（《太平御覽》卷一百七十五。）

神龍殿

　　太初宮中有神龍殿，去縣三里。左太沖《吳都賦》云〔一〕「抗神龍之華殿」是也。（《太平御覽》卷一百七十五、《玉海》卷一百五十九。）

溫德門眾殿

　　臺城溫德門內又起三善、長春、勝辯等殿。（《太平御覽》卷一百七十五。）

鳳光殿

　　鳳光殿，在縣東北五里一百步舊臺城內。（《太平御覽》卷一百七十五。）

臺城眾殿

宋于臺城立正福、清曜等殿。（《太平御覽》卷一百七十五。）

臺城眾殿

臺城中有麗譙閣、麗日殿、飛香三重閣。（《太平御覽》卷一百七十五。）

溫德門眾殿

臺城溫德門內有永貞、溫文、文思、壽安等殿。（《太平御覽》卷一百七十五。）

赤烏殿

赤烏殿在縣東北五里吳昭明宮內，制度上應星宿，亦所以永安也。（《太平御覽》卷一百七十六。此條，《太平御覽》言出《建康宮闕簿》。）

商飆觀

商飆觀，在東北十三里籬門亭後亭墩上，齊武帝築。九日登以宴群臣。（《太平御覽》卷一百七十九。）

商飆館，在縣北十三里籬門亭後堆上。（《（景定）建康志》卷二十二。）

曾城觀

曾城觀，在縣東北七里景雲樓東，齊武帝起。七月七日夜，令宮人登以穿針，因曰穿針樓。（《太平御覽》卷一百七十九。）

通天觀

通天觀，在縣東北五里一百步舊臺城內。宋元嘉中，築蔬圃。二十三年，更修廣之，築池泊天泉，造景陽樓、大壯觀、花光殿，設射埒，又立鳳光殿、醴泉堂。（《太平御覽》卷一百七十九。）

通天臺，在縣北一百步舊臺城內。（《（景定）建康志》卷二十二。）

洛陽宮眾觀

洛陽宮中有玄覽觀、東氾觀、清覽觀、高平觀、廣望觀、聽松觀、見親觀、高樂觀、陵雲、總章、宣曲、萬年等觀。（《太平御覽》卷一百七十九。）

迎風觀

建業宮有迎風觀，在縣南十五里。宋武大明中，起於石子墩上，孫峻殺諸葛恪，殷綝殺朱主皆於此。又有徽道觀。（《太平御覽》卷一百七十九。）

《隴右（西）記》　　佚名

　　《隴右記》，卷亡，史志不著錄，作者不詳。《太平御覽》、《太平寰宇記》、《事類賦注》等引數條。另外，唐宋諸書所引又有《隴西記》一種，章宗源、姚振宗《隋書經籍志考證》皆以爲《隴西記》即《隴右記》，今從二家之說，將二書條目置於一篇。其中，「紫泥封璽」條出《隴右記》；「白麥釀酒」、「錦鏡峽」條出《隴西記》。

紫泥封璽

　　武都紫水有泥，其色赤〔一〕紫而粘，貢之〔二〕封璽書，故詔誥有紫泥之美。（《太平寰宇記》卷一百五十四。又見《太平御覽》卷五十九、《太平御覽》卷一百六十七、《事類賦》卷七。）

　　〔校記〕
　　〔一〕赤，《太平御覽》卷五十九作「亦」；《太平御覽》卷一百六十七、《事類賦注》無。
　　〔二〕《太平御覽》卷五十九、《太平御覽》卷一百六十七、《事類賦注》此處有「用」字。

　　武都紫水有泥，其色紫而粘，漢朝〔一〕貢之，用以〔二〕封璽書，故謂之泥詔〔三〕。（《方輿勝覽》卷七十。又見《杜工部草堂詩箋》卷八。）

　　〔校記〕
　　〔一〕漢朝，《杜工部草堂詩箋》無。
　　〔二〕以，《杜工部草堂詩箋》無。
　　〔三〕此句，《杜工部草堂詩箋》無。

白麥釀酒

　　諸州深秋採白麥釀酒，陳藏器。（《杜工部草堂詩箋》卷四。）

錦鏡峽

　　襄武有錦鏡峽，即黑水所經。其峽四望，花木明媚，照影其中，因以稱之。（《太平寰宇記》卷一百五十一、《太平御覽》卷五十三。）

《十三州志》　北魏闞駰

　　闞駰，字玄陰，北魏時敦煌（今屬甘肅）人，生卒年不詳，《北史》卷三十四有傳。駰博通經傳，聰敏過人，三史羣言，經目則誦，時人謂之宿讀。注王朗《易傳》，學者藉以通經；撰《十三州志》，行於世，蒙遜甚器重之，訪以政治損益，拜秘書考課郎中，給文吏三十人，典校經籍，刊定諸子三十餘卷。闞駰《十三州志》，《隋書·經籍志》言十卷，新、舊《唐志》皆言十四卷。《宋書·沮渠蒙遜傳》載，元嘉十四（437）年，北涼奉表獻其方物，並獻《周生子》十三卷，《時務論》十二卷，《三國總略》二十卷，《俗問》十一卷，《十三州志》十卷，《文檢》六卷，《四科傳》四卷，《敦煌實錄》十卷，《涼書》十卷，《漢皇德傳》二十五卷，等等。此處所獻《十三州志》，應即闞駰《十三州志》，元嘉十四（437）年前，其應已成書。闞駰《十三州志》，諸書所引又有作《土地十三州志》者，《初學記》卷七所引《土地十三州記》「金城」條，明言其爲闞駰作。茲將各書所引《土地十三州志》皆附於闞駰《十三州志》下。另外，《水經注》所引數條有作「闞駰曰」者，應即闞駰《十三州志》，亦附於下。闞駰《十三州志》，王謨《漢唐地理書鈔》、張澍《二酉堂叢書》、王仁俊《玉函山房輯佚書補編》、葉昌熾《鬵淡廬叢書》、朱祖廷《北魏佚書考》、劉緯毅、鄭梅玲、劉鷹《漢唐地理總志鉤沉》皆輯。

導菏澤被孟豬

　　不言入而言被者，明不常入也。水盛，方乃覆被矣。（《水經注》卷八。）

敬武亭

　　楊氏縣北四十里有敬武亭，故縣也。（《水經注》卷十。）

斥丘縣

　　斥丘縣在魏郡東八十里。（《文選·贈馮文羆遷斥丘令》李善注。）

潞水

　　有潞水，爲冀州浸，即漳水也。（《水經注》卷十。《水經注》此條僅言爲「闞駰曰」，當即闞駰《十三州志》。）

上黨潞縣有潞水，爲冀浸，即漳水也。(《周禮説》卷四。)

潞水出潞縣，冀州之浸。(《初學記》卷八。)

潞縣，潞水出焉。(《太平寰宇記》卷四十五。)

杼秋

杼秋，光武封劉般爲杼秋侯，明帝以屬沛。(《太平寰宇記》卷十五。)

高唐

漢古縣，在平原郡南五十里，宋置高唐縣。(《太平寰宇記》卷十九。)

共山

昔〔一〕共伯復歸於國，逍遙得意於〔二〕共山之首。(《太平寰宇記》卷五十六。又見《新定九域志》卷二。)

〔校記〕

〔一〕昔，《新定九域志》無。

〔二〕得意於，《新定九域志》無。

共伯後歸國，逍遙得意於共山之首，使其竊簒，則宣王之立可能得志於共首哉。(《路史》卷三十三。)

舍衛國

舍衛國在月氏南萬里，果大如三斗坯。(《太平御覽》卷九百六十四。又見《記纂淵海》卷九十二。)

〔校記〕

〔一〕坯，《記纂淵海》作「盆」。

漆水

漆水出漆縣西，北至岐山，東入渭。此漆水之源流也〔一〕。(《詩地理考》卷四。又見《水經注》卷十六。)

〔校記〕

〔一〕此句，《水經注》無。

漆水出漆縣西北。(《尚書注疏》卷六。)

襄陵

襄陵，晉大夫犫邑也。(《史記·秦本紀》張守節正義。)

梁期故縣

鄴北五十里，梁期故縣也。（《史記·項羽本紀》司馬貞索隱。）

寙渾縣

寙渾縣有大道，西北出雞鹿塞。（《後漢書·孝和孝殤帝紀》李賢等注。）

護烏丸

護烏丸，擁節，秩比二千石，武帝置，以護內附烏丸，既而並於匈奴中郎將。中興初，班彪上言宜復此官，以招附東胡，乃復更置焉。（《後漢書·孝和孝殤帝紀》李賢等注。）

旄牛縣

旄牛縣屬蜀郡。（《後漢書·孝和孝殤帝紀》李賢等注。）

日南郡

將兵長史居在日南郡〔一〕，又有將兵司馬，去雒陽九千六百三十里。（《後漢書·孝和孝殤帝紀》李賢等注。又見《玉海》卷一百三十七。）

〔校記〕

〔一〕此句，《玉海》作「居日南郡」。

養女嶺

長寧亭北有養女嶺，即浩亹山，西平之北山也。（《水經注》卷二。此條，《水經注》言爲「闞駰曰」，應即闞駰《十三州志》也。）

白石縣

白石縣在狄道西北二百八十五里，灕水逕其北。（《水經注》卷二。此條，《水經注》言爲「闞駰曰」，應即其《十三州志》。）

狄道故城

今曰武始也。（《水經注》卷二。此條，《水經注》言爲「闞駰曰」，應即其《十三州志》。）

降狄道，今曰武始。（《太平寰宇記》卷一百五十一。）

臨羌

臨羌新縣在郡西百八十里，湟水逕城南也。城有東西門，西北隅有子城。

（《水經注》卷二。此條，《水經注》言爲「闞駰曰」，不著篇名，當即闞駰《十三州志》。）

允吾縣

其西即湟水之源也。（《水經注》卷二。此條，《水經注》言爲「闞駰曰」，應即闞駰《十三州志》。）

石城津

在金城西北矣。（《水經注》卷二。此條，《水經注》言爲「闞駰曰」，應即闞駰《十三州志》。）

原亭城

中部都尉治。（《水經注》卷三。）

石崖城

五原西南六十里，今世謂之石崖城。（《水經注》卷三。此條，《水經注》言爲「闞駰曰」，當即闞駰《十三州志》。）

蒲坂

蒲坂，堯都。（《水經注》卷四。此條，《水經注》言爲「闞駰曰」，當即闞駰《十三州志》。）

獨頭山

（雷首）山，一名獨頭山，夷齊所隱也。（《水經注》卷四。）

厭次

厭次縣本富平侯、車騎將軍張安世之封邑也。（《水經注》卷五。此條，《水經注》言爲「闞駰曰」，應即闞駰《十三州志》。）

向城

軹縣南山西曲，有故向城，即周之向國。然代以爲承之，向乃莒邑〔一〕。（《路史》卷二十四。又見《水經注》卷七。）

〔校記〕

〔一〕此二句，《水經注》無。

頓丘

頓丘在淇水南。(《水經注》卷九。此條，《水經注》言爲「闞駰曰」，應即其《十三州志》。)

廣川

縣中有長河爲流，故曰廣川也。水側有羌壘，姚氏之故居也。(《水經注》卷九。此條，《水經注》言爲「闞駰曰」，應即其《十三州志》。)

班氏縣

班氏縣在郡西南百里，北俗謂之去留城也。(《水經注》卷十三。)

塗山

山在東南。今是山在陸渾故城東南八十許里。(《水經注》卷十五。)

塗山氏

禹娶塗山氏女，思本國，築臺以望，今城南門臺基猶存。(《太平寰宇記》卷六。)

塗山氏思本國，築以望之，基猶在。夏城南安邑塗山臺，俗謂青臺，上有禹祠，縣東南五十五中條山有望川，夏后避夏離宮之所。(《路史》卷二十二。)

濟入泗

西至湖陸入泗是也。(《水經注》卷二十五。)

江水

江水至會稽與浙江合。(《水經注》卷二十九。)

轘轅道

轘轅道凡十二曲，是險道〔一〕。(《史記·曹相國世家》張守節正義。又見《初學記》卷八。)

〔校記〕

〔一〕此句，《初學記》無。

河南緱氏縣，以山爲名。一云轘轅爲九十二曲，是險道也。(《史記·高祖本紀》司馬貞索隱。)

上計

上計，古之諸侯之奏使也，漢因之，號曰計偕。（《北堂書鈔》卷七十九。）

計偕

計階次第歲入貢於天子國，簿代郡國豐瑞，山川草木，萬物有無，不得隱飾。先君榮主應問，無有疑滯也。（《北堂書鈔》卷七十九。）

故頓子城

南頓西三十〔一〕，故頓子城在潁水之南，故號〔二〕潁陰城。（《路史》卷二十八。又見《太平寰宇記》卷十一。）

〔校記〕

〔一〕此句，《太平寰宇記》無。

〔二〕號，《太平寰宇記》作「謂」。

熟城

熟城，漢之縣名。（《太平寰宇記》卷十二。）

晉

晉，讀爲潛，俗出好布。（《太平寰宇記》卷九十三。）

山桑縣

山桑縣人，俗貪僞，好持馬鞭行邑，故語曰，沛國龍亢至山桑，詐託旅，使若奔喪，道遇寇抄，失資糧。《太公陰謀》曰：「武王曰『吾欲造起居之誡隨之以身』。」《筆書》曰：「馬不可極，民不可劇。馬極則躓，民劇則敗。」（《太平御覽》卷三百五十九。）

僧彊疊國

僧彊疊國在天竺南，佛寺三千餘所，其地有神珠，非玉石，晝夜於國中光明於日，珠徑一尺五寸，其色正碧。（《太平御覽》卷八百零三。）

平原國

青州平原國，和帝延平九年以封子懷王勝，風俗與舊齊同，然吏姦倍於他。民給衛士吏賦狐肉，稍從假錢，積至萬餘，歲竟交代，吏無償意。衛士恨患，取狐肉沃以酒，從而呪之，曰：「狐肉狐肉，尾斯尾斯，身軀雖小，錢多。」吏聞之，恐，乃償之錢。（《太平御覽》卷八百三十六。）

武功

鰲，古文作「邰」，古今字異耳。舊縣境有武功山、斜谷水，亦曰武功水，是則縣本以山水立名也。漢屬右扶風，王莽曰新光。後漢省，永平八年，復自渭水南徙武功縣於故鰲城，任安以武功小邑，無豪易高，故居武功。晉屬始平國。(《長安志》卷十四。)

堯祠

舜納於大麓，即爲此山，其上今猶有堯祠焉。(《雲谷雜記》卷三。)

卑和羌海

縣西有卑禾羌海者也。世謂之青海。(《水經注》卷二。此條，《水經注》僅言爲「闞駰曰」，當即其《十三州志》。)

臨羌縣西有卑禾海，謂之青海。(《初學記》卷八、《杜工部草堂詩箋》卷三。)

允吾縣西有卑禾羌海，代謂之青海。(《初學記》卷六。)

金城臨羌縣有卑和羌海。(《通鑒釋文辨誤》卷五。)

小晉興城

允吾縣西四十里有小晉興城。(《水經注》卷二。)

浩亹

浩，讀閣也。(《水經注》卷二。此條，《水經注》言爲「闞駰言」，不著篇名，當即其《十三州志》。)

屠深澤

闞駰謂之窳渾澤也。(《水經注》卷三。此條，《水經注》言爲「闞駰言」，不著篇名，當即其《十三州志》。)

金城關

金城郡有金城關。(《初學記》卷七。此條，《初學記》言出闞駰《土地十三州記》。)

金城河

金城河初與浩亹河合，又與勒且河合者也。(《水經注》卷二。此條，《水經注》言爲「闞駰曰」，應即闞駰《十三州志》。)

河至金城縣，謂之金城河，隨地爲名也。(《水經注》卷二。)

小宛

小宛並於鄯善。(《太平寰宇記》卷一百八十八。此條,《寰宇記》言出《土地十三州志》。)

烏孫國

烏孫國嫁娶責馬娉,先令媒者與婦宿,徐乃婿近。(《太平御覽》卷五百四十一。此條,《太平御覽》言出闞駰《十二州志》,「《十二州志》」,當即《十三州志》之形誤。)

土樓

西平亭北有土樓神祠者也。(《水經注》卷二。此條,《水經注》言爲「闞駰曰」,應即闞駰《十三州志》。)

廉縣

在富平北。(《水經注》卷二。此條,此條,《水經注》言爲「闞駰曰」,不著篇名,應即闞駰《十三州志》。)

蒲城

蒲城在西北,漢武帝置。其水南出,得黃盧水口,水東出蒲子城南,東北入谷,極溪便水之源也。(《水經注》卷三。此條,《水經注》言爲「闞駰曰」,不著篇名,當即闞駰《十三州志》。)

令狐

令狐即猗氏也。(《水經注》卷六。此條,《水經注》言爲「闞駰曰」,應即闞駰《十三州志》。)

滎播

滎播,澤名也。(《水經注》卷七。此條,《水經注》作「闞駰曰」,當即闞駰《十三州志》。)

北濟

北濟,在縣西北,鄭邑也。(《水經注》卷七。此條,《水經注》作「闞駰曰」,當即闞駰《十三州志》。)

濟水

首受別濟，即北濟也。（《水經注》卷八。此條，《水經注》作「闞駰曰」，當即闞駰《十三州志》。）

闕與

闕與，今梁榆城是也。（《水經注》卷十。此條，《水經注》言爲「闞駰云」，當即闞駰《十三州志》。）

易縣故城

太子丹遣荊軻刺秦王，與賓客知謀者，祖道於易水上。（《水經注》卷十一。此條，《水經注》言爲「闞駰稱」，不著篇名，當即闞駰《十三州志》。）

涿郡

涿郡西界代之易水。（《水經注》卷十一。此條，《水經注》僅言爲「闞駰曰」，當即闞駰《十三州志》。）

易水逕縣南、鄭縣故城北，東至文安縣與滹沱合。《史記》：蘇秦曰：燕，長城以北，易水以南。正謂此水也。是以班固、闞駰之徒，咸以斯水謂之南易。（《水經注》卷十一。此條，《水經注》所引「咸以斯水謂南易」者爲班固、闞駰等人所言，闞駰所言應出闞駰《十三州志》，其條目未詳。）

唐縣故城

中山治盧奴，唐縣故城在國北七十五里。（《水經注》卷十一。）

唐故城在盧奴北七十五（里）。盧奴，今之唐也。（《路史》卷四十三。）

垣水東注於桃

至陽鄉注之。（《水經注》卷十二。此條，《水經注》言爲「闞駰曰」，應即闞駰《十三州志》。）

笄頭山

笄頭山在潘城南，即是山也。（《水經注》卷十三。此條，《水經注》言爲「闞駰曰」，當即闞駰《十三州志》。）

鳳臺鳳女祠

宜爲神明之隩，故立群祠焉。又有鳳臺、鳳女祠。秦穆公時，有簫史者，

善吹簫，能致白鵠、孔雀，穆公女弄玉好之，公爲作鳳臺以居之。積數十年，一旦隨鳳去。云雍宮世有簫管之聲焉。(《水經注》卷十八。)

蕃邑

蕃在鄭西。(《水經注》卷十九。此條，《水經注》言爲「闞駰曰」，當即闞駰《十三州志》。)

新鄭

平王東遷，鄭武王輔王室，滅虢、鄶而兼其土。故周桓公言於王曰：我周之東遷，晉、鄭是依。乃遷封於彼。《左傳・隱公十一年》，鄭伯謂公孫獲曰：吾先君新邑於此，其能與許爭乎？是指新鄭爲言矣。然班固、應劭、鄭玄、皇甫謐、裴頠、王隱、闞駰及諸著述者，咸以西鄭爲友之始封，賢於薛瓚之單說也。(《水經注》卷十九。此條，《水經注》引眾家地記之說，其中，闞駰所言，當爲闞駰《十三州志》，其完整格式未詳。)

新鄭水

北流注於渭，闞駰謂之新鄭水。(《水經注》卷十九。此條，《水經注》言爲闞駰所言，應即闞駰《十三州志》。)

漾水

漢或爲漾，漾水出昆侖西北隅，至氐道重源顯發而爲漾水。(《水經注》卷二十。)

西縣

隴西西縣，嶓冢山在西，西漢水所出，南入廣魏白水。(《水經注》卷二十。)

豲道

漾水出豲道，東至武都入漢。(《水經注》卷二十。以上三條，《水經注》皆言爲「闞駰云」，應即闞駰《十三州志》。)

強水

強水出陰平西北強山，一曰強川。姜維之還也，鄧艾遣天水太守王頎敗之於強川，即是水也。(《水經注》卷二十。此條，《水經注》言爲「闞駰云」，應即闞駰《十三州志》。)

女陽縣

本汝水別流，其後枯竭，號曰死汝水，故其字無水。(《水經注》卷二十二。此條，《水經注》言爲「闞駰曰」，應即闞駰《十三州志》。)

召陵

召者，高也。其地丘墟，井深數丈，故以名焉。(《水經注》卷二十二。)

沮水

以其初出沮洳然，故曰沮水也，縣亦受名焉。(《水經注》卷二十七。)

湯水

縣有湯水，可以療疾。湯側又有寒泉焉，地勢不殊，而炎涼異致，雖隆火盛日，蕭若冰谷矣。(《水經注》卷三十一。)

防陵

防陵即春秋時防渚，州之得名，蓋自此也。(《元和郡縣志》卷二十一。此條，《元和郡縣志》僅言爲闞駰所言，未著篇名，當即闞駰《十三州志》也。)

房陵，即春秋時防渚也。(《輿地紀勝》卷八十六。此條，《輿地紀勝》亦言爲闞駰所言，未著篇名，當即闞駰《十三州志》也。)

東安陽

五原有安陽，故此加東也。(《漢書·地理志》顏師古注。)

新汲

本汲鄉也，宣帝神爵三年置。以河內有汲，故加新也。(《漢書·地理志》顏師古注。)

扶柳

其地有扶澤，澤中多柳，故曰扶柳。(《漢書·地理志》顏師古注。)

斥丘

土〔一〕地斥鹵，故曰斥丘。(《漢書·地理志》顏師古注。又見《後漢書·袁紹劉表列傳上》李賢等注、《太平御覽》卷二百四十一。)

〔校記〕

〔一〕土，《太平御覽》無。

元氏

趙公子元之封邑，故曰元氏。(《漢書‧地理志》顏師古注。)

慎陽

永平五年，失印更刻，遂誤以水爲心。(《漢書‧地理志》顏師古注。)

並州

漢末大亂，匈奴侵邊，自定襄以西盡雲中、雁門之間遂空。建安中，曹操集荒郡之戶以爲縣，聚之九原界，以立新興郡，領九原等縣，屬並州，即此地。(《太平寰宇記》卷四十二、《太平御覽》卷一百六十三。)

澶水

澶水在頓丘西南三十里，伏流至繁城西南。(《太平寰宇記》卷五十七。)

黑山

黑山之〔一〕險，爲逋逃幽藪。(《太平寰宇記》卷六十。又見《太平御覽》卷四十五。)

〔校記〕

〔一〕之，《太平御覽》無。

靈壽

靈壽，中山桓公新都。(《太平寰宇記》卷六十一。)

浮陽

浮陽，浮水所出，東入海。(《太平寰宇記》卷六十五、《太平御覽》卷一百六十二。)

北新城

河間有新城，故加北字〔一〕。(《太平寰宇記》卷六十八。又見《太平御覽》卷一百六十二。)

〔校記〕

〔一〕此句，《太平御覽》作「故此加『北』」。

牂牁

牂牁者，江中山名。晉永嘉二年分牂牁置夜郎郡，兼置充州。(《太平寰宇記》卷一百二十二江南西道二十（一引）。)

牂牁者，江中山名也，晉懷帝永嘉五年分牂牁置夜郎郡。(《太平寰宇記》卷一百二十二江南西道二十（二引）。)

陰陵

揚州後徙於陰陵。(《太平寰宇記》卷一百二十四。)

石鼓

朱圉有石鼓，不擊自鳴，鳴〔一〕則有兵起。(《太平寰宇記》卷一百五十。又見《太平御覽》卷五十。)

〔校記〕

〔一〕鳴，《太平御覽》無。

汳水

汳水又東，逕貫城南，俗謂之薄城，非也，闞駰《十三州志》以爲貫城也，在蒙縣西北。(《水經注》卷二十三。此條，《水經注》所引闞駰《十三州志》僅有「以爲貫城」句，揣其句式，應爲「汳水又東逕貫城南」。)

景亳

湯都也。亳本帝嚳之墟，在《禹貢》豫州河、洛之間，今河南偃師城西二十里尸鄉亭是也。(《水經注》卷二十三。此條，《水經注》言爲「闞駰曰」，應即闞駰《十三州志》。)

萬年縣

縣西有涇、渭，北有小河，謂此水也。(《水經注》卷十六。此條，《水經注》言爲「闞駰曰」，應即闞駰《十三州志》。)

萬年縣南有涇、渭，北有小河，即沮水也。(《史記·夏本紀》張守節正義、《詩地理考》卷四。)

當城

當城在高柳東八十里。縣當常山，故曰當城。(《史記·高祖本紀》張守節正義。)

婼羌國

婼羌國濱帶南山，西有蔥嶺。餘種或虜或羌，戶口甚多。在古不立君臣，

無相長一。強則分種爲酋豪，弱則爲人附落。更相抄暴，以力爲雄，唯殺人償死，無他禁令。其兵長於山谷，短於平地，不能持久，而果於觸突，以戰死爲吉利，病終爲不祥。（《太平寰宇記》卷一百八十一。）

昌城

昌城，本名阜城矣。（《水經注》卷十。此條，《水經注》言爲「闞駰曰」，當即闞駰《十三州志》。）

易水

《地理志》曰：故安縣閻鄉，易水所出，至范陽入濡水。闞駰亦言是矣。（《水經注》卷十一。此條，《水經注》未標明闞駰《十三州志》所言具體句式，僅言其與《地理志》同，二者條目應相似。）

盧水

《地理志》曰：盧水出北平，疑爲竦闊，闞駰、應劭之徒，咸亦言是矣。（《水經注》卷十一。《水經注》此處所提闞駰所言，當即闞駰《十三州志》，其條目格式不詳。）

淵水

闞駰《地理志》曰：《禹貢》之淵水。（《水經注》卷十五。此條，《水經注》言出闞駰《地理志》，或以爲闞駰《地理志》即闞駰《十三州志》。）

楚水

楚水又南流入於渭，闞駰以爲是水爲汧水焉。渭水又東，汧、浮二水入焉。余按諸地志，汧水出汧縣西北。闞駰《十三州志》與此同，復以汧水爲龍魚水，蓋以其津流逕通而更攝其通稱矣。（此條，《水經注》所引闞駰《十三州志》格式不完整，姑置於此。）

歙

世祖建武十一年，以封中郎將來歙，歙以征定西羌功，故更名征羌也。闞駰引《戰國策》以爲秦昭王欲易地，謂此，非也。（《水經注》卷二十二。此條，《水經注》言闞駰《十三州志》述及此地，但除《水經注》以外，他書並無徵引此條者，不知其完整句式爲何。）

紀城　杼秋

即、祝，魯之音，蓋字承讀變矣。（《水經注》卷二十六。此條，《水經注》言爲「闞駰曰」，應即闞駰《十三州志》。）

博昌

縣處勢平，故曰博昌。（《水經注》卷二十六。）

昌水其勢平博，故曰博昌。（《太平寰宇記》卷十八。）

昌水其勢平博，漢置博昌縣，屬樂安國，高齊省之，移樂陵縣，理此。（《（至元）齊乘》卷三。）

〔按〕此條，《水經注》言爲「闞駰曰」，不著篇名。《寰宇記》、《《（至元）齊乘》所引此條則僅言出《十三州志》，未標明作者。此三條條目相近，當爲一書，其應爲闞駰《十三州志》，各條目字句差異當爲各書徵引時所致。

薄姑

周成王時，薄姑與四國作亂，周公滅之，以封太公。是以《地理志》曰：或言薄姑也，王莽曰季睦矣。（《水經注》卷二十六。此條，《水經注》言爲「闞駰曰」，不著篇名，應即闞駰《十三州志》。）

復陽縣

復陽縣，胡陽之樂鄉也。元帝元延二年置，在桐柏大復山之陽，故曰復陽也。（《水經注》卷三十。此條，《水經注》言爲「闞駰曰」，不著篇名，應即闞駰《十三州志》。）

義陽

晉太始中，割南陽東鄙之安昌、平林、平氏、義陽四縣，至義陽郡於安昌城。（《水經注》卷三十。此條，《水經注》言爲「闞駰曰」，不著篇名，應即闞駰《十三州志》。）

澄水

澄水自下，兼波水之通稱也。是故闞駰有東北至定陵入汝之文。（《水經注》卷三十一。此條，《水經注》所引闞駰文較簡略，其應即闞駰《十三州志》，其格式或爲「澄水東北至定陵入汝」。）

魯山

魯陽縣，今其地魯山是也。(《水經注》卷三十一。此條，《水經注》言爲「闞駰曰」，不著篇名，應即闞駰《十三州志》。)

合肥

（施水）出沛國城父東，至此合爲肥。(《水經注》卷三十二。此條，《水經注》言爲「闞駰曰」，不著篇名，應即闞駰《十三州志》。)

黔水

黔水亦出符縣，南與溫水會。闞駰謂之闞水，俱南入鼈水。(《水經注》卷三十六。此條，《水經注》僅言爲闞駰所言，不著篇名，其格式亦不完整，其應爲闞駰《十三州志》，其格式應爲「闞水亦出符縣，南與溫水會。」)

比景

比，讀蔭庇之庇。景在己下，言爲身所庇也。(《水經注》卷三十六。此條，《水經注》言爲「闞駰曰」，不著篇名，應即闞駰《十三州志》。)

受水

西水又南注沅水，闞駰謂之受水，其水所決入，名曰酉口。(《水經注》卷三十七。此條，《水經注》言爲「闞駰曰」，不著篇名，應即闞駰《十三州志》。)

漢壽縣

縣治索城，即索縣之故城也。漢順帝陽嘉中，改從今名。闞駰以爲興水所出，東入沅。(《水經注》卷三十七。此條，《水經注》言爲闞駰所言，但不著篇名，其所引格式亦不完整。)

錢水

山出錢水，東入海。(《水經注》卷四十。此條，《水經注》言爲「闞駰曰」，不著篇名，應即闞駰《十三州志》。)

白玉山

赤水西有白玉山，山有西王母堂室。(《太平御覽》卷三十八。此條，《御覽》言出闞駰《十洲記》。《十洲記》，當爲《十三州記》之誤。)

《十三州志》 佚名

　　除應劭《十三州記》、闞駰《十三州志》以外，諸書所引又有不著作者之《十三州志》數條，因無法判斷其作者歸屬，茲將其單列，另作一種。《十三州志》，諸書徵引時作《十三州記》，觀其條目，多有同者，當爲一書之別名。如《史記正義》卷六所引「牟平」條出《十三州志》，《通鑑綱目》卷九上則言出《十三州記》。茲將諸書徵引名《十三州記》者亦列於下。

蜀山氏

　　蜀之先，肇於人皇之際。黃帝爲子昌意娶蜀山氏，後子孫因封焉。帝顓頊高陽氏，黃帝之孫，昌意之子，母曰昌僕，亦謂之女樞。（《史記·五帝本紀》張守節正義）

河陰縣城

　　在平津大河之南也，魏文帝改曰河陰。（《史記·秦本紀》張守節正義。）

秦亭

　　秦亭，秦谷是也。（《史記·秦本紀》張守節正義、《詩地理考》卷二。）

獠陽

　　獠陽，上黨西北百八十里也。（《史記·秦始皇本紀》張守節正義。）

牟平

　　牟平縣〔一〕古腄縣也。（《史記·秦始皇本紀》張守節正義。又見《通鑑綱目》卷九上。）

　　〔校記〕
　　〔一〕縣，《通鑑綱目》無。

朱虛

　　丹朱遊故虛，故云朱虛也。（《史記·呂太后本紀》張守節正義。）

城父縣

　　太子建所居城父，謂今亳州城父縣〔一〕也。（《史記·楚世家》張守節正義。又見《史記·白起王翦列傳》張守節正義。）

〔校記〕

〔一〕亳州城父縣，《史記・白起王翦列傳》正義作「亳州城」。

二亳

梁國有二亳，南亳在穀熟，北亳在蒙。湯會諸侯於景亳，即蒙之北亳也。（《太平寰宇記》卷二。）

南亳

漢武帝分穀熟置，《春秋・莊公十二年》宋公子御說奔亳者也。（《水經注》卷三十。）

平周縣

古平周縣在汾州介休縣西五十里也。（《史記・魏世家》張守節正義。）

長沙

有萬里沙祠，而西自湘州至東萊萬里，故曰〔一〕長沙也。（《史記・貨殖列傳》張守節正義。又見《通鑑綱目》卷十一。）

〔校記〕

〔一〕曰，《通鑑綱目》作「名」。

西自湘江，至東萊萬里，故曰長沙。（《太平御覽》卷一百七十一。）

典屬國

典屬國，武帝置，掌納匈奴降者也，哀帝省並大鴻臚。（《後漢書・孝和孝殤帝紀》李賢等注。）

大夫

大夫皆掌顧問、應對、言議。夫之言扶也，言能扶持君父也。（《後漢書・孝和孝殤帝紀》李賢等注。）

侍御史

侍御史，周官，即柱下史。秩六百石，掌注記言行，糾諸不法，員十五人。出有所案，則稱使者焉。謁者，秦官也。員七十人，皆選孝廉年末五十，曉解儐贊者。歲盡拜縣令、長史及都官府丞、長史。博士，秦官。博通古今，秩皆六百石。孝武初置《五經》博士，後稍增至十四員。取聰明威重者一人

爲祭酒，主領焉。議郎、郎官，皆秦官也。冗無所掌，秩六百石或四百石。（《後漢書・孝和孝殤帝紀》李賢等注。）

侍御史，周柱下史，秩六百石，掌注記言行，糾諸不法，員十五人，出有所按，則稱使。（《職官分紀》卷十四。）

縣

縣爲侯邑，則令、長爲相，秩隨令、長本秩。（《後漢書・孝和孝殤帝紀》李賢等注。）

朐䏰

朐音春，䏰音閏。其地下濕，多朐䏰蟲，因以名縣。故城在今夔州雲安縣西萬戶故城是也。（《後漢書・吳蓋陳臧列傳》李賢等注。）

朐䏰，地下濕，多朐䏰蟲，故以爲名。（《太平寰宇記》卷一百四十七。）

秩嗇夫

有秩、嗇夫，得假半章印。（《後漢書・王充王符仲長統列傳》李賢等注、《海錄碎事》卷五、《玉海》卷八十四、《漢制考》卷三。）

句章

勾踐之地，南至句無，其後併吳，因大城句，章伯功以示子孫，故曰句章。（《後漢書・虞傅蓋臧列傳》李賢等注。）

楊氏縣

楊氏縣在今魏郡北也。（《後漢書・郭符許列傳》李賢等注。）

護都水使

成帝時河堤大壞〔一〕，汎濫青、徐、兗、豫四州略遍，乃以校尉王延〔二〕代領河堤謁者，秩〔三〕千石，或名其官爲護都水使者。中興，以三府掾屬爲之。（《後漢書・循吏列傳》李賢等注。又見《玉海》卷二十一。）

〔校記〕

〔一〕壞，《玉海》作「襄」，應爲「壞」之形訛。

〔二〕王延，《玉海》作「王延世」。

〔三〕秩，《玉海》作「佚」。

左南津

石城西一百四十里有左南城者也，津亦取名焉。(《水經注》卷二。)

白土城

左南津西六十里有白土城，城在大河之北，而爲緣河濟渡之處。(《水經注》卷二。)

枹罕

廣大阪在枹罕西北，罕开在焉。(《水經注》卷二。)

枹罕縣在郡西二百一十里，灘水在城南門前東過也。(《水經注》卷二。)

安固縣城

縣在郡南四十七里。蓋延轉擊狄道、安故、五溪反羌，大破之，即此也。(《水經注》卷二。)

故金紐城

大夏縣西有故金紐城，去縣四十里，本都尉治。(《水經注》卷二。)

金城郡

城在臨羌新縣西三百一十里。王莽納西零之獻，以爲西海郡，治此城。(《水經注》卷二。)

大河

大河在金城北門，東流，有梁泉注之，出縣之南山。(《水經注》卷二。)

湟水河

湟水河在南門前東過。六谷水自南，破羌川自北，左右冀注。(《水經注》卷二。)

小月氏之國

西平、張掖之間，大月氏之別，小月氏之國。(《水經注》卷二。)

三封縣故城

在臨戎縣西百四十里。(《水經注》卷三。)

北輿縣故城

廣陵有輿，故此加北。疑太竦遠也。(《水經注》卷三。)

中陵縣

善無縣南七十五里有中陵縣，世祖建武二十五年置。(《水經注》卷三。)

善無縣故城

舊定襄郡治。(《水經注》卷三。)

武州縣

武州縣在善無城西南百五十里。北俗謂之太羅城，水亦籍稱焉。(《水經注》卷三。)

河陽別縣

河陽別縣，非溫邑也。(《水經注》卷五。)

孟津

河內〔一〕河陽縣在於河上，即孟津也。(《通鑒綱目》卷八下。又見《史記‧夏本紀》司馬貞索隱。)

〔校記〕

〔一〕河內，《史記》索隱無。

河陽

治河上，河，孟津河也。(《水經注》卷五。)

張甲河

張甲河東北至脩縣入清漳者也。(《水經注》卷五。)

鳴犢河

鳴犢河東北至脩入屯氏，考瀆則不至也。(《水經注》卷五。)

厭次

明帝永平五年，改曰厭次矣。(《水經注》卷五。)

汾水

出武州之燕京山，亦管涔之異名也。其山重皋修巖，有草無木，泉源導於南麓之下，蓋稚水濛流耳。(《水經注》卷六。)

晉水

晉水出龍山，一名結絀山，在縣西北。(《水經注》卷六。)

蚩尤祠

壽張有蚩尤祠。(《水經注》卷八。)

北皮亭

章武有北皮亭，故此曰南皮也，王莽之迎河亭。(《水經注》卷九。)

扶柳縣

扶柳縣東北武陽城，故縣也。(《水經注》卷十。)

繚城

經縣東五十里有繚城，故縣也。(《水經注》卷十。)

敬武亭

今其城，昔陽亭是矣。(《水經注》卷十。)

劇陽縣

在陰館縣東北一百三里。(《水經注》卷十三。)

丑寅城

城在高柳南百八十里，北俗謂之丑寅城。(《水經注》卷十三。)

苦力干城

縣在高柳南百三十里，俗謂之苦力干城矣。(《水經注》卷十三。)

道人城

道人城在高柳東北八十里，所未詳也。(《水經注》卷十三。)

河頭

馬城在高柳東二百四十里。俗謂是水爲河頭，河頭出戎方，土俗變名耳。（《水經注》卷十三。）

黃龍亭

遼東屬國都尉治昌遼道有黃龍亭者也。魏營州刺史治。（《水經注》卷十四。）

昌黎有黃龍亭，魏營州刺史治。（《通鑒地理通釋》卷十四。）

侯水

侯水南入渝。（《水經注》卷十四。）

大遼水

大遼水自塞外，西南至安市入於海。（《水經注》卷十四。）

浿水縣

浿水縣在樂浪東北，鏤方縣在郡東。（《水經注》卷十四。）

蓮芍縣

縣以草受名也。（《水經注》卷十六。）

桑縣

山生於邑，其亭有桑，因以氏縣者也〔一〕。（《水經注》卷二十三。又見《太平寰宇記》卷十二。）

〔校記〕

〔一〕此句，《太平寰宇記》作「因爲縣名」。

蒙澤

蒙澤在縣東。《春秋·莊公十二年》，宋萬與公爭博，殺閔公於斯澤矣。（《水經注》卷二十三。）

郜城

今成武縣東南有郜城，俗謂之北郜者也。（《水經注》卷二十五。）

富陂

漢和帝永元九年，分汝陰置。多陂塘以溉稻，故曰富陂縣也。（《水經注》卷三十。）

日華水

日華水出桂陽郴縣日華山，西至湘南縣入湘。（《水經注》卷三十八。）

大別水

大別水南出耒陽縣太山，北至酈縣入湖也。（《水經注》卷三十九。）

廬水

廬水西出長沙安成縣。（《水經注》卷三十九。）

孱陵城

吳大〔一〕帝封呂蒙爲孱陵侯，即此也〔二〕。（《太平寰宇記》卷一百四十六。又見《杜工部草堂詩箋》卷三十六。）

〔校記〕

〔一〕大，《杜工部草堂詩箋》作「文」。

〔二〕此句，《杜工部草堂詩箋》作「營於公安」。

北利城

北利城在上蔡。（《初學記》卷八。）

龍泉羊澗

武帝時有白羊出溪澗中。（《初學記》卷八。）

孟門

太行山或曰孟門，蓋其險阨。（《初學記》卷八。）

代郡故城

代郡故城，盧植說初置築時，方就板幹，夜自移西南五十里大澤中，自設結葦爲九門。於是就以爲城，周旋七里。（《初學記》卷八。）

歷城

歷城，本周之甘泉西地。（《初學記》卷八。）

鹿塞

鹿塞在蒼松縣南十里，是也。（《初學記》卷八。）

敦煌郡蒼松縣，漢武帝置，南山有松。陝縣南十里有白鹿塞，地多古松，白鹿棲息其下，因而得名。（《古文苑》卷七。）

臨澤亭

昭武蘇有臨澤亭，在其東。（《初學記》卷八。）

效谷縣

效谷縣，故魚澤障。（《初學記》卷八。）

高昌壁

高昌壁，故屬敦煌，有長谷在東，都尉居之。（《初學記》卷八。）

石牛

秦王未知蜀道，乃刻石牛五頭，置金於尾下，言此天牛能糞金。蜀人信之，乃令五丁共引牛成道。今在褒城縣界。（《初學記》卷八。）

昔蜀王從卒數千餘出獵於褒谷西溪，秦惠王亦畋於山中，怪而問之，以金一筐遺蜀王。及報，欺之以土。秦王大怒，其臣曰：「此秦得土之端也。」秦王未知蜀道，乃刻石井五頭，置金於尾下，僞如養之者，言此天牛能屎金，蜀人見而信之，乃令五丁共引牛成道，致之成都。秦始知蜀道而亡蜀。（《太平寰宇記》卷一百三十三。）

昔蜀王從卒數千餘出獵於褒谷西溪，秦惠王亦畋於山中，怪而問之，以金一筐遺蜀王，及報，欺之土。秦王大怒，其臣曰：「此秦得地之端也。」張良送高祖至褒中，說燒棧道；曹操出斜谷軍遮要以臨漢中；諸葛亮由斜谷取郿，皆此道也。（《輿地紀勝》卷一百八十三。）

望帝

蜀王杜宇自號望帝。（《初學記》卷八、《錦繡萬花谷》後集卷六。）

望帝

當七國稱王，獨杜宇稱帝於蜀，以褒斜爲前門，熊耳、靈關爲後戶，玉壘、峨眉爲池澤，汶山爲畜牧，中南爲園苑。時有荊人，是後荊地，有一死者名鱉冷，其尸亡，至汶山却更生見望帝，帝以爲蜀相。時巫山壅江，蜀地

洪水，望帝使鱉冷鑿巫山，治水有功。望帝自以德薄，乃委國禪鱉冷，號曰開明。遂自亡去，化爲子規，故蜀人聞鳴曰：「我望帝也」。（《太平御覽》卷一百六十六。）

望帝使鱉冷治水，而淫其妻。冷還，帝慚，遂化爲子規。杜宇死時適二月，而子規鳴，故蜀人憐之皆起。自開明以下五葉，始立宗廟。時蜀有五丁力士，能徙山嶽，每一王死，五丁輒爲立大石以志墓。今石井是也，號曰井里。（《太平御覽》卷一百六十六。）

䩄城

䩄〔一〕城，故弦子都也。（《初學記》卷八。又見《錦繡萬花谷》後集卷六。）

〔校記〕

〔一〕䩄，《錦繡萬花谷》作「䩄」。

冀州

冀州之地，蓋〔一〕古京也。人患剽悍，故語曰：「仕宦不偶值冀部〔二〕。」其人剛狠，淺於恩義。無賓序之禮，懷居慳嗇。古語云：「幽、冀之人鈍如椎」，亦履山之險，爲逋逃幽藪。〔三〕（《太平寰宇記》卷六十三。又見《太平御覽》卷一百六十一、《續談助》卷二。）

〔校記〕

〔一〕蓋，《太平御覽》無。

〔二〕冀部，《續談助》作「要都」。

〔三〕「其人剛狠」數句，《太平御覽》、《續談助》皆無。

麓

麓，林之大者也。其後秦賈鉅麓郡，堯將禪舜，合諸侯羣臣，百姓納之大麓，風雨不迷，致之以昭華之玉。（《尚書說》卷一。）

鉅鹿

鉅鹿，唐虞時大麓之地〔一〕。《尚書》〔二〕：「堯試舜百揆，納于大麓。」麓則〔三〕林之大者。堯之禪舜〔四〕，欲使天下皆見之，故合群臣〔五〕，與百姓納之大麓之野，然後授受〔六〕，以明己禪也〔七〕。（《太平御覽》卷一百六十一。又見《路史》卷三十六。）

〔校記〕

〔一〕之地，《路史》無。

〔二〕《尚書》，《路史》無。

〔三〕則，《路史》作「者」。

〔四〕此句，《路史》作「堯」。

〔五〕合群臣，《路史》作「置諸侯，合羣臣」。

〔六〕授受，《路史》作「以天下授之」。

〔七〕此句，《路史》作「明己禪之公也」。

鉅鹿，唐虞時大麓之地，《尚書》「堯試舜百揆，納于大麓」，麓則林之大者也。堯之禪舜，欲使天下皆見之，故置諸侯，合群臣，與百姓，納於大麓之野，然後以天下授之，以明己禪公也。(《太平寰宇記》卷五十九、《通鑑地理通釋》卷八。)

堯爲大麓，禹爲大陸，秦郡爲鉅鹿。鉅，亦大也。(《尚書説》卷二。)

堯祠

上有堯祠，俗呼宣務山，謂舜昔宣務焉。(《路史》卷三十六。)

司州

京師之州，司隸校尉掌焉，故曰司州。(《太平寰宇記》卷三。)

古梁國城

梁即《周南》鄙邑也。(《太平寰宇記》卷八、《路史》卷二十八。)

取慮故城

取讀如星分觜陬，慮若公羊郰婁之婁。(《太平寰宇記》卷十七。)

校亭縣

朱虛東十三里有校亭縣。(《太平寰宇記》卷十八。)

當利縣

萊州西南四十里漢當利縣，至高齊廢。又有陽樂城，在當利北；陽石城，即陵石侯國，在當利南，皆漢縣也。(《(至元)齊乘》卷四。)

平陵

本東陵，後改爲平陵。(《太平寰宇記》卷十九。)

陽樂

在當利縣東北二十里。(《太平寰宇記》卷二十。)

陵石城

當利縣東有陵石城。(《太平寰宇記》卷二十。)

海曲

海曲，在開陽一百三十里。(《太平寰宇記》卷二十二。)

東南二郚

有東南二郚，魯昭公所居者爲西郚，在兗州東平郡是也。莒與魯所爭爲東郚，即此縣是也。(《太平寰宇記》卷二十三。)

魯昭公所居爲西郚，在東平，莒魯所爭爲東郚，在此。(《(至元) 齊乘》卷三。)

蘭陵

蘭陵，故魯之次室邑，其後楚取之，改爲蘭陵縣，漢因之。(《太平寰宇記》卷二十三。)

古代城

古代城在飛狐界。(《太平寰宇記》卷五十一。)

爵堤

高唐縣有爵堤，以捍河水。(《太平寰宇記》卷五十四。)

朝歌

朝歌，紂都，其俗歌謠，男女淫縱，猶有紂之餘風存焉。(《太平寰宇記》卷五十六。)

沙邱

秦王東巡回，死於沙丘。(《太平寰宇記》卷五十九。)

九藪

淮南九藪，趙有鉅鹿，今其地即廣阿澤也。(《太平寰宇記》卷五十九。)

中丘

《山海經》謂西北有蓬山，丘在其間，故曰中丘。（《太平寰宇記》卷五十九。）

真定

眞定，本名東垣，河東有垣縣〔一〕，故此加「東」。（《太平寰宇記》卷六十一。又見《太平御覽》卷一百六十一。）

〔校記〕

〔一〕縣，《太平御覽》無。

下曲陽縣

中山有上曲陽，故此加下〔一〕。（《太平寰宇記》卷六十一。又見《太平御覽》卷一百六十一、《新定九域志》卷二。）

〔校記〕

〔一〕此句，《太平御覽》作「故加下耳」，《新定九域志》作「故此云下」。

蒲陰

後漢章帝巡北嶽，以曲逆名不善，改爲蒲陰縣。（《太平寰宇記》卷六十二。）

渤海

渤海風俗鷙戾，高尚〔一〕氣力，輕爲〔二〕奸兇。（《太平寰宇記》卷六十五。又見《太平御覽》卷一百六十二。）

〔校記〕

〔一〕尚，《太平御覽》無。

〔二〕爲，《太平御覽》無。

童鄉亭

饒安縣東南二十里有童鄉亭，即故縣。「童」即「章」字相類。章鄉蓋在饒安縣東南二十里童鄉亭。（《太平寰宇記》卷六十五。）

博陵

本初〔一〕元年，蠡吾侯志繼〔二〕孝質，是爲孝桓帝，追尊皇考〔三〕蠡吾侯翼爲孝崇皇帝，陵曰博陵，因以爲郡，晉於此立博陵國〔四〕。（《太平寰宇記》卷六十八。又見《太平御覽》卷一百六十一。）

〔校記〕

〔一〕本初，《太平御覽》作「太初」。

〔二〕繼，《太平御覽》作「入繼」。

〔三〕皇考，《太平御覽》作「其父」。

〔四〕此二句，《太平御覽》作「因改爲博野縣」。

涿水

涿郡南有涿水，北至上谷爲涿鹿河，其支入匈奴中者，謂之涿耶水。(《太平寰宇記》卷七十。)

定城

定城置在古黃子國南十二里。(《太平寰宇記》卷一百二十七、《太平御覽》卷一百六十九、《路史》卷二十五。)

略陽道

略陽道在郡東六十里，即故冀州城也。(《太平寰宇記》卷一百五十。)

略陽即故冀城也。(《太平御覽》卷一百六十五。)

會水

眾羌之水所會，故曰會水。北有白亭，俗因謂之白亭海也。(《太平寰宇記》卷一百五十二。)

玉門縣

玉門縣置長三百里，石門周匝山間，纔經二十里，眾泉北流入延興海。漢罷玉門關屯，徙其人於此，故曰玉門縣。(《太平寰宇記》卷一百五十二。)

酒泉郡

延壽縣在郡西，金山在其東，至玉石障是亦漢遮虜障也。(《太平寰宇記》卷一百五十二。)

敦煌郡

瓜州之戎爲月氏所逐，秦並六國，築長城，西不過臨洮，則秦未有此地。漢武帝後元六年分酒泉之地置敦煌郡，徙邊人以實之。(《太平寰宇記》卷一百五十三。)

奄蔡粟特

奄蔡、粟特，各有君長。(《太平寰宇記》卷一百八十六。)

女市

葱嶺以東，人好淫僻，故龜茲、于闐置女市以收錢。(《太平廣記》卷四百八十一。)

汾水

出武周燕之燕京山，亦管涔之異名也。其山重阜修層，有草木無泉源，導於南麓之下。(《太平御覽》卷六十四。)

梁縣

戰國時，梁屬魏。秦置三十六郡，屬三川郡。漢為河南郡之梁縣也。(《太平御覽》卷一百五十九。)

中山武公

中山武公本周之同姓，其後桓公不恤國政。晉太史餘見周王，王問之：「諸侯孰先亡？」對曰：「中山之俗以晝為夜，以臣觀之，中山其先亡乎？」其後魏樂羊為文侯，將拔中山，封之靈壽。(《太平御覽》卷一百六十一。)

劉恭

漢章帝建初二年，徙鉅鹿王恭為江陵王，三公上言：「江陵在京師正南，不可以封。」乃徙為安六王。(《太平御覽》卷一百六十七。)

弱水

山去北海岸十三萬里，有弱水周匝，東南接積石。(《續博物志》卷三。)

髀塚

重聚大小與闞冢等。(《路史》卷十三。)

霸陵

霸陵，秦襄王所葬，芷陽也。(《長安志》卷十一。)

鹽池

東南迳卑禾羌海，北有鹽池，三水、溫泉東有鹽池、朔方。(《玉海》卷一百八十一。)

刑侯國

殷時刑侯國，周公子封刑侯，都此。(《詩地理考》卷一。)

灃水

灃水出扶風鄠縣終南山東北，過上林苑。(《通鑒綱目》卷四十四下。)

南陵城

昔陳公子完避亂奔齊，桓公以此封之。(《河朔訪古記》卷上。)

鍾山

昔禹治洪水既畢，乃乘橋車到東山，祀上帝於北河，歸大功九天。(《北堂書鈔》卷八十八。)

上虞縣

夏禹與諸侯會計，因相虞樂於此地，故曰上虞。在府東一百二十里。東西五十三里，南北一百一十里。(《(嘉泰) 會稽志》卷十二。)

灃水

灃水出鄠縣南也。(《史記·封禪書》司馬貞索隱。)

傅巖

傅巖在其界，今住穴尙存。(《後漢書·董卓列傳》李賢等注。)

東緡縣

山陽有東緡縣。(《水經注》卷八。)

平舒城

平舒城東九十里有廣平城，疑是城也。(《水經注》卷十三。)

潘縣

廣平城東北百一十里有潘縣，《地理志》曰：王莽更名樹武。(《水經注》卷十三。)

平陽縣

山陽南平陽縣又有閭丘鄉。(《水經注》卷二十五。此條,《水經注》言出《十三州記》。)

上虞雁

上虞縣有雁爲民田〔一〕,春銜拔草根,秋啄除其穢,是以縣官禁民不得妄害此鳥,犯則有刑無赦。(《初學記》卷三十。又見《太平御覽》卷九百一十七、《事類賦注》卷十九。)

〔校記〕

〔一〕田,《事類賦注》作「治田」。

朱陽山

盧氏有朱陽山,因別立縣。(《太平寰宇記》卷六。)

齊倡

濟南教子倡優歌舞,後女死,骨騰肉飛,傾絕人目,俗言齊倡,蓋由此也。(《太平寰宇記》卷十九。)

仁水

仁水源出廢石陽縣側。(《太平寰宇記》卷一百零九。)

枳

枳在郡東。(《太平寰宇記》卷一百二十。)

靈隱山

錢塘武林山,泉水原出焉,即此浦也〔一〕。晉咸和中,有西乾梵僧登此山,歎曰:「此武林山是中天竺國靈鷲山之小嶺〔二〕,不知何年飛來。」乃創靈隱寺。(《輿地紀勝》卷二。又見《方輿勝覽》卷一。)

〔校記〕

〔一〕此句,《方輿勝覽》無。

〔二〕嶺,《方輿勝覽》作「鷲」。

靈隱山青巖,晉咸和中有僧登之,歎曰:「此是中天竺國靈鷲山之小嶺,不知何年飛來。」(《施注蘇詩》卷四)

錢湖

　　錢湖闊十二丈，周廻三十里，在錢唐縣西南十里，靈隱寺正坐其山寺之東，西溪二水源，東曰龍源，橫過寺前，即龍溪是也。冷泉亭在其上。西曰泉源，其流洪大，奔迅激越，下山二里八十步過橫坑橋，入於錢湖，蓋錢源之聚瀦也。（《常談》。）

虞城

　　平陸吳山上有虞城，舜始封是。（《路史》卷二十七。此條。《路史》言出《十三志》，當即《十三州志》。）

存疑

　　以下數條《十三州志》，各書所引較簡略，無法推斷其原貌，謹列於下。

榆次縣

　　《十三州志》以爲涂陽縣矣。（《水經注》卷六。）

平棘城

　　趙有平棘，今州治平棘南有古平棘城，春秋之棘邑，《十三州志》云戰國改。（《路史》卷二十六。）

　　平棘故城，春秋棘邑，《十三州志》：戰國時改爲平棘。（《新定九域志》卷二。）

亂流

　　亂流出峽，南逕長寧亭東，城有東、西門，東北隅有金城，在西平西北四十里。《十三州志》曰六十里，遠矣。（《水經注》卷二。此條，《水經注》所引《十三州志》僅「六十里」數字，揣其句式，應爲「東城有東西門，東北隅有金城，在西平西北六十里。」）

鄆

　　在沛，《十三州志》音多漢，周應爲鄆侯者，又云亳之鹿邑，漢鄆也。（《路史》卷三十。此條，《路史》所引較略，不知其完整格式爲何。）

《行記》 北魏董琬

董琬，生卒年不詳，北魏太武帝時人，嘗任散騎常侍，北魏太延年間，太武帝遣董琬、高明等出使西域。董琬《行記》，當作於此後。董琬出使嘗作《行記》，但各家史志皆不載，《魏書·西域傳》載其出使西域所經過事，或爲其《行記》之一部分。茲列於下。李德輝《晉唐兩宋行記輯校》亦輯董琬《行記》。

（初，琬等受詔，便道之國可往赴之。）琬過九國，北行至烏孫國，其王得朝廷所賜，拜受甚悅，謂琬曰：「傳聞破洛那、者舌皆思魏德，欲稱臣致貢，但患其路無由耳。今使君等既到此，可往二國，副其慕仰之誠。」琬於是自向破洛那，遣明使者舌。烏孫王爲發導譯達二國，琬等宣詔慰賜之。（《魏書·西域傳》。）

始琬等使還京師，具言凡所經見及傳聞傍國，云：西域自漢武時五十餘國，後稍相并。至太延中，爲十六國，分其地爲四域。自蔥嶺以東，流沙以西爲一域；蔥嶺以西，海曲以東爲一域；者舌以南，月氏以北爲一域；兩海之間，水澤以南爲一域。內諸小渠長蓋以百數。其出西域本有二道，後更爲四：出自玉門，渡流沙，西行二千里至鄯善爲一道；自玉門渡流沙，北行二千二百里至車師爲一道；從莎車西行一百里至蔥嶺，蔥嶺西一千三百里至伽倍爲一道；自莎車西南五百里蔥嶺，西南一千三百里至波路爲一道焉。（《魏書·西域傳》。）

《徐州記》 北魏劉芳

劉芳《徐州記》，卷亡，史志不著錄。劉芳（453-514），字伯文，北魏時彭城（今江蘇徐州）人，《魏書》卷五十五有傳。劉芳爲漢楚元王之後，六世祖訥，晉司隸校尉，祖詃，劉義隆征虜將軍，青徐二州刺史。父邕，劉駿兗州長史，芳出後伯父遜之，遜之，劉駿東平太守。邕同劉義宣之事，身死彭城，芳隨伯母房逃竄青州，會赦免。舅元慶，爲劉子業青州刺史。劉芳初頗困窘，而業尚貞固，聰敏過人，篤志墳典，晝則傭書，以自資給，

夜則讀誦，終夕不寢，澹然自守，有《窮通論》。後與崔光、宋弁、邢產等俱爲中書侍郎，俄而詔芳與產入授皇太子經，遷太子庶子，兼員外散騎常侍。芳特精經義，博聞強記，兼覽《蒼》《雅》，尤長音訓，辨析無疑。後爲散騎常侍，國子祭酒，徐州大中正，行徐州事，從兼侍中。劉芳著述頗豐，所撰《鄭玄所注周官儀禮音》，《干寶所注周官音》，《王肅所注尙書音》，《何休所注公羊音》，《范寧所注穀梁音》，《韋昭所注國語音》，《范曄後漢書音》各一卷，《辨類》三卷，《徐州人地錄》四十卷，《急就篇》、《續注音義證》三卷，《毛詩箋音義證》十卷，《禮記義證》十卷，《周官儀禮義證》各五卷。崔光表求以中書監讓芳，世宗不許，延昌二年卒，年六十一。贈鎭東將軍，徐州刺史，諡文貞。或以爲劉芳《徐州記》，即《魏書》所言劉芳《徐州人地錄》。劉芳《徐州記》，朱祖廷《北魏佚書考》，劉緯毅《漢唐方志輯佚》皆輯。

合鄉故城

古之互鄉，蓋孔子云難與言者。(《太平寰宇記》卷十五。)

蒙山

後漢承宮躬稼於蒙山，其山高四十里，長六十九里。(《太平寰宇記》卷二十三。)

《徐州記》　　北魏楊暐 (暐)

楊暐《徐州記》，卷亡，史志不著錄。楊暐，一名陽暐。《太平御覽》卷二百三十九轉引《後魏書》言其字延季，弘農華陰 (今陝西華陰) 人，但考《魏書》，楊暐，實爲楊暐。楊暐 (？-528)，位武衛將軍，加散騎常侍、安南將軍，莊帝初 (528 年) 遇害河陰，贈儀同三司，雍州刺史。《隋書·經籍志》載：「《華夷帝王世紀》三十卷，楊暐撰」。新、舊《唐書》同。楊暐《徐州記》，今所見僅《太平御覽》等所引佚文一則。

奚公山

奚公山，奚仲造車之所〔一〕。山上軌轍猶存〔二〕。(《太平御覽》卷四十二。又見《太平寰宇記》卷十五、《路史》卷二十二。按，「奚公山」此條，金陵書局本《寰宇記》言出劉芳《徐州記》，文淵閣四庫全書補配古逸叢書本《寰宇記》則言出陽曄《徐州記》，不知二家孰對。)

〔校記〕

〔一〕此句，《太平寰宇記》作「奚仲造車處」，《路史》作「仲造車處」。此句下，《路史》無。

〔二〕此句，《太平寰宇記》作「上有軌轍見存」。

奚公山，仲造車轍存焉。(《路史》卷二十四。)

《徐州記》　　佚名

除劉芳《徐州記》與陽曄《徐州記》外，《北堂書鈔》卷一百零二又引《徐州記》一條，不著作者，因無法判斷作者歸屬，茲將其單列，另作一種。

徐山

徐州取徐山爲名，故溫伯大彭國，春秋時爲宋邑，有秦始皇碑，水至加上三尺，文見，東北傾，石長八丈尺，厚三尺八寸，一行十二字也。(《北堂書鈔》卷一百零二。)

存疑

四望山

臨江有四望山，吳大帝常與仙者葛元共登陟之。(《太平寰宇記》卷九十。此條，文淵閣四庫全書補配古逸叢書本《寰宇記》言出《徐州記》，而金陵書局本《寰宇記》則言出《南徐州記》。)

《徐州地理志》　劉成國

劉成國，始末未詳。劉成國《徐州地理志》史志亦不著錄。今所見有《水經注》卷八所引一條。茲列於下。

徐縣

徐偃王之異，言：徐君宮人娠而生卵，以爲不詳，棄之於水濱。孤獨母有犬，名曰鵠倉，獵於水側，得棄卵，銜以來歸，孤獨母以爲異，覆煖之，遂成兒，生時偃，故以爲名。徐君宮中聞之，乃更錄取。長而仁智，襲君徐國。後鵠倉臨死，生角而九尾，寔黃龍也。偃王葬之徐中，今見有狗壟焉。偃王治國，仁義著聞，欲舟行上國，乃通溝陳、蔡之間。得朱弓矢，以得天瑞，遂因名爲號，自稱徐偃王，江、淮諸侯服從者三十六國。周王聞之，遣使至楚，令伐之。偃王愛民不鬥，遂爲楚敗，北走彭城武原縣東山下，百姓隨者萬數，因名其山爲徐山，山上立石室廟，有神靈，民人請禱焉。依文即事，似有靈驗，但世代綿遠，難以詳矣。今徐城外有徐君墓，昔延陵季子解劍於此，所謂不違心許也。（《水經注》卷八。）

《征途記》　北魏孫景安

孫景安，北魏時人，生卒年不詳，宣武帝時嘗爲中散大夫。孫景安《征途記》，記其出使關隴時所見。是書卷亡，史志不見著錄，《通典》等引一則。此外，宋曾慥《類說》引《征途記》二則，所記多靈異事，似不與孫景安《征途記》爲一書。謹慎起見，將其列入存疑處。孫景安《征途記》，李德輝《晉唐兩宋行記輯校》有輯。

馬嵬故城

馬嵬所築，不知何代人。姚萇時，扶風王驎以數千人保馬嵬，即此也。（《通典》卷一百七十三。）

馬嵬，人名，於此築城以避難，未詳何代人。姚萇時，扶風王駰以數千人保馬嵬故城。(《長安志》卷十四、《類編長安志》卷七。)

存疑

洛神女

蕭總遇洛神女，後逢雨認得香氣，曰此雲雨從巫山來。(《類說》卷四十。)

杜蘭香

晉張碩與杜蘭香相別後，於巴縣見一青衣，云蘭香在白帝君所。若聞白帝野寺鐘聲隨風而來，則蘭香亦隨風而至。際夜果聞鐘聲，蘭香亦至焉。(《類說》卷四十。)

《行記》　　北魏菩提拔陀

菩提拔陀《行記》，卷亡，史志不載，菩提拔陀，北魏時沙門，生卒年不詳。《洛陽伽藍記》卷四記其北魏末年南至歌營國事。李德輝《晉唐兩宋行記輯校》輯是書。

南中有歌營國，去京師甚遠，風土隔絕，世不與中國交通。雖二漢及魏，亦未曾至也。今始有沙門菩提拔陀至焉。自云：「北行一月日，至勾稚國。北行十一日，至孫典國。從孫典國北行三十日，至扶南國。方五千里，南夷之國，最爲強大。民戶殷多，出明珠金玉及水精珍異，饒檳榔。從扶南國北行一月，至林邑國。出林邑，入蕭衍國。」拔陀至楊州歲餘，隨楊州比丘法融來至京師。沙門問其南方風俗，拔陀云：「有古奴調國，乘四輪馬爲車。斯調國出火浣布，以樹皮爲之，其樹入火不燃。凡南方諸國，皆因城廓而居，多饒珍麗。民俗淳善，質直好義，亦與西域大秦、安息、身毒諸國交通往來。或三方四方，浮浪乘風，百日便至。率奉佛教，好生惡煞。(《洛陽伽藍記》卷四。)

《三晉記》　北魏王遵業

　　王遵業，北魏時太原晉陽（今山西太原）人，《魏書》卷三十八有傳。嘗任著作佐郎，與司徒左長史崔鴻同撰《起居注》，遷右軍將軍，與崔光、安豐王延明等參定服章，及光爲肅宗講《孝經》，遵業預講《延業錄義》，並應詔作釋奠、侍宴詩，時人語曰「英英濟濟，王家兄弟」。轉司徒左長史，黃門郎，監典儀注，遵業有譽，當時與中書令陳郡袁翻、尙書瑯琊王誦並領黃門郎，號曰三哲。爾朱榮入洛，兄弟在父喪中，以與莊帝有從姨兄弟之親，相率奉迎，俱見害河陰。贈并州刺史。著《三晉記》十卷。北宋時《太平寰宇記》、《太平御覽》引《三晉記》兩條。南宋諸書不見引，或其南宋時已亡。王遵業《三晉記》，朱祖延《北魏佚書考》，劉緯毅《漢唐方志輯佚》有輯。

蒲津

　　魏壽餘僞以魏叛，士會既濟，噪而還。（《太平寰宇記》卷四十六。）

梨園

　　山陽縣北有谷，通得驢馬。石勒十八騎昔在此啖梨生樹，今有梨園。（《太平御覽》卷九百六十九。此條，《太平御覽》言出《三晉山險記》，不知是否與《三晉記》爲一書。）

《趙記》　北齊李公緒

　　李公緒，字穆叔，《北史》有傳。魏末爲冀州司馬，屬疾去官，絕跡贊皇山。北齊天保中以御史徵，不就。雅好著書，撰《典言》十卷，《禮質疑》五卷，《喪服章句》一卷等，並有《趙記》八卷，《趙語》十二卷，并行于世。《隋書·經籍志》有《趙記》十卷，但不著作者。章宗源《隋書經籍志考證》言「《北齊書》李公緒撰《趙語》十三卷，『語』當作『記』，按《北史》所載，《趙語》別是一書，章氏誤也。李公緒《趙記》，朱祖延《北魏佚書考》、劉緯毅《漢唐方志輯佚》有輯本。北齊趙郡，故治在今河北趙縣。

土山

平城東七里有土山，高百餘尺，方十餘里。（《史記·高祖本紀》張守節正義。又見《通鑒綱目》卷三上。）

五指山

轅陽東北有五指山，巖石孤聳，上有一手一足之跡，其〔一〕大如箕，指數俱全。（《太平寰宇記》卷四十四。又見《太平御覽》卷四十五。）

〔校記〕

〔一〕其，《太平御覽》作「厥」。

北廣平郡

孝昌三年割廣平郡之南和、襄國、任三縣，於此置北廣平郡，屬殷州。（《太平寰宇記》卷五十九。）

內丘縣

古刑國地，在漢爲鐘丘縣，屬常山郡。（《太平寰宇記》卷五十九。）

白馬渠

此白馬渠魏白馬王彪所鑿，俗謂黃河。（《太平寰宇記》卷六十三。）

信都

趙孝成王造檀臺，有〔一〕宮，爲趙別〔二〕都，以〔三〕朝諸侯，故曰信都。（《太平寰宇記》卷五十九。又見《太平御覽》卷一百六十一。）

〔校記〕

〔一〕有，《太平御覽》作「之」。

〔二〕別，《太平御覽》無。

〔三〕以，《太平御覽》無。

鮮

鮮，虞姬姓。春秋之末曰中山。（《通鑒地理通釋》卷八。）

干山言山

栢仁縣有干山言山〔一〕，《衛詩》云「出宿于干，飲餞于言」，是此也。（《太平御覽》卷四十五。又見《太平寰宇記》卷五十九、《事類賦注》卷七。）

〔校記〕
〔一〕干山言山，《太平寰宇記》、《事類賦注》作「于言山」。

《魏土地記》　佚名

《魏土地記》，卷亡，史志不著錄。作者不詳。《水經注》所引是書條目較多，唐代《初學記》引一條，宋《太平御覽》引兩條，南宋時書不見引，或其南宋時已亡。

馬頭山

代城東南二十五里有馬頭山，其側有鍾乳穴。趙襄子既害代王，迎姊，姊代夫人，夫人曰：「以弟慢夫，非仁也；以夫怨弟，非義也。」磨笄自刺而死，使者自殺。民憐之，爲立神屋於山側，因名之爲磨笄之山。（《水經注》卷十三。）

代郡東南二十五里有馬頭山。趙襄子既殺代王，使人迎其婦。代王夫人曰：「以弟慢夫，非仁也；以夫怨弟，非義也。」磨笄自殺而死。使者遂亦自殺。（《史記·趙世家》張守節正義。）

成樂城

雲中城東八十里有成樂城。（《水經注》卷三。）

雲中宮

雲中宮在雲中縣〔一〕故城東四十里。（《水經注》卷三。又見《通鑑地理通釋》卷四。）

〔校記〕
〔一〕縣，《通鑑地理通釋》無。

大鹽池

縣有大鹽池，其鹽大而青白，名曰青鹽，又名戎鹽，入藥分，漢置典鹽官。（《水經注》卷三。）

弘農湖縣

弘農湖縣有軒轅黃帝登仙處。黃帝採首山之銅，鑄鼎於荊山之下，有龍垂胡於鼎，黃帝登龍，從登者七十人，遂升於天。故名其地爲鼎湖。（《水經注》卷四。）

龍門山

梁山北有龍門山，大禹所鑿，通孟津河口，廣八十步，巖際鐫跡，遺功尚存。（《水經注》卷四。）

汾陰城

河東郡北八十里有汾陰城，北去汾水三里，城西北隅曰脽丘，上有后土祠。（《水經注》卷四。）

冶阪城

冶阪城舊名漢祖渡，城險固，南臨孟津河。（《水經注》卷五。）

津

津在武陽縣東北七十里，津，河濟名也。（《水經注》卷五。）

堯神屋石碑

平陽城東十里，汾水東原上有小臺，臺上有堯神屋石碑。永嘉三年，劉淵徙平陽，於汾水得白玉印，方四寸，高二寸二分，龍紐。其文曰：「有新寶之印，王莽所造也。」淵以爲天授，改永鳳二年爲河瑞元年。（《水經注》卷六。）

秀容

秀容，胡人徙居之，立秀容護軍治。（《水經注》卷六、《輿地廣記》卷十九。）

陽曲

陽曲，胡寄居太原界，置陽曲護軍治。（《水經注》卷六。）

汾水

城東有汾水南流，水東有晉使持節都督並州諸軍事鎮北將軍太原成王之碑。水上舊有梁，青荓殞于梁下，豫讓死於津側，亦襄子解衣之所在也。（《水經注》卷六。）

平陽郡

平陽郡治楊縣，郡西有汾水南流者是也。(《水經注》卷六。)

蔣谷大道

晉陽城東南百一十里至山有蔣谷大道，度軒車嶺，通於武鄉。(《水經注》卷六。)

谷城山

縣有谷城山，山出文石，陽谷之地。(《水經注》卷八。)

盟津河

盟津河別流十里與清水合，亂流而東，逕洛當城北，黑白異流，涇渭殊別，而東南流注也。(《水經注》卷八。)

吳澤水

脩武城西北二十里有吳澤水。陂南北二十許里，東西三十里，西則長明溝入焉。(《水經注》卷九。)

沁水

建興郡治陽阿縣。郡西四十里有沁水南流。(《水經注》卷九。)

河內郡野王縣西七十里有沁水，左逕沁水城西，附城東南流也。(《水經注》卷九。)

陽河有沁，與濩澤水合者。(《路史》卷二十一。)

簣山

高成東北五十里有簣山，長七里，浮瀆又東北逕柳縣故城南，漢武帝元朔四年，封齊孝王子劉陽爲侯國。(《水經注》卷九。)

武帝臺

章武縣東百里有武帝臺，南北有二臺，相去六十里，基高六十丈，俗云漢武帝東巡海上所築。(《水經注》卷九。)

高城縣

高城縣東北百里，北盡漂榆，東臨巨海，民咸煮海水，藉鹽爲業。即此城也。(《水經注》卷九。)

安陽城

鄴城南四十里有安陽城，城北有洹水東流者也。(《水經注》卷九。)

平舒城

章武郡治。故世以爲章武故城，非也。(《水經注》卷十。)

武州塞口

平城西三十里武州塞口者也。自山口枝渠東出入苑，漑諸園池苑。(《水經注》卷十三。)

代王魚池

代城西南三十里有代王魚池，池西北有代王臺，東去代城四十里。(《水經注》卷十三。)

平舒城

代城西九十里有平舒城，西南五里，代水所出，東北流，言代水非也。(《水經注》卷十三。)

飛狐關

代城南四十里有飛狐關，關水西北流逕南舍亭西，又逕句瑣亭西，西北注祁夷水。(《水經注》卷十三。)

二泉

城內有二泉，一泉流出城西門，一泉流出城北門，二泉皆北注代水。(《水經注》卷十三。)

廣昌城

代南二百里有廣昌城，南通大嶺。(《水經注》卷十三。)

到剌山

代城東五十里有到剌山，山上有佳大黃也。(《水經注》卷十三。)

空侯城

代城東北九十里有空侯城者也。(《水經注》卷十三。)

協陽關

下洛城西南九十里有協陽關，關道西通代郡。(《水經注》卷十三。)

潘城

下洛城西南四十里有潘城，城西北三里，有歷山，山上有虞舜廟。(《水經注》卷十三。)

下雒城西南故潘城也。(《路史》卷二十七。)

雍洛城

下洛城西南二十里有雍洛城，桑乾水在城南東流者也。(《水經注》卷十三。)

堯廟

去平城五十里，城南二百步有堯廟。(《水經注》卷十三。)

班丘仲

大甯城西二十里有小甯城，昔邑人班丘仲居水側，賣藥於甯百餘年，人以爲壽。後地動宅壞，仲與里中數十家皆死，民人取仲尸棄于延水中，收其藥賣之。仲被裘從而詰之，此人失怖，叩頭求哀。仲曰：「不恨汝，故使人知我爾。去矣。」後爲夫餘王驛使來甯，此方人謂之謫仙也。(《水經注》卷十三。)

大甯城西二十里有小甯城，今在懷戎。(《路史》卷二十九。)

大甯城

下洛城西北百三十里有大甯城。(《水經注》卷十三。)

城在鳴雞山西十里，南通大道，西達甯川。(《水經注》卷十三。)

鳴雞山

下洛城東北三十里有延河東流，北有鳴雞山。(《水經注》卷十三。)

涿鹿城

下洛城〔一〕東南六十里有涿鹿城，城東一里有阪泉，泉上有黃帝祠。(《水經注》卷十三。又見《太平御覽》卷七十、《路史》卷十四。)

〔校記〕

〔一〕下洛城，《太平御覽》作「洛城」，《路史》作「濟城」。

蚩尤城

涿鹿城東南六里有〔一〕蚩尤城。泉水淵而不流，霖雨併則流注〔二〕阪泉，亂流東北入涿水。(《水經注》卷十三。又見《路史》卷十三。)

〔校記〕

〔一〕有，《路史》無。

〔二〕併則流注，《路史》作「則注」。

牧牛山

沮陽城東八十里有牧牛山，下有九十九泉，即滄河之上源也。山在縣東北三十里，山上有道武皇帝廟。耆舊云：山下亦有百泉競發，有一神牛駮身，自山而降，下飲泉竭，故山得其名。(《水經注》卷十三。)

頌陽縣東八十里有駮牛山，山下有百泉競發，有一神牛駮身，自山而下，飲泉竭，故山得其名。(《太平御覽》卷七十。)

溫湯

沮陽城東北六十里有大翮、小翮山，山上神名大翮神，山屋東有溫湯水口。其山在縣西北二十里，峰舉四十里，上廟則次仲廟也。右出溫湯，療治萬病。泉所發之麓，俗謂之土亭山。此水炎熱，倍甚諸湯，下足便爛人體。療疾者要須別引，消息用之耳，不得言。(《水經注》卷十三。)

牧牛泉

牧牛泉西流，與清夷水合者也。自下二水互受通稱矣。(《水經注》卷十三。)

清夷水

城北有清夷水西流也。(《水經注》卷十三。)

橋山溫泉

下洛城東南四十里有橋山，山下有溫泉，泉上有祭堂。雕簷華宇，被於浦上；石池吐泉，湯湯其下。炎涼代序，是水灼焉無改，能治百疾，是使赴者若流。(《水經注》卷十三。)

清泉河

薊城南七里有清泉河，而不逕其北。(《水經注》卷十三。)

高梁水

薊東十里有高梁之水者也。(《水經注》卷十三。)

潞河

清泉河上承桑乾河，東流與潞河合。(《水經注》卷十三。)

桑乾城

代城北九十里有桑乾城，城西渡桑乾水，去城十里，有溫湯，療疾有驗。
(《水經注》卷十三。)

昌平城

薊城東北百四十里有昌平城，城西有昌平河，又東流注濕餘水。(《水經注》
卷十四。)

螺山

城南五里有螺山，其水西南入沽水。(《水經注》卷十四。)

潞河

城西三十里有潞河是也。(《水經注》卷十四。)

徐無城

右北平城東北百一十里有徐無城。(《水經注》卷十四。)

溫湯

徐無城東有溫湯。(《水經注》卷十四。)

無終城

右北平城西北百三十里有無終城。(《水經注》卷十四。)

右北平城

薊城東北三百里有右北平城。(《水經注》卷十四。)

水濡水

肥如城西十里有濡水，南流逕孤竹城西，右合玄水，世謂之小濡水。(《水
經注》卷十四。)

陽樂城

海陽城西南有陽樂城。（《水經注》卷十四。）

海陽城

令支城南六十里有海陽城者也。（《水經注》卷十四。）

白狼河

黃龍城西南有白狼河，東北流，附城東北下，即是也。（《水經注》卷十四。）

狼河，附黃龍城東北下。（《初學記》卷八。此條，《初學記》言出《魏氏土地記》。）

黃龍城西南有白狼河，東北流，附城東北下，即此水也。彭盧水，一名盧河水，即盧龍水也。（《太平寰宇記》卷七十一。此條，《寰宇記》言出《魏氏風土記》。）

白狼水

白狼水下入遼也。（《水經注》卷十四。）

石室山

太原郡山有石室，方一丈四尺，四壁有篆字，人莫之識。（《太平寰宇記》卷四十、《太平御覽》卷四十五。此條，《寰宇記》、《御覽》皆言出《後魏興國土地記》。）

存疑

滏口山

滏口山，即魏帝邀擊袁尚於此。（《太平寰宇記》卷五十六。此條，《寰宇記》言出《魏地記》，不知是否即《魏土地記》。）

《後魏地形志》　　佚名

《後魏地形志》，史志不著錄，作者亦不詳。或以為，《後魏地形志》即《後魏書·地形志》。茲將諸書所引數條《後魏地形志》單列於下，以備參考。

茱萸山

呂縣有茱萸山。(《太平寰宇記》卷十五。)

呂布城

呂布自下邳與曹操相持筑城於此。(《太平寰宇記》卷十五。)

龔勝墓

彭城有龔勝墓。(《太平寰宇記》卷十五。)

懷仁故城

武定七年置,屬義塘郡。(《太平寰宇記》卷二十二。)

介休縣

介休縣,漢屬太原,晉屬西河,有郭林宗墓。(《漁洋精華錄集釋》卷十二。)

《魏王花木志》　佚名

　　《魏王花木志》,卷亡,史志不著錄,作者亦不可考。此書條目,多轉引自他書,如《太平御覽》卷八百四十一「木豆」條,轉引自《交州記》;《太平御覽》卷九百六十「都桶樹」條轉引自《南方草物狀》。或以爲,此書各條目,皆從前代地記中摘取,其將諸地記所記花木條歸類,予以重新編排。其所引《南方草物狀》、《交州記》等多成書於晉時。是書北魏末年賈思勰《齊民要術》已引,其成書應在晉後北魏前,其所言魏土,或即北魏統治者。是書北宋類書多徵引,當其北宋時仍存,南宋諸書徵引是書條目無出北宋諸書所引條目外,是書或亡於兩宋之交。

君遷

　　君遷樹,〔一〕細似甘焦,子如馬乳。(《齊民要術》卷十。又見《太平御覽》卷九百六十、《事類賦注》卷二十四。)

〔校記〕

〔一〕樹,《太平御覽》、《事類賦注》無。

蘆橘

蜀土〔一〕有給客橙〔二〕，似橘而非，若柚而香，冬夏華〔三〕實相繼。或如彈丸，或如拳，〔四〕通歲食之，亦〔五〕名盧橘。（《太平御覽》卷九百六十六。又見《海錄碎事》卷二十二下、《事類賦注》卷二十七、《苕溪漁隱叢話》後集卷二十八、《杜工部草堂詩箋》卷六。此條，《苕溪漁隱叢話》言出《魏書花木志》。）

〔校記〕

〔一〕土，《杜工部草堂詩箋》無。

〔二〕此句，《海錄碎事》作「給客橙出蜀土」。

〔三〕華，《苕溪漁隱叢話》作「花」。

〔四〕此二句，《事類賦注》、《苕溪漁隱叢話》、《杜工部草堂詩箋》無；丸，《海錄碎事》作「圓」。

〔五〕亦，《海錄碎事》無。

木豆

《交州記》：木豆出徐僮間，子美似鳥頭，大葉似柳，一年種，數年採。（《太平御覽》卷八百四十一。）

茶葉

茶葉似梔子可煮爲飲，其老葉謂之荈，細葉謂之茗。（《太平御覽》卷八百六十七。）

老葉謂之荈。（《緯略》卷四。）

楮子

《南方記》：楮子如梅實，二月花色仍連實，七八月熟，土人鹽藏之，味辛，出交阯。（《太平御覽》卷九百六十。）

桄榔

桄榔出興古國者，樹高七八丈，其大者一樹出麵百斛。交阯又有樹，其皮有光屑，取之乾擣，以水淋之如麵，可作餅餌。（《太平御覽》卷九百六十。）

都勾

《交州記》：都勾似栟櫚，木中出屑如麵，可取爲餌，食如桄榔。（《太平御覽》卷九百六十一。）

思惟樹

思惟樹，漢時有道人自西域持貝多子植於嵩之西峰下，後極高大，有四樹，樹一年三花。(《太平御覽》卷九百六十。)

榕木

榕木初生，少時緣縛他樹，如外方扶，芳藤形不能自立，根本緣繞他木，傍作連結，有如羅網相絡，然後木理連合，關茂扶踈，高六七丈。(《太平御覽》卷九百六十。)

都桶樹

《南方草物狀》：都桶樹，野生，二月花色仍連著實，八九月熟。子如鴨卵，民取食之。其皮核滋味酢，出九眞、交趾。(《太平御覽》卷九百六十。)

石南

《南方記》：石南樹，野生，二月花，仍連著實，實如燕子，八月熟。民採之，取核，乾，取皮，皮作魚羹，和之尤美。出九眞。(《太平御覽》卷九百六十一。)

石楠樹野生，二月花開，剡山谷多此，冬時葉尤可愛。(《(嘉定)剡錄》卷九。)

娑羅樹

娑羅樹緗葉子似椒，味如羅勒，嶺北人呼爲大娑羅。(《太平御覽》卷九百六十一。)

欝奧樹

欝奧樹高五六尺，實大如李，赤色，食之甘。(《太平御覽》卷九百七十三。)

燕奧

燕奧實大如龍眼，黑色。(《太平御覽》卷九百七十四。)

紫菜

吳郡邊海諸山悉生紫菜。(《太平御覽》卷九百七十六。)

木蜜

《廣志》：木蜜樹號千歲，樹根甚大，伐之四五歲，乃取木腐者爲香，其枝可食。(《太平御覽》卷九百八十二。)

摩廚

煎熬食物香美，如華夏之人用油。（《太平御覽》卷九百六十。）

《後魏輿圖風土記》　東魏陸恭之

《後魏輿圖風土記》，卷亡，史志不著錄。唐宋時書多引，諸書徵引時，有作《後魏輿圖風土記》者，亦有作《後魏風土記》、《輿圖風土記》者，《太平寰宇記》所引有東魏陸恭之《風土記》兩條。或以爲，《後魏輿圖風土記》作者即陸恭之。《後魏風土記》、《輿圖風土記》、陸恭之《風土記》當皆爲《後魏輿圖風土記》之簡稱。陸恭之（-537），字季順，有操尚，累遷鎮南將軍，位東荊州刺史，贈吏部尚書，諡曰「懿」，所歷並有聲績。東魏陸凱爲其父，陸煒爲其兄，《古詩紀》稱其與陸暐並有時譽，所著文章詩賦凡千餘篇，二人並稱爲「二陸」。《後魏輿圖風土記》，《太平寰宇記》引數條，南宋時書不見徵引，是書或亡於兩宋之交。陸恭之此書，朱祖廷《北魏佚書考》、劉緯毅《漢唐方志輯佚》有輯。

神農城

神農城在羊頭山上，山下有神農泉，即神農得嘉穀之所。（《元和郡縣志》卷十九、《太平寰宇記》卷四十五。）

藍田山

藍田山，山巔方二里，仙聖遊集之所〔一〕，劉雄〔二〕鳴學道於此。下有祠〔三〕甚嚴，亦灞水之源出於此。又西有尊盧氏陵，此北有女媧氏谷，則知此地是三皇舊居於此。（《太平寰宇記》卷二十六。又見《長安志》卷十六、《類編長安志》卷六。）

〔校記〕

〔一〕此句，《長安志》、《類編長安志》作「聖賢仙隱之處」。

〔二〕雄，《長安志》作「福」。

〔三〕祠，《長安志》、《類編長安志》作「神祠」。

藍田山巔方二里，仙聖遊集之所。劉雄鳴學道於山下，有祠甚嚴，亦灞水之源。此西又有尊盧氏陵次，北又有媧氏谷，則知此地是三皇舊居於是。(《太平御覽》卷四十四。)

壽縣

晉末山戎內侵，太原之戶來向山東，戎即居之。(《太平寰宇記》卷四十。)

許由冢

太原郡箕山有許由冢。(《太平寰宇記》卷四十四。)

龍門

梁山北有龍門，大禹所鑿，通其河，廣八十步，巖際鐫跡，遺功尚存。(《太平寰宇記》卷四十六河東道七（一引）。)

梁山北有龍門山，上有禹廟。(《太平寰宇記》卷四十六河東道七（二引）。)

黃山

黃山在壺關縣東。(《初學記》卷八。)

司馬山

司馬山在晉城縣北。晉代祠此山，因以為名。(《初學記》卷八。)

石室

太原郡山有石室方丈，四壁文字篆書，人不能識。(《初學記》卷八。)

太原郡山有石室，方一丈四尺，四壁有篆字，人莫之識。(《太平寰宇記》卷四十。)

歷山

潘城西北三里〔一〕有歷山，形似覆釜，因以為名〔二〕。(《初學記》卷八。又見《太平寰宇記》卷七十一。)

〔校記〕

〔一〕三里，《太平寰宇記》作「三十里」。

〔二〕因以為名，《太平寰宇記》作「故以名之」。

藍山

盧縣西三十九里有藍山。(《初學記》卷八。)

盧龍西四十九里有藍山，其色藍翠重疊，故名之。(《太平寰宇記》卷七十。)

彭盧水

水至徒河入海，與地平，故曰平盧，今語訛爲彭盧水。(《太平寰宇記》卷七十一。)

營丘城

舜分齊營州之域，燕西置營丘郡於其城內。(《太平寰宇記》卷七十一。)

朔方故城

朔方故城，太和十年改爲沃野鎮。(《太平寰宇記》卷三十六。)

三戍

正始三年，尚書原思禮、侍郎韓貞撫巡蕃塞，以沃野鎮居南，與蘭山澤六鎮不齊，源別置三戍。(《太平寰宇記》卷三十六。)

潞州

潞州，曰赤壤黃山。(《書敍指南》卷十四。此條，《書敍指南》言出《後魏圖風土記》。)

《西京記》　　北魏崔鴻

崔鴻，北魏時人。崔鴻字彥鸞，東清河郡鄃縣（今山東淄博南）人，歷官中散大夫、黃門侍郎。正元元年，修高祖世宗《起居注》。另著有《十六國春秋》。崔鴻《西京記》，史志不著錄，今所見僅《初學記》所引一則。

墊江

吐谷渾觀墊江源，問魯和曰：此水經仇池而過晉壽山沱渠，始號墊江。至巴郡入大江。(《初學記》卷六。)

《西京記》　北周薛寘

薛寘，北周人。《周書》本傳載。寘，河東汾陰（今屬山西）人。好屬文，曾任驃騎大將軍，封邰陽縣侯。所著文筆二十餘卷行於世，又撰《西京記》三卷，引據該洽，世稱其博聞。《西京記》，《隋書・經籍志》言三卷，不著作者。

《舊唐書・經籍志》則言《西京記》三卷，薛冥志撰，《新唐書・藝文志》言薛冥《西京記》三卷。「冥」，當爲「寘」之形訛。葛洪《西京雜記》部分條目，唐宋諸書徵引時或作《西京記》。另外，唐韋述撰《兩京新記》，各書徵引亦有作《西京記》者。今僅將各書所引名爲《西京記》，又不與《西京雜記》、《兩京新記》條目同者置於薛寘《西京記》下。薛寘《西京記》，劉緯毅《漢唐方志輯佚》、陳曉捷《關中佚志輯注》有輯。

陳正

魯國陳正，字叔方，爲太官令，進御食，髮貫炙，光武欲斬正，正曰：「臣當死者三，臣朗月書章奏，側光讀書，不見髮，三也。」（《藝文類聚》卷五十五。）

鵲岸

今居巢江南水有鵲尾渚者，是也。（《初學記》卷六。）

阿房宮

秦阿房宮以磁石爲門，懷刃入者輒止之。（《太平御覽》卷一百八十三。此條，《海錄碎事》卷三、《長安志》卷三等皆言出《三輔黃圖》。）

酒池

酒池北起天子臺，天子於上觀，牛飲者三千人。（《長安志》卷四。）

廢丘城

漢王襲雍，章邯敗走廢丘城，命將軍樊噲圍之，於城西築臺以望之。（《長安志》卷十四。）

存疑

昆明池

　　昆明池，刻石爲鯨，每至雷雨，魚常鳴吼。(《初學記》卷五。此條，《初學記》卷五言出《西京記》。葛洪《西京雜記》卷一亦有「昆明池」條：「昆明池刻玉石爲魚，每至雷雨，魚常鳴吼，鬐尾皆動，漢世祭之以祈雨，往往有驗。」二書條目相類，或以爲，《初學記》所引《西京記》條當屬《西京雜記》之誤。陳曉捷《關中佚志輯注》將此條納入薛眞《西京記》，或誤。)

《序行記》　　隋姚最

　　姚最（535-602），字士會，吳興武康（今浙江湖州）人。吳太常姚信九世孫。父姚僧垣，兄姚察。最博通經史，尤好著述。年十九，隨僧垣入關，世宗盛聚學徒校書於麟趾殿，最亦預爲學士，俄授齊王憲府水曹參軍，掌記室事，宣帝嗣位，憲以嫌疑被誅。隋文帝作相，追復官爵，最以陪遊積歲，恩顧過隆，乃錄憲功績爲傳送上史局。最父僧垣家習醫術，天和（566年-572年）中，最始受家業。隋文帝踐極，除太子門大夫，以父憂去官，襲爵北絳郡公，復爲太子門大夫，俄轉蜀王秀友，秀鎭益州，遷秀府司馬。後陰有異謀，隋文帝令公卿窮治其事，最坐誅，時年六十七。撰《梁後略》十卷、《本草音義》三卷，《續畫品》一卷，《述系傳》一卷。按，蜀王楊秀被廢事在隋仁壽二年（602），最因此坐誅，年六十七，則其應生於梁大同元年（535）。《隋書·經籍志》言《序行記》十卷，姚最撰。新、舊《唐書》皆言姚最《述行記》二卷，或宋時其部分卷數已亡。另外，史載姚僧垣有《行記》三卷。姚最《序行記》，或是接續姚僧垣《行記》而成。李德輝《晉唐兩宋行記輯校》輯此書。

洪洞

　　周建德五年，從行討齊，師次洪洞，百雉相臨，四周重復，控據要險，城主張元靜率其所部肉袒軍門，即此也。(《元和郡縣志》卷十五、《太平寰宇記》卷四十三、《通鑑地理通釋》卷十四。)

大明宮

晉陽宮西南又〔一〕有小城，城〔二〕內有殿，號「大明宮」，即此。(《太平寰宇記》卷四十。又見《元和郡縣志》卷十六。)

〔校記〕

〔一〕又，《元和郡縣志》無。

〔二〕城，《元和郡縣志》無。

樓觀

高齊〔一〕天保中，大起樓觀，穿築池塘，飛橋跨水〔二〕，自高陽〔三〕以下皆遊集焉。至今爲北都之勝槩〔四〕。(《太平寰宇記》卷四十。又見《元和郡縣志》卷十六。)

〔校記〕

〔一〕齊，《元和郡縣志》作「洋」。

〔二〕此句，《元和郡縣志》無。

〔三〕高陽，《元和郡縣志》作「洋」。

〔四〕勝槩，《元和郡縣志》作「勝」。

高洋天保年中，大修樓觀。(《太平御覽》卷四十五。)

《嵩高山記》　　東魏盧元明

盧元明《嵩高山記》，史志不載。盧元明，字幼章，出范陽（今河北涿州）盧氏，仕東魏孝靜帝，嘗任吏部郎中，太常卿，大司農，嘗與李諧俱赴梁通使，《隋書·經籍志》有《盧元明集》十七卷，《舊唐書·經籍志》言爲六卷，或此時其集部分條目已亡。盧元明《嵩高山記》，《齊民要術》、《水經注》皆引。《新唐書·藝文志》有盧鴻《嵩山記》一卷，並言盧氏爲天寶人。盧鴻、盧元明應不爲一人。盧元明《嵩高山記》，諸書所引時作《嵩山記》，且部分條目相同，如《齊民要術》卷十所引「思惟樹」條，言出《嵩山記》，《太平御覽》卷九百六十引此條則言出《嵩高山記》，二者或爲一書之異名。朱祖廷《北魏佚書考》輯此書。

思惟樹

嵩高寺中有思惟樹，即貝多也。如來坐貝多下思惟，因以爲名焉〔一〕。（《太平御覽》卷九百六十。又見《酉陽雜俎》前集卷十八。）

〔校記〕

〔一〕此二句，《酉陽雜俎》無。

嵩寺中，忽有思惟樹，即貝多也。有人坐貝多樹下思惟，因以名焉。漢道士從外國來，將子於山西脚下種，極高大。今有四樹，一年三花。（《齊民要術》卷十。）

漢有道士從外國將貝多子來，於嵩嶽西脚下種之，並立浮圖。今有四樹，與眾木有異，一年三花，花白色，其香甚佳。嵩山最是棲神靈藪也。東出一里，有自然五穀神芝仙藥，東脚下有眾果樹，云是漢果園。後有小山，名牛山，多香樹，昔有婦女妊身，三十月生子，五歲便入嵩高學道，通神明，爲母立祠，號開母祠。又有三臺山，漢武東巡過此山，見三學仙女，遂以爲名。又一石室，有自然經書飲食。室前石柱似承露盤，有石暗滴，下食之一合，與天地相畢。中頂南下二百步，亦有嶽廟，畫爲神像。有玉人高五寸，玉色光潤，相傳曰明公山人。或失之，經旬乃見。（《太平御覽》卷三十九。）

漢世有道士，從外國將具多子來於嵩高西脚上種有四樹，與眾木異，一年三花，白色香美。（《海錄碎事》卷二十二下。）

嵩高寺中有思惟樹，即貝多也。釋氏有《貝多樹下思惟經》。（《杜工部草堂詩箋》卷二十。）

月光童子

月光童子常在天台，亦來於此。（《初學記》卷五。）

鬼谷先生

鬼谷先生於嵩山東南學仙。（《白氏六帖事類集》卷二、《初學記》卷五。）

石室

少室山大巖中，有一石室，云有自然經書，自然飲食，室前有一石柱，像承露盤，上有石脂，滴滴流下，服之一合，壽與天地同畢。（《藝文類聚》卷六。）

上有石室，前有石柱，柱上有石脂滴下，人服一，合得仙。（《白氏六帖事類集》卷三。）

石屋

　　山下巖中有一〔一〕石室〔二〕，云有〔三〕自然經書〔四〕，自然飲食。(《水經注》卷四十。又見《北堂書鈔》卷一百四十二、《藝文類聚》卷六十四、《太平御覽》卷八百四十九。)

　　〔校記〕

　　〔一〕一，《藝文類聚》無。

　　〔二〕石室，《藝文類聚》作「石屋」。

　　〔三〕云有，《藝文類聚》作「中有」，《北堂書鈔》作「有」，《太平御覽》作「亦有」。

　　〔四〕自然經書，《北堂書鈔》無。

雲母井

　　少室山有雲母井，出雲母〔一〕。(《初學記》卷七。又見《藝文類聚》卷九、《太平御覽》卷一百八十九。)

　　〔校記〕

　　〔一〕此句，《藝文類聚》無。

開母祠

　　昔陽翟有婦人妊身，三十月乃生子，從母背上出。五歲便入北山學道，神明，爲母立祠，因號曰「開母祠」焉。(《太平御覽》卷三百六十一。)

銅銚器物

　　嵩山正是棲神之靈藪，長松綠柏，生於嶺澗左右，古人住止處有銅銚器物。東北出雲，有自然五穀，神芝仙藥。(《初學記》卷五。)

　　嵩山最是棲神之靈藪，長松綠栢，生於嶺間。(《五百家注昌黎文集》卷三。)

　　嶽左右有古人住處，銅銚器物猶存。(《太平御覽》卷七百五十七。)

千歲松

　　嵩高山〔一〕有大松樹〔二〕，或百歲，或〔三〕千歲，其精變爲青牛，〔四〕爲伏龜，採食其實，得長生。(《初學記》卷二十八。又見《藝文類聚》卷八十八、《太平御覽》卷九百五十三、《記纂淵海》卷九十五。)

　　〔校記〕

　　〔一〕嵩高山，《藝文類聚》作「嵩嶽」，《太平御覽》作「嵩高丘」，《記纂淵海》作「嵩山」。

　　〔二〕松樹，《藝文類聚》作「樹松」。

　　〔三〕或，《藝文類聚》、《太平御覽》、《記纂淵海》皆無。

　　〔四〕《藝文類聚》、《太平御覽》、《記纂淵海》此處有「或」字。

大松千歲〔一〕，其精化爲青牛，爲伏龜。（《全芳備祖》後集卷十四。又見《事文類聚》後集卷二十三。）

〔校記〕

〔一〕千歲，《事文類聚》作「千年」。

千歲松，或化爲伏龜。（《太平御覽》卷九百三十一。）

桃樹

魏文帝時，嵇叔夜、胡昭在此學，桃樹見在。（《太平御覽》卷九百六十七。）

杏

東北〔一〕有牛山，其山多杏，至五月爛然黃茂。自中國喪亂，百姓飢餓〔二〕，皆資此爲命，人人充飽〔三〕。（《齊民要術》卷四。又見《全芳備祖》後集卷五、《事類備要》別集卷四十一。）

〔校記〕

〔一〕東北，《全芳備祖》、《事類備要》作「嵩山」。

〔二〕餓，《全芳備祖》、《事類備要》作「饉」。

〔三〕《全芳備祖》、《事類備要》此處有「而杏不盡」句。

嵩山東北有牛山，其山多杏，至五月爛然黃茂。自中國喪亂，百姓饑饉，皆資此爲命。人人充飽，而杏不盡。（《藝文類聚》卷八十七、《太平御覽》卷九百六十八、《事類賦注》卷二十六。）

梨樹

東嶽脚上有梨樹，云是武帝果園，山中諸生皆取食之。（《太平御覽》卷九百六十九。）

麝香

有人在嶺上聞異聲，清和雅妙，尋不復聞。唯見一麝香在嶺上側足霍跳，忽失所在。（《太平御覽》卷九百八十一。）

神芝

山上神芝。（《文選·賦癸·情·洛神賦》李善注。）

人芝

嵩高山上有神芝。人芝者，狀似小兒。地芝者，辟方一尺，如黃金色，覆以五色雲，有神龍守之。食者可以遐年。（《太平御覽》卷九百八十六。）

松柏伏苓

取松柏伏苓二斤，醇酒漬之，和以白蜜，日三服，乃通靈。(《太平御覽》卷九百八十九。)

嵩高山

山高二千八百丈，周廻七十五里。(《玉海》卷九十八。)

侯山

漢有王彥者，隱於此山，景帝累徵不出，遂就而封侯，山因為名。後學道得成，至今指所住為王彥崖。(《太平寰宇記》卷五。)

覆釜堆

覆釜堆，亦名赴父堆，即緱嶺也。(《太平寰宇記》卷五。)

半馬澗

半馬澗，人或云百馬澗，亦曰拜馬澗，故老傳王子得仙而馬還，國人思之不見，乃拜其馬於此也。(《太平御覽》卷六十九。)

半馬澗，人或云百馬澗，亦曰拜馬澗。古老傳王子晉得仙而馬還，國人思之不見，乃拜其馬於此也。(《太平寰宇記》卷五。)

靈星塢

此塢有道士浮丘公，接太子晉登仙之所也。(《太平寰宇記》卷五。)

臨穎皋

嵩山東南三百里有龍脾，其地沃壤可居。(《太平寰宇記》卷七。)

懊來山

此山自蜀中來，與嵩山爭高而不勝，故云懊來。(《海錄碎事》卷三上。)

破舟

東北五方山上有一池，池內有破舟，云禹乘來者。(《北堂書鈔》卷一百三十七。)

嶽廟神像

嶽廟盡為神像，有玉人高五寸，五色甚光潤，製作亦佳，莫知早晚所造，蓋嶽神之像，相傳謂明公，山中人悉云屢常失之，或經旬乃見。(《初學記》卷五。)

嶽廟神像有玉人高五寸，五色光潤，製作亦佳，莫知所造，蓋嶽神之像，山中人云屢失之，或經旬乃見。（《北堂書鈔》卷一百六十。）

玉女臺

山有玉女臺，云漢武帝見三仙玉女，因以名臺。（《藝文類聚》卷六十二、《太平御覽》卷一百七十八。）

山有玉女臺，言漢武帝見，因以名臺。（《水經注》卷四十。）

山北有玉女三臺，漢武於此見三仙女，故名。（《編珠》卷一。）

獵師

有獵師在山，見浮圖奇妙異常，有金像，比來尋求，白霧忽起，不知寺處。（《太平御覽》卷十五。）

殿壇

漢武遊祭五嶽〔一〕，尊事靈星，遂移祠置嶽南郊〔二〕，〔三〕築作殿堂〔四〕，周迴立瓦屋，行種松柏，祠〔五〕前五百步臨大道，立兩石闕，極高大也。（《北堂書鈔》卷九十。又見《太平御覽》卷五百三十二。）

〔校記〕

〔一〕此句，《太平御覽》作「漢孝武遊登五嶽」。

〔二〕郊，《太平御覽》作「脚」。

〔三〕《太平御覽》此處有「上」字。

〔四〕堂，《太平御覽》作「壇」。

〔五〕祠，《太平御覽》無。

孝武遊登五嶽，尊祠靈星，移祠置嶽南，築作殿壇，立圓石闕。（《玉海》卷九十九。）

貝多

貝多葉似枇杷。（《太平廣記》卷四百零六。）

紫錦穴

碧羅亭北有紫錦穴，穴深數千丈，上生草倒懸，片段如席，視之，花紋如紫錦焉。（《東坡先生物類相感志》卷三。）

太室少室

嵩山有太室、少室二山。（《唐音》卷二。）

《大魏諸州記》　　佚名

　　《大魏諸州記》，《隋書·經籍志》言二十一卷，作者不詳。新、舊《唐志》不載。《初學記》、《太平御覽》等唐及北宋時書引數條，當其北宋時仍存世，南宋時書不見徵引，其應亡於兩宋之交。朱祖廷《北魏佚書考》，劉緯毅《漢唐地理總志鉤沉》皆輯此書。

細御席

　　鉅鹿廣阿澤，多葦，出細御席，多雲母。（《初學記》卷二十五。）

鯉魚

　　小平津有洞穴，鯉魚從穴中出入，大者重千斤。色青，皮如鮫魚皮。（《初學記》卷三十、《錦繡萬花谷》後集卷四十。）

鱣魚

　　每至三月中，有鱣魚從穴出，入河。重千斤，色青，皮如鮫魚，皮有珠文，口在頷下。（《初學記》卷三十。）

交讓樹

　　益州汶山郡平康縣界，東北接牂牁，有都安縣，有交讓樹，兩兩相對，歲更互枯互生，不俱盛。（《太平御覽》卷九百六十一。）

潞河

　　城西三十里有潞河，源出北山，南流謂此水也。（《太平寰宇記》卷六十九。此條，《寰宇記》言出《後魏諸州記》，當即《大魏諸州記》。）

《雒陽記》　　北魏陽衒之

　　陽衒之《雒陽記》，卷亡，史志不著錄，今所見僅《後漢書》李賢注引陽衒之《洛陽記》一條，楊衒之有《洛陽伽藍記》，此處所引「平昌門」條，行文格式亦與《洛陽伽藍記》相近，或以爲此處《洛陽記》，即《洛陽伽藍記》之簡稱。

平昌門

平昌門直南大道，東是明堂大道，西是靈臺也。(《後漢書‧桓譚馮衍列傳上》李賢等注、《玉海》卷九十五。)

《洛陽記》　　佚名

除陸機《洛陽記》、華延儁《洛陽記》、楊衒之《洛陽記》外，諸書所引又有不註明作者的《洛陽記》一條，其有涉及北魏時事者。《新唐書‧藝文志》又載佚名《後魏洛陽記》一卷，不知二者是否爲一書。茲將諸書所引佚名《洛陽記》單列於下，另作一種。

石溝

天淵南有石溝，御溝水也。(《文選‧鼓吹曲》李善注。)

南宮殿

南宮有崇德殿、太極殿，〔一〕西有金商門。(《後漢書‧蔡邕列傳》李賢等注。又見《資治通鑑補》卷五十七。)

〔校記〕

〔一〕《資治通鑑補》此處有「殿」字。

比丘惠凝

元魏時，洛中崇眞寺有比丘惠凝死七日還活，云：「閻羅王檢閱，以錯名放免。」惠凝具說過去之事，有比丘五人同閱。一比丘云：寶明寺智聖，以坐禪苦行，得升天堂。有一比丘是般若寺道品，以誦《涅槃經》四十卷，亦升天堂。有一比丘云是融覺寺曇謨最，講《涅槃》、《華嚴》，領眾千人。閻羅王曰：「講經者，心懷彼我，以驕淩物，比丘中第一粗行。今唯試坐禪誦經，不問講經。」其曇謨最曰：「貧身立道已來，唯好講經，實不諳誦。」閻羅王令付司，即有青衣十人，送曇謨最向西北門，屋舍皆黑，似非好處。有一比丘云是禪林寺道弘，自云：「教化四輩檀越，造一切經人中像十軀。」閻羅王曰：「沙門之體，必須攝心守道，志在禪誦。不干世事，不作有爲。雖造作經

像，正欲得他人財物，既得財物，貪心既起。便是三毒不出，具足煩惱。」亦付司，仍與曇謨最同入黑門。有一比丘云是靈覺寺寶明，自云：「出家之先，常作隴西太守。造靈覺寺成，即棄官入道。雖不禪誦，禮拜不缺。」閻羅王曰：「卿作太守之日，曲理枉法，劫奪民財，假作此寺，非卿之力，何勞說此。」亦付青衣送入黑門。時魏太后聞之，遣黃門侍郎徐紇依惠凝所說即訪寶明等寺。城東有寶明寺、城中有般若寺、城西有融覺、禪林、靈覺等三寺。並問智聖、道品、曇謨最、道弘、寶明等，皆實有之。即請坐禪僧一百人，常在殿中供養之。詔不聽持經像在巷路乞索，若私用財物造經像者任意。惠凝亦入白鹿山，隱居修道。自此以後，京邑之比丘皆事禪誦，不復以講經爲意。(《太平廣記》卷九十九。按：「元魏」即北魏，故此條當成書於北魏或北魏後。)

金市

陵雲臺西有金市，金市北對洛陽壘者也。(《水經注》卷十六。)

闕塞山

闕塞山在河南縣。(《太平御覽》卷四十二、《九家集註杜詩》卷一。)

洛陽宮

洛陽宮有桃間堂皇、杏間堂皇、梂間堂皇、竹間堂皇、李間堂皇、魚梁堂皇、醴泉堂皇、百戲堂皇。〔一〕(《太平御覽》卷一百七十六。又見《河南志》卷二。)

〔校記〕

〔一〕間，《河南志》皆作「閑」；「百戲堂皇」下，《河南志》有「水碓堂皇、擇果堂皇」句。

蒙汜

宮牆西有兩銅井連御溝，名曰蒙汜。(《太平御覽》卷一百八十九、《河南志》卷二。)

淩雲臺

淩雲臺，高十三丈，鑄五龍飛鳳凰焉。(《編珠》卷二。)

清暑殿

洛陽有清暑殿。(《編珠》卷二。)

神龜負文

禹時，有神龜於洛水負文，列於背以受禹。文即治水文也。（《太平御覽》卷九百三十一。）

偃月山

山形似偃月，因以名之。（《太平寰宇記》卷七。）

荊山玉

荊山出玉，齊武帝於此採玉，其下即漢潁川郡地。（《太平寰宇記》卷七。）

杏山

仙人劉根隱於此山。（《太平寰宇記》卷七。此條，《類要》卷四亦引，作「道士劉根隱於此」。）

康城

夏少康故邑也。（《太平寰宇記》卷七。）

桑梓苑

廣武城西四里有桑梓苑。（《太平寰宇記》卷九、《類要》卷四。）

宣陽門

南面有四門，從東第三門也。是則小苑，亦名宣陽〔一〕。（《河南志》卷二。又見《後漢書·董卓列傳》李賢等注。）

〔校記〕

〔一〕此句，《後漢書》注亦無。

百尺樓

洛陽城內西北角〔一〕金墉城，東北角有樓高百尺，魏文帝造。（《初學記》卷二十四。又見《太平御覽》卷一百七十六。）

〔校記〕

〔一〕此處，《太平御覽》有「有」字。

洛陽城內西北隅有百尺樓，文帝造。（《河南志》卷二。）

虎牢

虎牢在西關之內，在成皋關之北。（《類要》卷四。）

都亭

洛陽山中都亭堂皇，大小屋五十間；植五果木竹柏之屬，有五千七百二十九株。（《初學記》卷二十四。）

存疑

長生樹

明光殿前，有長生木樹二株〔一〕。（《太平御覽》卷九百五十九。又見《事類賦注》卷二十四。此條，《藝文類聚》卷八十九言出《洛陽宮殿簿》。）

〔校記〕

〔一〕長生木樹，《事類賦》作「長生樹」。

王肅

工肅初入國，不食羊肉及酪等，嘗飯鯽魚羹〔一〕。（《事類賦注》卷二十九。又見《類要》卷二十八。此條，爲《洛陽伽藍記》文。《事類賦注》、《類要》皆言爲《洛陽記》。此條當爲《事類賦注》作者引用時將《洛陽伽藍記》寫作《洛陽記》所致。）

〔校記〕

〔一〕此句，《類要》無。

《行記》　北魏宋雲

宋雲，敦煌（今屬甘肅）人。《魏書·釋老志》稱北魏孝明帝熙平元年（516 年），「詔遣沙門惠生使西域採諸經律」，神龜元年（518），惠生、宋雲等啓程，正光元年（522 年），二人回國。帶回大乘佛經一百七十部。宋雲出使西域事，今保存較完整者爲《洛陽伽藍記》。《洛陽伽藍記》卷五所記宋雲出使西域事主要依據宋雲《家記》以及《道榮傳》。新、舊《唐書》載有宋雲《魏國已西十一國事》一卷，其與宋雲《家記》應爲一書。今按約定俗成之稱，稱爲《宋雲行記》。道榮，北魏時沙門，生卒年、里籍皆不詳。北魏太武帝末年，嘗從疏勒道入天竺，經懸度到僧迦施國。後從故道返，並著《行傳》一卷。是書史志不見著錄，《洛陽伽藍記》引數條。《洛陽伽藍記》卷五所錄《宋雲行記》中亦雜有《道榮傳》數條，爲保持文章完整性，此數條《道榮傳》不再單獨析出。余太山《早期絲綢之路文獻研

究》有《宋雲行記要注》。其爲《宋雲行記》作注，重點突出宋雲等西使所經路線。

聞義里有敦煌人宋雲宅，雲與惠生俱使西域也。

神龜元年十一月冬，太后遣崇立寺比丘惠生向西域取經，凡得一百七十部，皆是大乘妙典。

初發京師，西行四十日至赤嶺，即國之西疆也。皇魏關防正在於此。

赤嶺者，不生草木，因以爲名。其山有鳥鼠同穴，異種共類，鳥雄鼠雌，共爲陰陽，即所謂鳥鼠同穴。

發赤嶺西行二十三日，渡流沙至吐谷渾國。路中甚寒，多饒風雪，飛沙走礫，舉目皆滿。唯吐谷渾城左右煖於餘處。其國有文字，況同魏。風俗政治，多爲夷法。

從吐谷渾西行三千五百里至鄯善城。其城自立王，爲吐谷渾所吞，今城內是吐谷渾第二息寧西將軍。總部落三千以禦西胡。

從鄯善西行一千六百四十里至左末城。城中居民，可有百家，土地無雨，決水種麥，不知用牛，耒耜而田。城中圖佛與菩薩，乃無胡貌。訪古老，云是呂光伐胡所作。

從左末城西行一千二百七十五里至末城。城傍花果似洛陽，唯土屋平頭爲異也。

從末城西行二十二里至捍麿城。南十五里有一大寺，三百餘眾僧。有金像一軀，舉高丈六，儀容超絕，相好炳然，面恒東立，不肯西顧。父老傳云：「此像本從南方騰空而來，于闐國王親見禮拜，載像歸，中路夜宿，忽然不見，遣人尋之，還來本處。」即起塔，封四百戶供灑掃。戶人有患，以金箔貼像，所患處即得陰愈。後人於像邊造丈六像及諸像塔，乃至數千，懸綵幡蓋，亦有萬計，魏國之幡過半矣。幡上隸書，多云太和十九年、景明二年、延昌二年。唯有一幡，觀其年號，是姚秦時幡。

從捍麿城西行八百七十八里至于闐國。王頭著金冠，似雞幘，頭後垂二尺生絹，廣五寸，以爲飾。威儀有鼓角金鉦，弓箭一具，戟二枝，槊五張。左右帶刀不過百人。其俗婦人袴衫束帶，乘馬馳走，與丈夫無異。死者以火焚燒，收骨葬之，上起浮圖。居喪者翦髮劈面爲哀戚。髮長四寸，即就平常。唯王死不燒，置之棺中，遠葬於野，立廟祭祀，以時思之。

　　于闐王不信佛法。有商將一比丘名毗盧旃在城南杏樹下，向王伏罪云：「今輒將異國沙門來，在城南杏樹下。」王聞忽怒，即往看毗盧旃。旃語王曰：「如來遣我來，令王造覆盆浮圖一軀，使王祚永隆。」王言：「令我見佛，當即從命。」毗盧旃鳴鐘告佛，即遣羅睺羅變形爲佛，從空而現眞容。王五體投地。即於杏樹下置立寺舍，畫作羅睺羅像；忽然自滅。于闐王更作精舍籠之。令覆瓮之影恒出屋外，見之者無不回向。其中有辟支佛靴，於今不爛。非皮非繒，莫能審之。

　　案于闐境東西不過三千餘里。

　　神龜二年七月二十九日入朱駒波國。人民山居，五穀甚豐，食則麨麥，不立屠煞。食肉者以自死肉。風俗言音，與于闐相似，文字與波羅門同。

　　其國疆界，可五日行遍。

　　八月初入漢盤陀國界。西行六月登葱嶺山，復西行三日至鉢盂城，三日至不可依山。其處甚寒，冬夏積雪，山中有池，毒龍居之。昔有商人止宿池側，值龍忿怒，咒煞商人。盤陀王聞之，捨位與子；向烏塲國學婆羅門咒，四年之中，盡得其術。還復王位，復咒池龍，龍變爲人，悔過向王。即徙之葱嶺山，去此池二千餘里。今日國王十三世祖。

　　自此以西，山路欹側，長坂千里，懸崖萬仞，極天之阻，實在於斯。太行孟門，匹茲非險；崤關隴坂，方此則夷。自發葱嶺，步步漸高，如此四日，乃得至嶺，依約中下，實半天矣。漢盤陀國正在山頂。

　　自葱嶺已西，水皆西流，世人云是天地之中。人民決水以種，聞中國田待雨而種，笑曰：「天何由可共期也？」城東有孟津河，東北流向沙勒。葱嶺高峻，不生草木，是時八月，天氣已冷。北風驅雁，飛雪千里。

　　九月中旬入鉢和國。高山深谷，嶮道如常。國王所住，因山爲城。人民服飾，惟有氈衣。地土甚寒，窟穴而居。風雪勁切，人畜相依。國之南界，有大雪山，朝融夕結，望若玉峰。

　　十月之初至嚈噠國。土田庶衍，山澤彌望，居無城郭，游軍而治。以氈爲屋，隨逐水草。夏則隨涼，冬則就溫。鄉土不識文字，禮教俱闕。陰陽轉運，莫知其度。年無盈閏，月無大小，用十二月爲一歲。受諸國貢獻，南至牒羅，北書敕懃，東被于闐，西及波斯；四十餘國，皆來朝賀。王張大氈帳，方四十步，周迴以氈絋爲壁。王著錦衣，坐金牀，以四金鳳凰爲牀脚。見大魏使人，再拜跪受詔書。至於設會，一人唱，則客前；後唱，則罷會。唯有此法，不見音樂。

嚈噠國王妃，亦著錦衣，垂地三尺，使人擎之。頭帶一角，長八尺，奇長三尺，以玫瑰五色裝飾其上。王妃出則輿之，入坐金牀。以六牙白象四獅子爲牀。自餘大臣，妻皆隨傘。頭亦似有角，團圓垂下，狀似寶蓋。觀其貴賤，亦有服章。

四夷之中，最爲強大。不信佛法，多事外神。煞生血食，器用七寶。諸國奉獻，甚饒珍異。

按嚈噠國去京師二萬餘里。

十一月初入波斯國。境土甚狹，七日行過。人民山居，資業窮煎。風俗凶慢，見王無禮。國王出入，從者數人。其國有水，昔日甚淺，後山崩截流，變爲二池。毒龍居之，多有災異。夏喜暴雨，冬則積雪；行人由之，多致難艱。雪有白光，照耀人眼；令人閉目，茫然無見。祭祀龍王，然後平復。

十一月中旬入賒彌國。此國漸出葱嶺，土田嶢崅，民多貧困。峻路危道，人馬僅通，一直一道。從鉢盧勒國向烏場國，鐵鎖爲橋，縣虛爲渡，下不見底，旁無挽捉；倏忽之間，投軀萬仞；是以行者望風謝路耳。

十二月初入烏場國，北接葱嶺，南連天竺，土氣和暖，地方數千。民物殷阜，匹臨淄之神州；原田膴膴，等咸陽之上土。鞞羅施兒之所，薩埵投身之地。舊俗雖遠，土風猶存。國王精進，菜食長齋，晨夜禮佛，擊鼓吹貝，琵琶箜篌，笙簫備有。日中已後，始治國事。假有死罪，不立煞刑，唯徙空山，任其飲啄。事涉疑似，以藥服之。清濁則驗；隨事輕重，當時即決。土地肥美，人物豐饒，百穀盡登，五果繁熟。夜聞鐘聲，遍滿世界。土饒異花，冬夏相接，道俗採之，上佛供養。

國王見宋雲云：「大魏使來，膜拜受詔書。」聞太后崇奉佛法，即面東合掌，遙心頂禮。遣解魏語人問宋雲曰：「卿是日出人也？」宋雲答曰：「我國東界有大海水，日出其中，實如來旨。」王又問曰：「彼國出聖人否？」宋雲具說周孔莊老之德，次序蓬萊山上銀闕金堂，神僊聖人，並在其上。說管輅善卜，華陀治病，左慈方術。如此之事，分別說之。王曰：「若如卿言，即是佛國。我當命終，願生彼國。」

宋雲於是與惠生出城外，尋如來教跡。水東有佛晒衣處。初，如來在烏場國行化，龍王瞋怒，興大風雨，佛僧迦梨，表裏通濕。雨止，佛在石下，東面而坐，晒袈裟。年歲雖久，彪炳若新；非直條縫明見，至於細縷亦彰。乍往觀之，如似未徹；假令刮削，其文轉明。佛坐處及晒衣所，並有塔記。

水西有池，龍王居之。池邊有一寺，五十餘僧。龍王每作神變，國王祈請，以金玉珍寶投之池中。在後涌出，令僧取之。此寺衣食，待龍而濟。世人名曰「龍王寺」。

王城北八十里，有如來履石之跡，起塔籠之。履石之處，若水踐泥，量之不定，或長或短。今立寺，可七十餘僧。塔南二十步有泉石。佛本清淨，嚼楊枝植地即生。今成大樹，胡名曰婆樓。

城北有陀羅寺，佛事最多。浮圖高大，僧房逼側。周匝金像六千軀，王年常大會，皆在此寺；國內沙門，咸來雲集。宋雲惠生見彼比丘戒行精苦，觀其風範，特加恭敬；遂捨奴婢二人，以供灑掃。

去王城東南山行八日，如來苦行投身餓虎之處。高山籠嵸，危岫入雲，嘉木靈芝，叢生其上。林泉婉麗，花綵曜目。宋雲與惠生割捨行資，於山頂造浮圖一所，刻石隸書，銘魏功德。山有收骨寺，三百餘僧。

王城南一百餘里，有如來昔在摩休國剝皮為紙，拆骨為筆處。阿育王起塔籠之，舉高十丈。拆骨之處，髓流著石，觀其脂色，肥膩若新。

王城西南五百里有善持山，甘泉美果，見於經記。山谷和暖，草木冬青。當時太簇御辰，溫風已扇。鳥鳴春樹，蝶舞花叢。宋雲遠在絕域，因矚此芳景，歸懷之思，獨軫中腸；遂動舊疹，纏綿經月。得婆羅門咒，然後平善。

山頂東南有太子石室，一口兩房，太子室前十步，有大方石，云太子常坐其上，阿育王起塔記之。塔南一里，太子草菴處。去塔一里，東北下山五十步，有太子男女遶樹不去；婆羅門以杖鞭之，流血灑地處，其樹猶存。灑血之地，今為泉水。室西三里，天帝釋化為師子，當路蹲坐，遮嫚妊之處。石上毛尾爪跡，今悉炳然。阿周陀窟及門子供養盲父母處，皆有塔記。

山中有昔五百羅漢牀，南北兩行，相向坐處，其次第相對。有大寺，僧徒二百人。太子所食泉水北有寺，恒以驢數頭運糧上山，無人驅逐，自然往還；寅發午至，每及中餐。此是護塔神渥婆僊使之然。

此寺昔日有沙彌，常除灰，目入神定；維那輓之，不覺皮連骨離。渥婆僊代沙彌除灰處，國王與渥婆僊立廟，圖其形像，以金傅之。

隔山嶺有婆軒寺，夜義所造，僧徒八十人；云羅漢夜義常來供養，灑掃取薪，凡俗比丘，不得在寺。大魏沙門道榮至此禮拜而去，不敢留停。

至正光元年四月中旬入乾陀羅國。土地亦與烏塲國相似，本名業波羅國，為嚈噠所滅，遂立勑懃為王。治國以來，已經二世；立性凶暴，多行煞戮，

不信佛法，好祀鬼神。國中人民，悉是婆羅門種，崇奉佛教，好讀經典，忽得此王，深非情願。自恃勇力，與罽賓爭境。連兵戰鬭，已歷三年。王有鬭象七百頭，一負十人，手持刀楯，象鼻縛刀，與敵相擊。王常停境上，終日不歸。師老民勞，百姓嗟怨。

宋雲詣軍通詔書，王凶慢無禮，坐受詔書。宋雲見其遠夷不可制，任其倨傲，莫能責之。王遣傳事謂宋雲曰：「卿涉諸國，經過險路，得無勞苦也？」宋雲答曰：「我皇帝深味大乘，遠求經典，道路雖險，未敢言疲；大王親總三軍，遠臨邊境，寒暑驟移，不無頓弊？」王答曰：「不能降服小國，愧卿此問。」宋雲初謂王是夷人，不可以禮責，任其坐受詔書；及親往復，乃有人情；遂責之曰：「山有高下，水有大小，人處世間，亦有尊卑；嚈噠、烏場王並拜受詔書，大王何獨不拜？」王答曰：「我見魏主則拜；得書坐讀，有何可怪？世人得父母書，猶自坐讀；大魏如我父母，我一坐讀書，於理無失。」雲無以屈之，遂將雲至一寺，供給甚薄。時跋提國送獅子兒兩頭與乾陀羅王，雲等見之，觀其意氣雄猛，中國所畫，莫參其儀。

於是西行五日，至如來捨頭施人處。亦有塔寺，二十餘僧。復西行三月（日），至辛頭大河。河西岸上有如來作摩竭大魚從河而出。十二年中，以肉濟人處，起塔爲記。石上猶有魚鱗紋。

復西行（十）三日，至佛沙伏城，川原沃壤，城郭端直，民戶殷多，林泉茂盛，土饒珍寶，風俗淳善。其城內外，凡有古寺，名僧德眾，道行高奇。城北一里有白象宮。寺內佛事，皆是石像，裝嚴極麗，頭數甚多，通身金箔，眩耀人目。寺前繫白象樹，此寺之興，實由茲焉。花葉似棗，季冬始熟。父老傳云：「此樹滅，佛法亦滅。」寺內圖太子夫妻以男女乞婆羅門像，胡人見之，莫不悲泣。

復西行一日至如來挑眼施人處亦有塔寺，寺石上有迦葉佛跡。

復西行一日，乘船渡一深水，三百餘步。復西南行六十里，至乾陀羅城。

東南七里有雀離浮圖。《道榮傳》云：「城東四里。」推其本源，乃是如來在世之時，與弟子遊化此土，指城東曰：「我入涅槃後二百年，有國王名迦尼色迦，此處起浮圖。」佛入涅槃後二百年來，果有國王字迦尼色迦，出遊城東，見四童子累牛糞爲塔。可高三尺，俄然即失。《道榮傳》云：「童子在虛空中，向王說偈。」王怪此童子，即作塔籠之。糞塔漸高，挺出於外，去地四百尺然後止。王始更廣塔基三百餘步。《道榮傳》云：「三百九

十步。」從此構木，始得齊等。《道榮傳》云：「其高三丈，悉用文木爲陛，階砌櫨拱，上構眾木，凡十三級。」上有鐵柱高三尺，金槃十三重，合去地七百尺。《道榮傳》云：「鐵柱八十八尺，八十圍，金盤十五重，去地六十三丈二尺。」施功既訖，糞塔如初。在大塔南三百步。婆羅門不信是糞，以手探看，遂作一孔。年歲雖久，糞猶不爛，以香泥塡孔，不可充滿。今有天宮籠蓋之。

雀離浮圖自作以來，三經天火所燒，國王修之，還復如故。父老云：「此浮圖天火七燒，佛法當滅。」

《道榮傳》云：「王修浮圖，木工既訖，猶有鐵柱，無有能上者。」王於四角起大高樓，多置金銀及諸寶物；王與夫人及諸王子，悉在上燒香散花，至心精神，然後轆轤絞索，一舉便到。故胡人皆云：「四天王助之。若其不爾，實非人力所舉。」

塔內佛事，悉是金玉，千變萬化，難得而稱。旭日始開，則金盤晃朗；微風漸發，則寶鐸和鳴。

此塔初成，用珍珠爲羅網，覆於其上。後數年，王乃思量，此珠網價直萬金，我崩之後，恐人侵奪；復慮大塔破壞，無人修補；即解珠網，以銅鑊盛之，在塔西北一百步，掘地埋之。上種樹，樹名菩提，枝條四布，密葉蔽天。樹下四面坐像，各高丈五，恒有四龍典掌此珠。若興心欲取，則有禍變。刻石爲銘，囑語將來：「若此塔壞，勞煩後賢，出珠修治。」

雀離浮圖南五十步，有一石塔，其形正圓，高二丈，甚有神變，能與世人表吉凶。以指觸之，若吉者，金鈴鳴應；若凶者，假令人搖撼，亦不肯鳴。惠生既在遠國，恐不吉反，遂禮神塔，乞求一驗。於是以指觸之，鈴即鳴應。得此驗，用慰私心。後果得吉反。

惠生初發京師之日，皇太后勑付五色百尺幡千口，錦香袋五百枚，王公卿士幡二千口。惠生從于闐至乾陀羅，所有佛事處，悉皆流布，至此頓盡，惟留太后百尺幡一口，擬奉尸毗王塔。

宋雲以奴婢二人奉雀離浮圖，永充灑掃。惠生遂減割行資，妙簡良匠，以銅摹寫雀離浮屠儀一軀，及釋迦四塔變。

於是西北行七日，渡一大水，至如來爲尸昆王救鴿之處，亦起塔寺。昔尸毗王倉庫爲火所燒，其中粳米燋然，至今猶在。若服一粒，永無癉患。彼國人民，須禁日取之。

《道榮傳》云：至那迦羅阿國，有佛頂骨，方圓四寸，黃白色，下有孔，受人手指，閃然似仰蜂窠。至耆賀濫寺，有佛袈裟十三條，以尺量之，或短或長。復有佛錫杖，長丈七，以水筍盛之，金箔貼其上。此杖輕重不定，值有重時，百人不舉；值有輕時，二人勝之。那竭城中有佛牙佛髮，並作寶函盛之，朝夕供養。至瞿波羅窟見佛影。入山窟十五步，西面向戶遙望，則眾相炳然；近看瞑然不見；以手摩之，唯有石壁；漸漸却行，始見其相。容顏挺特，世所希有。窟前有方石，石上有佛跡。窟西南百步，有佛浣衣處。窟北一里有目連窟。窟北有山，山下有六佛手，作浮圖，高十丈。云此浮圖陷入地，佛法當滅。并爲七塔。七塔南石銘，云如來手書。胡字分明，於今可識焉。衙之按惠生《行記》事多不盡錄，今依《道榮傳》、宋雲《家記》故並載之，以備缺文。（《洛陽伽藍記》卷五。）

《行傳》　北魏惠生

惠生，生卒年、里籍不詳。惠生，北魏時人，熙平中，肅宗遣王伏子統宋雲、沙門法力等使西域訪求佛經，時有沙門慧生者，亦與俱行，正光中還，撰有《惠生行傳》，《隋書·經籍志》言《惠生行傳》一卷，新、舊《唐書》不載。其又名《北魏僧惠生使西域記》、《惠生使西域傳》。《魏書·西域傳》言「慧生所經諸國不能知其本末，及山川里數，蓋舉其略」，並下附朱居國、渴槃陀國等諸國事，或以爲是其《行傳》之概，茲列於下。

熙平中，肅宗遣王伏子統宋雲、沙門法力等使西域訪求佛經。時有沙門慧生者亦與俱行，正光中還。慧生所經諸國，不能知其本末及山川里數，蓋舉其略云。

朱居國，在于闐西。其人山居。有麥，多林果。咸事佛。語與于闐相類。役屬嚈噠。

渴槃陀國，在葱嶺東，朱駒波西。河經其國，東北流。有高山，夏積霜雪。亦事佛道。附於嚈噠。

鉢和國，在渴槃阤西。其土尤寒，人畜同居，穴地而處。又有大雪山，望若銀峰。其人唯食餅麨，飲麥酒，服氈裘。有二道，一道西行向嚈噠，一道西南趣烏萇，亦爲嚈噠所統。

波知國，在鉢和西南。土狹人貧，依託山谷，其王不能總攝。有三池，傳云大池有龍王，次者有龍婦，小者有龍子，行人經之，設祭乃得過；不祭多遇風雪之困。

賒彌國，在波知之南。山居。不信佛法，專事諸神。亦附嚈噠。東有鉢盧勒國，路嶮，緣鐵鎖而度，下不見底。熙平中，宋雲等竟不能達。

烏萇國，在賒彌南。北有葱嶺，南至天竺。婆羅門胡爲其上族。婆羅門多解天文吉凶之數，其王動則訪決焉。土多林果，引水灌田，豐稻、麥。事佛，多諸寺塔，事極華麗。人有爭訴，服之以藥，曲者發狂，直者無恙。爲法不殺，犯死罪唯徙於靈山。西南有檀特山，山上立寺，以驢數頭運食，山下無人控御，自知往來也。

乾陀國，在烏萇西，本名業波，爲嚈噠所破，因改焉。其王本是敕勒，臨國已二世矣。好征戰，與罽賓鬭，三年不罷，人怨苦之。有鬭象七百頭，十人乘一象，皆執兵仗，象鼻縛刀以戰。所都城東南七里有佛塔，高七十丈，周三百步，即所謂「雀離佛圖」也。（《魏書·西域傳》）

康國者，康居之後也。遷徙無常，不恒故地，自漢以來，相承不絕。其王本姓溫，月氏人也。舊居祁連山北昭武城，因被匈奴所破，西踰葱嶺，遂有其國。枝庶各分王，故康國左右諸國，並以昭武爲姓，示不忘本也。王字世夫畢，爲人寬厚，甚得眾心。其妻突厥達度可汗女也。都於薩寶水上阿祿迪城，多人居。大臣三人共掌國事。其王索髮，冠七寶金花，衣綾、羅、錦、繡、白疊；其妻有髻，幪以皂巾。丈夫翦髮，錦袍。名爲強國，西域諸國多歸之。米國、史國、曹國、何國、安國、小安國、那色波國、烏那曷國、穆國皆歸附之。有胡律，置於袄祠，將決罰，則取而斷之。重者族，次罪者死，賊盜截其足。人皆深目、高鼻、多鬚。善商賈，諸夷交易多湊其國。有大小鼓、琵琶、五弦箜篌。婚姻喪制與突厥同。國立祖廟，以六月祭之，諸國皆助祭。奉佛爲胡書，氣候溫，宜五穀，勤修園蔬，樹木滋茂。出馬、駞、驢、犎牛、黃金、碙沙、䑸香、阿薛那香、瑟瑟、氍皮、氈毦、錦、疊。多蒲萄酒，富家或致十石，連年不敗。太延中，始遣使貢方物，後遂絕焉。（《魏書·西域傳》。）

《宗國都城記》　　徐才

　　徐才《宗國都城記》，卷亡，史志不載，《隋書·經籍志》有《國都城記》二卷，不著撰人，不知是否即徐才《宗國都城記》。是書各條目多出《史記》正義，朱熹《通鑑綱目》引一條，條目與《史記》正義所引不同，或是書南宋時仍存。《太平寰宇記》引《魯國都紀》一條，應即《魯國都城紀》。劉緯毅《漢唐地理總志鈎沉》）一書認爲徐才即「徐之才」，徐之才，《北齊書》、《魏書》皆有傳。丹陽（今江蘇江寧）人，初仕梁，後隨蕭綜入魏。《北齊書》、《魏書》並未言徐之才撰《宗國都城記》，茲存疑。

唐國

　　唐國，帝堯之裔子所封。其北，帝夏禹都，漢曰太原郡，在古冀州太行恒山之西，其南有晉水。（《史記·五帝本紀》張守節正義。）

唐國

　　唐國，帝堯之裔子所封。《春秋》云：『夏孔甲時有堯苗胄劉累者，以豢龍事孔甲，夏后嘉之，賜曰御龍氏，以更豕韋之後。龍一雌死，潛醢之以食夏后。既而使求之，懼而遷於魯縣。』夏后蓋別封劉累之後於夏之墟，爲唐候。至周成王時，唐人作亂，成王滅之而封太叔，遷唐人子孫於杜，謂之杜伯，范氏所云在周爲唐杜氏也。（《史記·鄭世家》張守節正義。）

　　唐國，帝堯之裔子所封也。（《太平寰宇記》卷四十七。此條，《寰宇記》言出《都城記》。）

高丘

　　此城中高丘，即古之陶丘。（《史記·夏本紀》張守節正義。）

燕

　　周武王封召公奭於燕，地在燕山之野，故國取名焉。（《史記·周本紀》張守節正義。）

　　地在燕山之野，故國取名焉。（《通鑑地理通釋》卷四、《詩地理考》卷四。）

晉水

唐叔虞之子燮父徙居晉水傍。(《史記·晉世家》張守節正義。)

燮父徙居晉水傍，唐城即燮父初徙之處。(《詩地理考》卷二。)

獲麟堆

鉅野故城東十里澤中有土臺，廣輪四五十步，俗云獲麟堆，去魯城可三百餘里。(《史記·孔子世家》張守節正義。)

太原

太原在古冀州太行恒山西。舍人弟、舍人親近左右之通稱也。其弟謝公著嘗獲罪於韓信，信欲殺之，辟左右。(《通鑑綱目》卷三上。)

延鄉

衛地之延鄉，漢高祖與項籍戰敗遇翟母免難之處。後以延鄉爲封丘縣，以封翟母。(《太平寰宇記》卷一。)

衛之延鄉，高祖以爲封丘，封翟母。(《路史》卷二十四。)

封丘，衛地，故燕之延鄉也。高祖與項羽戰於延鄉，有翟母免其難，故以延鄉封翟母焉。(《太平御覽》卷一百五十八。此條，《太平御覽》言出《國都記》。)

《國都城記》　佚名

除徐才《宗國都城記》，《隋書·經籍志》載有《國都城記》二卷，不著撰人；《新唐書·藝文志》載有《十國都城記》十卷，周明帝《國都城記》九卷。另外，《初學記》卷八又引皇甫謐《國都城記》一條。以下數條《國都城記》，各書所引皆不注明作者，茲將其單列，另作一種。《國都城記》，各書所引有作《國都記》者，亦有作《都城記》者。

耿

耿，嬴姓國也。(《史記·秦本紀》張守節正義。)

梁伯國

梁伯國，嬴姓之後，與秦同祖。秦穆公二十二年滅之。（《史記·秦本紀》張守節正義。）

戴水

縣西南有戴水，今名戴陂，周迴可百餘里，蓋本戴國，取此陂水爲名也。（《元和郡縣志》卷十二。）

考城西南有戴水，今戴陂、戴國。（《路史》卷二十七。）

孔子學堂

魯城北有孔子學堂。（《初學記》卷二十四。）

濟堤

自復通汴渠已來，舊濟遂絕，今濟陰定陶城南，唯有濟堤及枯河而已，皆無水。（《太平寰宇記》卷十三。）

南北兩部

文王庶子所封。（《太平寰宇記》卷十四。）

徐城縣

伯益之後。伯益有二子，大曰大廉，封鳴俗氏，秦其後也。小曰若水，別爲費氏，居南裔爲諸侯。至夏氏末，其君費昌去夏歸商，佐湯伐桀有功，入爲卿士，以其本國爲畿內之坏地。而湯更封費子之庶子於淮泗之間徐地，以奉伯益之祀，覆命爲伯，使主淮夷。至成王即位，封伯禽於魯，徐子率淮泗之夷並叛。即《書序》云：「魯公宅曲阜，徐夷並興，東郊不開。」當是時，成王以徐戎之屬，錫之山川，土田附庸。又曰：「保有鳧嶧。」遂荒徐宅。至穆王末，徐君偃有德，好仁義，東夷之國歸之者四十餘國。穆王西巡，聞徐君威德日遠，乘八駿之馬，使造父御之，更遣楚師襲其不備，大破之，殺偃王。其子遂北徙彭城武原東山之下，百姓赴之者萬數，因名其所依山曰徐山，即此地也。（《太平寰宇記》卷十六。）

周穆王末，徐君偃好行仁義，東夷歸之者四十餘國，穆王西巡，聞徐君威德日遠，遣楚襲其不備，大破之，殺偃王，其子遂北徙彭城，百姓從之者數萬。徐國，今徐城是也。（《太平御覽》卷一百六十。）

穆王西巡，聞其威德日遠，遣楚師襲破，殺王偃。(《路史》卷十六。)

豳國

豳國者，后稷之曾孫曰公劉，始都焉。(《太平寰宇記》卷三十四。)

燕地

燕地北逼山戎〔一〕，《莊公三十年》〔二〕公及齊侯遇於魯〔三〕濟，謀山戎，以其病燕故〔四〕也。(《太平寰宇記》卷六十九。又見《路史》卷二十九。)

〔校記〕

〔一〕此句，《路史》作「燕北通山戎」。

〔二〕年，《路史》無。

〔三〕魯，《路史》無。

〔四〕故，《路史》無。

褒國

褒國姒姓，夏同姓所封。(《詩地理考》卷三。)

豕韋氏

豕韋氏，彭姓之國，祝融之後、陸終第三子翦封於彭。(《太平寰宇記》卷九。)

豕韋氏，彭姓國，祝融後，陸終第三子曰翦，封於彭。(《路史》卷十七。)

昆吾

魯衛間戎，爲昆吾之後，已氏、格氏、戎氏、允戎氏、戎州事，皆允類也。(《路史》卷十六。)

亳城

湯居亳，今濟陰東南亳城是也。(《太平寰宇記》卷二。)

二亳

濟陰界梁國有二亳：南亳，穀熟城；北亳，在蒙城西北，屬睢陽郡。(《太平寰宇記》卷十二。此條，清文淵閣四庫全書補配古逸叢書本《太平寰宇記》言出《都城記》，金陵書局本《寰宇記》則言此條出《城冢記》。)

《西征記》 隋盧思道

盧思道（534-586），字子行，范陽（今河北涿縣）人。《隋書》卷五十七有傳。盧思道北齊文宣帝時被薦入朝，爲司空行參軍兼員外散騎侍郎直中書省。歷太子舍人、司徒、錄事參軍、京畿主簿、主客郎，給事黃門侍郎，待詔文林館，周武帝平齊，授儀同三司。後除掌教上士，高祖爲丞相，遷武陽太守。盧思道有《孤鴻賦》一篇，見《隋書》本傳。另有《知己傳》一卷，集三十卷。盧思道《西征記》，卷亡，史志不著錄，《太平寰宇記》等引二條。考其所記白鹿山、新鄉縣在衛州。李德輝《晉唐兩宋行記輯校》言是書作於盧思道齊亡入周時，其西行路線爲鄴都-洛陽-長安。

白鹿山

孤巖秀出，上有石自然爲鹿形，遠視皎然獨立，厥狀明淨，有類人工，故此山以白鹿爲稱。（《太平寰宇記》卷五十六。）

趙越墓

新城西有漢桂陽太守趙越墓，有石柱，東南有亭，因石柱爲名。（《事物紀原》卷九。）

新城西有漢旌陽太守趙起墓，有石柱，東南有亭，因名。（《金石例》卷一。）

《封君義行記》 北齊李繪

李繪《封君義行記》，《隋書·經籍志》言一卷。李繪，字敬文，趙郡人。《北齊書》卷二十九有傳。齊王蕭寶寅引爲主簿記室，主表檄。東魏孝靜帝天平初，爲丞相司馬。武定初，以兼出使蕭梁，使還，拜平南將軍、高陽內史。北齊文宣帝天保初，爲司徒又長史，卒，贈南青州刺史，諡曰景。唐《酉陽雜俎》引李繪《封君義聘梁記》一條，或即李繪《封君義行記》。李德輝《晉唐兩宋行記輯校》輯是書。

梁主客賀季指馬上立射，嗟美其工。繪曰：「養由百中，楚恭以爲辱。」季不能對。又有步從射版，版記射的，中者甚多。繪曰：「那得不射獐？」季曰：「上好生行善，故不爲獐形。」自獐而鹿，亦不差也。（《酉陽雜俎》續集卷四。）

《周地圖記》　佚名

《周地圖記》，《隋書・經籍志》言《周地圖記》一百零九卷，《舊唐書・經籍志》言《周地圖》九十卷，《周地圖》當與《周地圖記》爲一書。《舊唐書》言其九十卷，或宋初其部分卷數已亡佚。《新唐書》不見載。北宋時《太平御覽》、《太平寰宇記》徵引是書條目較多，宋敏求《長安志》亦引數條，元駱天驤《類編長安志》仍引。此書，各類書徵引時或作《周地圖》，或作《周地圖經》，但考其條目多與《周地圖記》同，如《太平寰宇記》卷八十六引「嘉陵水」條言出《周地圖記》，《輿地紀勝》卷一百八十五所引同條則言出《周地圖經》，《周地圖》、《周地圖經》當即《周地圖記》之別稱。劉緯毅《漢唐地理總志鈎沉》一書認爲《周地圖記》作者爲宇文護，其所據爲《路史》卷四十四《余論》載「後周宇文護造《地記》云「嫣水、汭水二泉在首山北山中，皆徑山下而入河。」其認爲此處所言《地記》，即《周地圖記》，今從其說。

陽平關

褒谷西北〔一〕有古陽平關。（《後漢書・劉焉袁術呂布列傳》李賢等注。又見《文選・書上・爲曹洪與魏文帝書》李善注、《通鑑地理通釋》卷十一。）

〔校記〕

〔一〕西北，《文選》注作「西」。

太白山

太白山甚高，上常〔一〕積雪〔二〕，無草木，半山有橫雲如瀑布則澍雨，人常以爲候，驗之如離畢焉。故語曰：「南山瀑布，非朝則暮」。（《長安志》卷十四。又見《太平御覽》卷四十、《太平寰宇記》卷三十。）

〔校記〕

〔一〕常，《太平御覽》作「恒」。

〔二〕此二句，《太平寰宇記》作「太白山上恒積雪」。

太白山甚高，上常積雪，無草木，半山有雲如瀑布則澍雨，人常候驗如離畢焉。故語曰：南山瀑布，不朝則暮。（《九家集注杜詩》卷四。）

太白山高，常有積雪，無草木，故曰太白。（《類編長安志》卷六。）

玉案山，有冉冉行雲，如瀑布則澍雨。（《類編長安志》卷九。）

新州

蠻人酋〔一〕渠田金生代居此地，常爲邊患。梁普通末，遣郢州刺史元樹討平之，因置新州。後魏廢帝二年改爲溫州，因溫水爲名也〔二〕。（《元和郡縣志》卷二十四。又見《輿地紀勝》卷八十四。）

〔校記〕

〔一〕蠻人酋，《輿地紀勝》作「蠻酋」。

〔二〕此二句，《輿地紀勝》無。

北斗城

長安城南爲南斗形，北爲北斗形，周廻六十五里，八街九陌，九市〔一〕。（《長安志》卷五。又見《長安志圖》卷中、《樂府詩集》卷六十四。）

〔校記〕

〔一〕「周廻六十五里」數句，《長安志圖》、《樂府詩集》無。

嘉魚

順政郡丙穴〔一〕，以其口向〔二〕，因〔三〕以爲名。沮水經穴間〔四〕而過，或謂之大丙水，每春三月上旬，復有魚長八九寸，或二三日聯綿從穴出躍，相傳名爲嘉魚，即左太沖《蜀都賦》所謂「嘉魚出於丙穴」是也。（《太平御覽》卷五十四。又見《太平寰宇記》卷一百三十五。）

〔校記〕

〔一〕此條，《太平寰宇記》作「丙穴」。

〔二〕向，《太平寰宇記》作「向丙」。

〔三〕因，《太平寰宇記》作「故」。

〔四〕間，《太平寰宇記》作「門」。

沮水經丙穴而過，每春三月上旬，有魚長八九寸，或二三日連綿從穴出躍，相傳名爲嘉魚，《蜀都賦》所謂「嘉魚出於丙穴」是也。（《北堂書鈔》卷一百五十八。）

順政郡丙穴，以其口向丙，因以爲名。沮水經穴間而過，或謂之丙水，每春三月上旬後，有魚長八九寸，或二三寸，從穴出躍，相傳名爲嘉魚，《水

經》曰：「丙穴出嘉魚，常以三月出，十月入穴，口廣五六尺，去地七八尺，水泉懸注，魚自穴下透入水穴，口向丙，故曰丙穴。」左太沖《蜀都賦》曰：「嘉魚出於丙穴。」（《緯略》卷六。）

郡有丙山，山有穴，即丙穴，其口向丙，因以爲名。每春三月上旬，有魚長八九寸，或二三日聯綿從穴出躍，相傳名爲嘉魚。左太沖《蜀都賦》曰：「嘉魚出於丙穴。」（《太平御覽》卷一百六十七。）

五堆

南陽郡西山有五堆連延相接，故名之。（《太平寰宇記》卷一百四十二。）

南陽郡

後魏於南郭城中置南陽郡。（《初學記》卷八。）

石城縣

後魏景明三年，置石城縣。廢帝二年，因縣內化隆谷改爲化隆縣，屬澆河郡。（《太平寰宇記》卷一百五十五。）

臨洮郡城

臨洮郡城，後魏太和中築，置夷城鎮，防羌要路。（《初學記》卷八。）

比陽古城

後魏太和中，置東荊州於比陽古城。恭帝元年，改爲淮州，因淮水爲名焉。（《太平寰宇記》卷一百四十二。）

尚安縣

後魏恭帝後二年，置武進郡於此地。（《太平寰宇記》卷一百三十四。）

淆縣

後魏太和十一年，分陝縣東界於冶盧，置淆縣，在冶之郊，屬弘農郡，取淆山爲名。（《太平寰宇記》卷六。）

五壟山

五壟山有五梁，漢延相接，曰六門堰。西三里擁湍，邵信臣所作也。（《初學記》卷八。）

鉗盧陂

召信臣所鑿，溉田三萬頃。（《太平寰宇記》卷一百四十二。此條，《寰宇記》引作《周地圖》。）

銅柱灘

涪陵江中有銅柱灘。昔人於此維舟，見水底有銅柱，故名爲〔一〕銅柱灘。灘〔二〕最峻急。一云馬援鑄柱〔三〕於此。（《太平寰宇記》卷一百二十。又見《輿地紀勝》卷一百七十四。）

〔校記〕

〔一〕爲，《輿地紀勝》無。

〔二〕灘，《輿地紀勝》無。

〔三〕鑄柱，《輿地紀勝》作「始欲鑄銅柱」。

江中有銅柱灘。（《初學記》卷八、《錦繡萬花谷》後集卷六。）

錦繡洲

銅柱灘東有〔一〕錦繡洲，巴土盛〔二〕以此洲人能織錦羅，故以名之〔三〕。（《太平寰宇記》卷一百二十。又見《輿地紀勝》卷一百七十四。）

〔校記〕

〔一〕有，《輿地紀勝》無。

〔二〕盛，《輿地紀勝》作「人」。

〔三〕此句，《輿地紀勝》作「故名」。

石鼓

均提東十三里，至石門東，有石鼓。（《初學記》卷八。）

涪陵均提東十三里有石門，門東有石鼓清臺，扣之聲遠。（《太平寰宇記》卷一百二十。）

涪陵三里有石門，門東有石鼓清臺，扣之聲遠。（《輿地紀勝》卷一百七十四。此條，《輿地紀勝》言出《周地記》，當即《周地圖記》。）

石鼓

歧陽石鼓，其數十，乃周宣王獵碣，史籀大篆。（《類編長安志》卷七。此條，《類編長安志》言出《周地圖》。）

澠池縣

魏賈逵爲令時，縣理蠡城。（《太平寰宇記》卷五。）

城固縣

後魏宣武帝正始中，城固縣移居壻鄉川。(《太平寰宇記》卷一百三十三、《輿地紀勝》卷一百八十三。)

沔陽縣

後魏宣武正始中，分沔陽縣地，置嶓塚縣，蜀華陽郡〔一〕。(《太平寰宇記》卷一百三十三。又見《輿地紀勝》卷一百八十三。)

〔校記〕

〔一〕此句，《輿地紀勝》無。

永清縣

後魏廢帝三年，分房陵東境，於今縣東六里置大洪縣，屬光遷國。(《太平寰宇記》卷一百四十三。)

後魏廢帝二年，分房陵置大洪縣，後周改爲永清縣。(《輿地紀勝》卷八十六。)

銅翁仲

城西北角河水中湧沸，方數十丈，聲聞數里，俗云石季龍載銅翁仲所沒處。水雖漲減，翁仲頭髻，常與水齊。晉劉裕軍至，髻忽沒，至今不復出。《史記》云秦始皇鑄金人十二，董卓毀其九爲錢，其在者三。魏明帝欲徙於洛陽，重不可勝，至灞水西停之。石虎取置鄴宮，至苻堅又徙長安，其一未至而苻氏亂，百姓推至陝北河中，於是金狄滅矣。(《太平寰宇記》卷六。)

七里沔

夏水合諸水同入漢，自漢入潕水〔一〕名爲七里沔，即屈原逢漁父與言〔二〕，濯纓鼓枻而去之處〔三〕。(《太平寰宇記》卷一百四十四。又見《輿地紀勝》卷七十六、《方輿勝覽》卷三十一。)

〔校記〕

〔一〕水，《輿地紀勝》、《方輿勝覽》無。

〔二〕逢漁父與言，《方輿勝覽》作「逢漁父處」。

〔三〕此句，《方輿勝覽》無。

旱山

山上有雲即雨，故諺云：「牛頭戴，旱山晦，家中乾穀莫相貸。」傍有石

牛十二頭，一云五頭，蓋秦惠王所造以給蜀者。山下有石池，水多蓴茱。（《太平寰宇記》卷一百三十三。又略見《輿地紀勝》卷一百八十三。）

三峰

此三峴山上有三峰，如覆鼎足也。（《太平寰宇記》卷一百三十三。）

石穴

斗山上下有石穴，道家《開山經》云：「斗山凡五穴：一通昆侖山，一通隴山，一通武當山，一通青城山，一通長安穴。」穴中有千歲蝦蟆，名曰肉芝，得而食之壽千歲。山側有白鹿時見焉。（《太平寰宇記》卷一百三十三。）

漢中郡

後魏分漢中郡之褒中、武鄉二縣立褒中郡。（《太平寰宇記》卷一百三十三。）

長松山

（長松山、三松山）山有三峰，並有長松，因名。（《太平寰宇記》卷一百三十四。）

長松山

其山兩頭高，狀如龍形，故以爲名。山多紫柏，故《華陽國志》云：「梁泉縣東北八十里有紫柏坂。」（《太平寰宇記》卷一百三十四。）

父子崖

有大小石，若相懷抱，因名爲父子崖。其下置神廟，歲終則集境內於此亭祭之，水旱亦祈之。（《太平寰宇記》卷一百三十四。）

龍腹山

大象二年改梁大縣爲化城縣，以縣南三里化城山爲名。（《太平寰宇記》卷一百三十九。）

蓬州

後周〔一〕天和四年，割巴州之伏虞郡、隆州之隆城郡，〔二〕置蓬州，因蓬山以爲名〔三〕。（《輿地紀勝》卷一百八十八。又見《太平御覽》卷一百六十八、《太平寰宇記》卷一百三十九。）

〔校記〕

〔一〕後周，《太平御覽》作「武帝」，《太平寰宇記》無。

〔二〕《太平御覽》、《太平寰宇記》此處有「於此」二字。

〔三〕此句，《太平御覽》無。

小巴嶺

此山之南，即古之巴國。其嶺上多雲霧，盛夏猶〔一〕有積雪。又有北水，源出此山〔二〕。(《太平寰宇記》卷一百四十。又見《輿地紀勝》卷一百八十七。)

〔校記〕

〔一〕猶，《輿地紀勝》無。

〔二〕此二句，《輿地紀勝》無。

大巴山嶺

此嶺之南是古之巴國也。(《太平寰宇記》卷一百三十三。)

上廉縣

上廉縣後移還上庸，於平利川置吉陽縣。後魏改爲吉安縣。後周天和四年移吉安於今州理。(《太平寰宇記》卷一百四十一。)

三石人

有夫婦攜子如山獵，其父落崖，妻子將藥救之，並變爲三石人，名以此得〔一〕。今頂上有石臼〔二〕，父老云古仙學道於此〔三〕，而〔四〕藥臼尚存。(《太平寰宇記》卷一百四十一。又見《輿地紀勝》卷一百八十九。)

〔校記〕

〔一〕此句，《輿地紀勝》作「以此得名」。

〔二〕石臼，《輿地紀勝》作「古仙石」。

〔三〕此句，《輿地紀勝》無。

〔四〕而，《輿地紀勝》無。

昔有夫妻二人，將兒入山獵，其父落崖，妻子將下救之，並變爲三石，因以爲人石。(《太平廣記》卷三百九十八。)

鳳凰山

鳳凰山爲龍子山，疊嶂有十二層。(《太平寰宇記》卷一百四十一、《輿地紀勝》卷一百八十九。)

泌陽縣

（泌陽縣）本名石馬縣，以縣南石馬爲名，後訛爲上馬。（《太平寰宇記》卷一百四十二。）

湖陽縣

湖陽縣，光武所封外祖樊重邑。又光武封姊爲湖陽公主。《漢志》曰：「湖陽，古廖國也。」〔一〕（《太平御覽》卷一百六十八。又見《太平寰宇記》卷一百四十三。）

〔校記〕

〔一〕「又光武封姊」數句，《太平寰宇記》無。

五華山

五華〔一〕山山嶺連屬，北接鄂州。〔二〕（《太平寰宇記》卷一百四十四。又見《輿地紀勝》卷七十六。）

〔校記〕

〔一〕華，《輿地紀勝》作「花」。

清水郡

成帝和平五年，分略陽置清水郡，尋廢。至永安三年移於清水城。（《太平寰宇記》卷一百五十。）

南岈、北岈

（南岈、北岈）其城，漢時所築也。（《太平寰宇記》卷一百五十。）

祁山

祁山，其城即漢時守將所築。（《太平御覽》卷四十四。此條，《太平御覽》作《周地圖地記》，應即《周地圖記》。）

清澗

清澗源與五澗水合流。（《太平寰宇記》卷一百五十二。）

九隴山

昔有神人，坐張掖西方山上，西射酒泉郡西金山之白神，射得九籌，畫此山上，遂成九隴，因以爲名九隴山。（《太平御覽》卷五十、《太平寰宇記》卷一百五十二。）

湟河郡

湟河郡，後魏太平眞君十六年置洮河郡，屬鄯州。(《太平寰宇記》卷一百五十五。)

美原

苻秦時於此置土門護軍，後魏太武太平眞君七年罷護軍地，入同官縣；宣武景明元年，省頻陽縣，分銅官縣，置土門縣，屬北地郡，因縣界頻山有土闕，狀似門，故曰土門。(《長安志》卷二十。)

京兆尹

後周明帝二年分長安、霸城及姚興所置山北三縣地〔一〕，始〔二〕於長安城中〔三〕置萬年縣，理八角街以東〔四〕，屬京兆尹，取漢舊縣名〔五〕也。(《太平寰宇記》卷二十五。又見《長安志》卷十一。)

〔校記〕
〔一〕地，《長安志》無。
〔二〕始，《長安志》無。
〔三〕《長安志》此處有「別」字。
〔四〕此句，《長安志》無。
〔五〕舊漢縣名，《長安志》作「漢縣舊名」。

陳倉縣

陳倉縣，晉末廢。苻姚時於縣界置宛川縣。後魏大統十六年移宛川縣入漢陳倉故城，復爲陳倉縣。(《太平寰宇記》卷三十。)

石盤龍

望仙宮南澤中有石盤龍兩所，鱗甲動，有雲氣，如鐘鳴〔一〕。(《太平寰宇記》卷三十。又見《長安志》卷十八、《類編長安志》卷六。)

〔校記〕
〔一〕此句，《長安志》、《類編長安志》作「聲如鳴鐘」。

洪賓柵

明帝孝昌三年，蕭寶夤逆亂關右，洪賓立義柵以捍賊。永安元年於此置北雍州，以洪賓爲刺史，故俗呼爲洪賓柵。其年，又割北地郡之三原縣於此置建忠郡，屬北雍州。(《太平寰宇記》卷三十一。)

孝明孝昌三年，蕭寶寅逆亂，關右毛洪賓立義柵捍賊。莊帝永安元年，於此置北雍州。洪賓爲刺史，俗謂之洪賓柵。其故城在縣北五十五里，又徙縣於清水谷。（《長安志》卷二十。）

王母祠

王母乘五色雲降於漢武，其後帝巡郡國，望彩雲以祠之，而雲浮五色，屢見於此。《漢書》上之□□□也，因立祠焉。每水旱，百姓禱祈，時有驗焉。（《太平寰宇記》卷三十二。）

隴山

其山高處可容百餘家。（《太平寰宇記》卷三十二。此條，《寰宇記》言出《周地圖》。）

其山高處可三四里，登山東望秦州可五百里，目極泯然，墟宇桑梓與雲霞一色。其上有懸溜吐於山中爲澄潭，名曰萬石潭，流溢散下皆注於渭。東人西役，升此而顧，莫不悲思，其歌云：「隴頭泉水，流離四下。念我行役，飄然曠野。登高望遠，涕零雙墮。」是此山也。（《太平御覽》卷五十。）

鶉觚縣

鶉觚縣屬平涼郡。（《太平寰宇記》卷三十二。）

鬱郅城

鬱郅城，今名尉季〔一〕城，在白馬嶺兩川交口。（《太平御覽》卷一百六十四。又見《太平寰宇記》卷三十三。）

〔校記〕
〔一〕季，《太平寰宇記》作「李」。

東陰盤縣

後魏孝明帝熙平二年，析鶉觚縣置東陰盤縣。廢帝元年，以縣南臨宜祿川，又改爲宜祿縣，屬趙平郡，隸涇州。（《太平寰宇記》卷三十四。）

黃梁谷

姚萇時，立節將軍楊班居黃梁谷北。其谷西有小谷，由來無水，夜中忽有人語就班借牛車十具，云：「欲移徙，我是湫神。」尋則聲絕，班即備牛車

十具置門前。至明，車濕牛汗，乃尋車轍至乾谷，忽有水方二百餘步，其水極深不可測，冬亦湛然，每水旱，祈禱有應。(《太平寰宇記》卷三十五。)

　　楊班爲姚萇將，居黃梁谷，其西有小谷，由來無水。夜忽有人聲，云湫神，移徙，借車牛，如有影響。至西谷中，忽有水，方二百步，其水深淺不測，冬夏湛然。每水旱，百姓祈福屢應也。(《太平御覽》卷六十五。)

鷸觚原

　　鷸觚縣者，秦使太子扶蘇及蒙恬築長城，見此原高水淺，因欲築城，遂以觚爵奠祭，乃有鷸鳥飛升觚上，以爲靈異，因以名縣。(《太平寰宇記》卷三十四。)

　　秦使蒙恬北築長城，又於北原築城，以觚奠酒而祭，有鷸飛止觚上，因以名縣。今有鷸觚原。(《太平御覽》卷一百六十四。)

蜀

　　梁大寶二年，武陵王蕭紀僭號於蜀，西魏帝二年平蜀，二十一州並入於魏。(《太平寰宇記》卷七十二。)

溫江縣

　　後魏於此置溫江縣，屬蜀郡。(《太平寰宇記》卷七十二。)

小成都

　　宋元嘉九年，有樵人於山左見羣鹿，引弓將射之，有一麖所趨險絕，進入石穴，行數十步，則豁然平博，邑屋連接，阡陌周通，問是何所，有人答云：「小成都」。後更尋之，不知所在。(《太平寰宇記》卷七十三。)

　　宋元嘉九年，有樵人逐麖，所趨險絕，進入石穴，行數十步，豁然平博，問是何所，人答云：「小成都」。後更爲求之，不知所在。(《太平御覽》卷一百六十六。)

葛山

　　上有葛永璡治，永璡學道於此山。(《太平寰宇記》卷七十三。)

白蕁

　　（白蕁）是詣葛榮也。(《太平寰宇記》卷七十三。)

青城縣

武帝天和四年改齊基爲青城縣，因山爲名。（《太平寰宇記》卷七十三。）

繫龍橋

彭山縣北四里有治水，西有繫龍橋，仙人瞿君從峨眉山乘龍來往，以龍繫橋。（《太平寰宇記》卷七十四。）

蜀州

閔帝元年於此立新津縣。（《太平寰宇記》卷七十五。）

富樂山

此山甚高廣，爲眾山之秀，登之，望見州內。（《太平寰宇記》卷八十三。）

江油

油江帥楊、李二姓，各自稱藩於梁，至後魏武帝，得其地置江油郡，西魏廢帝二年，定蜀於此，立龍州〔一〕。（《太平寰宇記》卷八十四。又見《太平御覽》卷一百六十六。此條所據《寰宇記》底本爲文淵閣四庫全書補配古逸叢書本，金陵書局本《寰宇記》無此條。）

〔校記〕

〔一〕此二句，《太平御覽》作「西魏於此立龍州」。

陵井

晉孝武帝太元〔一〕中，益州刺史毛璩置西城戍，以爲捍防〔一〕。周閔帝元年又於此置陵州，因陵井爲名。（《太平寰宇記》卷八十五。又見《輿地紀勝》卷一百五十。）

〔校記〕

〔一〕此句，《輿地紀勝》作「以防鹽井」。

普寧縣

後魏定蜀，於此置普寧縣，屬懷仁郡。（《太平寰宇記》卷八十五。）

相如坪

其地有相如坪，相傳云相如別業在此。宅右西濱漢水，蓁薄鬱然，其臺名相如琴臺，高六尺，周四十四步。（《太平寰宇記》卷八十六。）

相如縣有相如坪、相如故宅，因以名縣郡。(《太平御覽》卷一百六十七。)

水北有相如坪，相傳云相如別業在此，又有琴臺。(《輿地紀勝》卷一百五十六。)

靈山

靈山峰多雜樹，昔蜀王鼈靈帝登此，因名靈山。山南隅有五女搗練石，山頂有池常清。有洞穴懸絕，微有一小徑通，名靈山。(《太平寰宇記》卷八十六。)

靈山，昔蜀王鼈靈登此山，因名。(《方輿勝覽》卷六十七。)

嘉陵

(嘉陵) 水源出秦州嘉陵，因名之，經閬中，即爲閬中水。(《太平寰宇記》卷八十六。)

水源出秦州嘉陵，因名嘉陵水。(《輿地紀勝》卷一百八十五。此條，《輿地紀勝》言出《周地圖經》。其與《寰宇記》所引《周地圖記》條目相同，當即《周地圖記》之別稱。)

張道陵

漢末張道陵在蒼溪靈臺山〔一〕學道，使弟子王長、趙昇投身絕崖〔二〕，以取仙桃，長等取仙桃，七試已訖〔三〕，九丹遂成，隨陵白日昇天。(《輿地紀勝》卷一百八十五。又見《太平寰宇記》卷八十六。)

〔校記〕

〔一〕蒼溪靈臺山，《太平寰宇記》作「此」。

〔二〕崖，《太平寰宇記》作「壑」。

〔三〕此二句，《太平寰宇記》作「長等七試已訖」。

邛來山

梁武陵王蕭紀於蒲水口始〔一〕置邛州，取南界邛來山爲名〔二〕。(《太平寰宇記》卷七十五。又見《太平御覽》卷一百六十六。)

〔校記〕

〔一〕始，《太平御覽》作「改」。

〔二〕此句，《太平御覽》作「南郡邛來山，因以爲名」。

金水郡

晉義熙末，刺史朱齡石率建平人征蜀，仍於東山立金戍。後魏平蜀，改爲金水郡。(《太平御覽》卷一百六十六。)

青州

梁武帝太清二年，武陵王蕭紀開通外水，立青州於通誼郡南安縣北。後魏二年平蜀，三年，改青州爲眉州。(《太平御覽》卷一百六十六。)

資州

後魏廢帝二年，於武康郡之陽安縣置資州。(《太平御覽》卷一百六十六。)

同昌縣

魏廢帝置同昌縣，屬封統郡。(《太平御覽》卷一百六十七。)

奇華殿

奇華殿在建章宮旁，四海夷狄，器服珍寶，火浣布、切玉刀、巨象、大雀、獅子、宮馬、充塞其中。(《長安志》卷三。)

太極殿

太極殿，晉愍帝之宮，在長安南門，後姚興重建。(《長安志》卷五。)

太極殿，晉愍帝之宮。太極殿之南門，乃姚興所建。(《類編長安志》卷二。)

臨潼縣

臨潼縣，本驪戎國，春秋晉獻公伐驪戎，其後秦滅之，爲驪邑。(《類編長安志》卷一。)

興平縣

本周犬丘之地。(《類編長安志》卷一。此條，《類編長安志》言出《周舊圖》。)

鄠縣

鄠本夏之扈國也。(《類編長安志》卷一。此條，《類編長安志》言出《周地圖》。)

紫極殿

乾安殿，周改曰紫極殿。(《類編長安志》卷二。)

連珠殿

連珠殿，六栿五架。又有雲和樓，九間重閣。(《類編長安志》卷三。)

文憲王廟

文憲王廟，在長安縣西北五十里。(《類編長安志》卷五。)

歧山

在鳳翔東北五十里。山下有周公邸、文憲王廟，中有潤德泉。（《類編長安志》卷六。此條，《類編長安志》言出《周地圖》。）

六盤山

六盤山，高（離）秦川一百八十里，南接崆峒，北連斷頭山至黃河。（《類編長安志》卷六。此條，《類編長安志》言出《周地圖》。）

張儀築城

初，張儀築城，城屢壞，不能立。忽有大龜，周行旋走，巫言依龜行處築之，城乃得立。所掘處巡成大池，龜乃伏於中，龜每出，則州境有賊，刺史或病。（《太平寰宇記》卷七十二。此條，《太平寰宇記》言出《周地圖經》。）

通靈山

上有通靈寺，因名之。（《太平寰宇記》卷七十三、《輿地紀勝》卷一百五十一。）

梁安縣

梁置梁安縣，屬南梁州，武帝天和中改爲黃安縣。（《太平寰宇記》卷八十四。此條，《太平寰宇記》言出《周地圖》。）

鐵山

蒲亭縣有鐵山，諸葛亮取爲刀器。周封宇文度爲鐵山侯。（《太平寰宇記》卷八十五。）

在井研縣東北六十里，縣界首有鐵山，諸葛亮取爲刀器，周封宇文度爲鐵山侯。（《輿地紀勝》卷一百五十。此條，《太平寰宇記》、《輿地紀勝》俱言出《周地圖》。）

帖夷縣

（帖夷縣）後魏廢帝元年置，屬帖夷郡。（《太平寰宇記》卷一百三十四。）

治山

縣南有治山，縣人張逸背梁附後魏，與梁將楊乾運於此山下大戰，乾運大敗，死者千人。（《太平寰宇記》卷八十四。）

夷鎮

蘭州地名日夷鎮。（《書敘指南》卷十四。）

《趙記》　　邢子勵

　　邢子勵《趙記》，卷亡，史志不著錄。邢子勵，生卒、里籍亦不詳。邢子勵，時又作「邢子顯」。《史記·趙世家》正義引有邢子勵《趙記》一條。此條所記爲地理，此處所言「趙」，應爲趙郡，而非朝代名。此外，《北堂書鈔》卷一百五十八又引邢子勵《龍山記》一條，與其《趙記》條目相似，不知二者是否爲一書。

龍山

　　龍山有四麓，各有一穴，大如車輪，春風出東，秋風出西，夏風出南，冬風出北，不相奪。（《史記·趙世家》張守節正義。）

《龍山記》　　邢子勵

龍跡

　　山東北與軍都西北與飛相接，其山石上往往有似仙人及龍跡，故以爲名。四麓各有一穴，大如車輪，春則風生東，秋出西，夏出南，冬出北，不相奪倫。有沙門法猛以夏日入其東穴，見石臺石人，欲窮諸穴，便有人厲聲云法師：「其餘皆如東者，不宜來見穢。」猛乃愕然，不覺身在穴外。（《北堂書鈔》卷一百五十八。）

《三郡記》　　邢子勵（顯）

　　邢子勵《三郡記》，卷亡，史志不載。其所記多爲鄚縣、任丘、謁城諸縣事。邢子勵《三郡記》所記有北魏延興年間（471年－476年）事，又其所記任丘縣，隋初廢，是《記》或作於隋前。

鄚縣

　　顓頊所造。（《太平寰宇記》卷六十六。）

石臼

縣三十里有一石臼，受物一石二斗，昔有沙門移之至市〔寺〕，經宿，血滿其中，乃移舊處，復淨如人掃。(《太平寰宇記》卷六十六。)

任丘城

漢平帝使中郎將任丘築，及桓帝北巡，羣臣於此朝謁，故名謁城。(《元豐九域志》卷二。)

君子淀

淀中多魚鱉菱芡。(《續談助》卷二。)

謁城

漢元始二年，巡檢海使、中郎將任丘築此城，以防海寇，即以爲名。至後漢桓帝崩，無子，太后使校尉竇武詣河間迎靈帝，乃居此城，群臣至此朝謁，又謂之謁城。(《太平寰宇記》卷六十六。)

漢元始二年，巡海使中郎將任丘築此城，以防海寇，因名。在縣南二十六里。(《續談助》卷二。)

邘縣亭侯祠

漢文〔中缺〕多附贊，贊爲賑恤，復思其惠，爲之立祠。(《續談助》卷二。此條，《續談助》言出「砅子□《三郡記》」，當即刑子勵《三郡記》。)

飛魚向海

後魏延興初，文安縣人孫願捕魚於五渠水中，有群魚從西來，共以柴塞之，忽有人謂願曰：「須臾當得大魚，若願多求，宜勿殺也。」願與共食，惟覺出氣少腥，而衣衫多褶。及去，願送之以魚，固辭不受，去後，願下網，果得大魚，其狀如鯉而大，願以爲異物，遂殺食之。俄然風雨晝昏，聞鳥飛聲，比風息雨霽，有人乘船至者云：「前見魚無數飛入海」。願遂不復漁矣，因呼入海之處爲飛魚口。(《太平寰宇記》卷六十七。)

後魏延興初，文安縣人孫願捕魚於五渠水，有羣魚自西來，共以柴塞之，忽有人謂願曰：「須臾當得大魚。若欲求多，宜勿殺也。」願下網，果得大魚，狀如鯉而頭大，殺食之。俄風雨晝昏，唯聞鳥飛聲，比風息雨霽，有人乘船至，云見羣魚無數飛入於海，願遂不復漁矣。因呼入海之處爲飛魚口也。(《才調集補注》卷一。)

　　此條，金陵書局本《太平寰宇記》言出刑子勵《記》，文淵閣四庫全書補配古逸叢書本《寰宇記》以及《才調集補註》言出《三郡記》，其當即刑子勵《三郡記》。

子貢陂

　　王道字子貢，爲東平郡守，年九十一退居此陂。(《新定九域志》卷二。此條，《新定九域志》言出《三郡志》，不知是否即刑子勵《三郡記》。)

《記》　　邢子顥

東海聖姑

　　聖姑，姓郝，字女君。魏青龍二年四月下旬，與鄰女採樵於滱、徐二水合流之處。忽有數婦人從水出，皆著連腰裙，若今之表衣。至女君前曰：「東海公聘女君爲婦，故遣相迎。」因敷連茵褥於水中，置女君於茵上，青衣者侍側，順流而下，其家大小皆走往看，惟得涕泣遙望，莫能就。女君怡然云：「今幸得爲水仙，願勿憂憶！」語訖，風起遂遙，因爲立祠。桓翊以大臣子爲尚書郎，試高陽長，主簿丁馥白縣有聖姑祠，前後守令皆謁而後入，翊曰：「何浮言之甚」，遂立杖而教曰：「若視者有罪。」未經月餘，在廳視事，忽見十餘婦人各持扇從門入，謂翊曰：「古今既殊，何相妨害而斷吾路。」翊性方直，教斷更甚，未經一旬，無病暴卒。今水岸上有郝女君招魂葬處，時呼爲元姬冢，亦名聖女陵。(《太平寰宇記》卷六十六。)

飛狐界

　　飛狐界，古長城也。(《太平寰宇記》卷五十一。)

《義興記》　　吳穆子

　　吳穆子《義興記》，卷亡，史志不著錄。今所見僅《北堂書鈔》卷一百五十八所引一條。除吳穆子《吳興記》外，《太平御覽》等又引佚名《義興記》一種，或即吳穆子《義興記》也。吳穆子，始末未詳。義興，晉惠帝

永興元年（304）置，以陽羨、臨津、國山、義鄉、永世、平陵等六縣爲義
興郡，屬揚州。隋平陳，廢義興郡。佚名《義興記》又記國山縣事，劉緯
毅《漢唐方志輯佚》言國山劉宋時屬義陽郡，故而推斷此書作於晉宋之間。
但依《太平寰宇記》所言，國山宋明帝泰始四年仍屬義興。劉緯毅先生此
論或不確。義興，治陽羨，今江蘇宜興。

穴山

穴山潛穴內有大蛟，常產育於此，卵殼受一二斛。（《北堂書鈔》卷一百五
十八。）

《義興記》　　佚名

黃土

陽羨縣塘西潛壤中有黃土，色如精金。（《太平御覽》卷三十七。）

金硎

國山縣有金硎，硎中沙石時灼灼如金者，舊名金泉，時獲眞金也。（《太平
御覽》卷七十。）

三足六眼龜

君山廟其下有池，池中有二足六眼龜。（《太平御覽》卷九百三十一。）

君山上有池，中有三足鼈，六眼龜。（《事類賦注》卷二十八。）

五湖

太湖、射湖、貴湖、陽湖、洮湖，是爲五湖。（《重修廣韻》卷二、《吳中水
利書》。）

朝代不確定地記數種

《瀨鄉記》　　崔玄山

　　崔玄山《瀨鄉記》，卷亡，史志不著錄。唐宋諸書徵引數條。鄭樵《通志》、焦竑《國史藝文志》言《瀨鄉記》一卷，崔氏撰。尤袤《遂初堂書目》言「魏崔玄山」。另有人言其爲東魏時人，但均未言根據。《編珠》卷三補遺、《北堂書鈔》卷一百三十二所引「複帳」條皆言出《瀨鄉記注》，不知此《注》是作者自注還是後人所加。瀨鄉，今屬河南鹿縣。

老子母碑

　　老子母碑〔一〕：老子把持仙籙，玉簡金字，編以白銀，紀善綴惡。(《文選‧新刻漏銘》李善注。又見《太平御覽》卷六百零六。)

　　〔校記〕
　　〔一〕《太平御覽》此處有「曰」字。

複帳

　　老子治堂丹緋複帳，〔一〕老君碧複帳，孔子青複帳也。(《北堂書鈔》卷一百三十二。又見《編珠》卷三補遺。此條，《北堂書鈔》、《編珠》皆言出《瀨鄉記注》。)

　　〔校記〕
　　〔一〕此句，《編珠》無。

方口

　　李母碑曰：〔一〕老子方口〔二〕。(《太平御覽》卷三百六十七。又見《白氏六帖事類集》卷九、《藝文類聚》卷十七、《事文類聚》後集卷十九。)

　　〔校記〕
　　〔一〕此數字，《白氏六帖事類集》、《藝文類聚》、《事文類聚》皆無。
　　〔二〕方口，《白氏六帖事類集》作「口方」。

厚唇

李母碑曰：老君厚唇。(《太平御覽》卷三百六十八。)

老子唇麤厚。(《白氏六帖事類集》卷九。)

李母碑

李母碑曰：〔一〕老子乘白鹿，下託於李母也。(《初學記》卷二十九。又見《藝文類聚》卷九十五、《杜工部草堂詩箋》卷十五、《太平御覽》卷九百零六。)

〔校記〕

〔一〕此句，《藝文類聚》無。

大目

老子大目。(《藝文類聚》卷十七。)

耳

老子耳有三門。(《藝文類聚》卷十七、《太平御覽》卷三百六十六。)

老耄

老聃計其年紀，時已一百餘，聃無老耄之貌也。(《藝文類聚》卷十八。)

石闕

老子廟前有兩石闕，大闕高九尺八寸，下三重石塘，闕邊各有子闕。(《藝文類聚》卷六十二。)

老子廟

老子廟有皇天樓、九柱樓、靜念樓，皆畫〔一〕仙人雲氣。(《藝文類聚》卷六十三。又見《太平御覽》卷一百七十六。)

〔校記〕

〔一〕畫，《太平御覽》作「盡」。

老子祠

老子祠在瀨鄉曲仁里譙城西出五十〔一〕里，老子平生時教化學仙〔二〕故處也。漢桓帝修建屋宇，為老子廟，廟北二里李夫人祠，是老子舊生宅〔三〕也。(《藝文類聚》卷六十四。又見《太平御覽》卷一百八十。)

〔校記〕

〔一〕五十，《太平御覽》作「十」。

〔二〕仙，《太平御覽》作「堂」。

〔三〕舊生宅，《太平御覽》作「所生舊宅」。

老子祠在瀨鄉曲仁里譙城西出五十里。廟北二里李夫人祠是老子所生舊宅。(《初學記》卷二十四。)

老子祠在瀨鄉。(《初學記》卷八。)

老子祠，平生時教化學堂故基也。(《太平寰宇記》卷十二。)

李母祠

李母祠在老子祠北二里。祠門左有碑文，曰老子聖母李夫人碑。老子者，道君也。始起乘白鹿下託於李氏胞中七十二年，產於楚國淮陽苦縣瀨鄉曲仁里，老子名耳，星精也。字伯陽，號曰聃。(《太平御覽》卷三百六十一。)

李母祠在老子祠北三里，祠門內右有聖母碑，東院內有九井。(《太平寰宇記》卷十二。)

九井

老子教堂之故處。(《路史》卷十二。)

九井

老子廟中有九井，汲一井，餘井水皆〔一〕動。(《初學記》卷七。又見《太平御覽》卷一百八十九。)

〔校記〕

〔一〕皆，《太平御覽》作「并」。

老子宅

譙城西有老子宅。(《初學記》卷二十四。)

養性得仙法

老子為十三聖師，養性得仙，各自有法，凡三十六。或以五行六甲陳；或以服食度骨筋；或以深巷大巖門；或以呼吸見丹田；或以流理還神丹；或以歔歙遊天山；或以元陽長九分；或以恬澹存五官；或以清淨飛凌雲；或以三辰建斗迴；或以三五竟復還；或以聲罔處海濱；或以三黃居魄魂；或以太一行成均；或以六甲御六丁；或以祭祀致鬼神；或以吹呴沉深泉；或以命門固靈根；或以乘璇璣得玉泉；或以專守升於天；或以混沌留吾年；或以把握

知塞門；或以太一柱英氛；或以虛無斷精神；或以黃庭乘僮人；或以柱天德神仙；或以玉衡上柱天；或以六甲遊玄門；或以道引俛仰伸；或以寂寞在人間；或以藥石上騰雲；或以九道致紅泉；或以厥陰三毛間；或以去欲但存神。（《初學記》卷二十三。）

乘白鹿

老子始下生來乘白鹿入母胎中。老子爲人黃色美眉，長耳廣額，大目疏齒，方口厚唇，耳有三門，鼻有雙柱，足蹈五字，手把十文。（《續談助》卷四。此條，《續談助》言出顧玄仙《瀨鄉記》，顧玄仙，當即「崔玄山」之誤。）

鼻

老子鼻雙柱。（《太平御覽》卷三百六十七。）

足蹈

李母碑曰：老子足蹈二五。（《太平御覽》卷三百七十二。）

美眉

老子爲人黃色美眉。（《太平御覽》卷三百八十八。）

石榴

老子祠堂北有石榴二株。（《太平御覽》卷九百七十。）

存疑

按《瀨鄉記》，唐高祖神堯皇帝武德二年枯檜重華，至安祿山僭號萎瘁，元宗自蜀歸京，枝葉復盛，至是再生一枝，長二尺餘。（《五代會要》卷十二。按，此條所記爲唐時事，與崔玄山《瀨鄉記》應不爲一書。）

《地記》 佚名

魏晉南北朝地記作品眾多，各家所引《地記》，多標明所記區域，但唐宋諸書亦引有不著作者《地記》數條。另據史書所載，南朝任昉撰有《地記》一種。任昉（460-508），字彥升，樂安博昌（今山東壽光）人也。父遙，齊中散大夫，遙妻河東裴氏，高明有德行。昉歷任太學博士、司徒、竟陵

王記室參軍、太子步兵校尉、中書監、驃騎大將軍、揚州刺史等職。昉尤長爲筆，與沈約齊名，稱「沈詩任筆」。任昉博學，所著文章數十萬言，盛行於時。《南史》言昉撰《雜傳》二百四十七卷，《地記》二百五十二卷，文章三十三卷。《隋書・經籍志》所載任昉《雜傳》三十六卷，言餘卷皆亡。又載任昉《地記》二百五十二卷，其增陸澄之書八十四家以爲此記，並言其所增舊書「亦多零失，見存別部行者唯十二家」，又有任昉《地理書抄》九卷，亦是增補陸澄《地理書鈔》而成。新、舊《唐書》仍記任昉《地記》二百五十二卷，或宋初仍存。但今所見各書徵引《地記》者，並無言出任昉者，茲列於此，以備考證。

督亢

督亢地在涿郡，今故安縣南有督亢陌，幽州南界也。(《水經注》卷十二。)

洛水

洛水東北過五零陪尾，北與澗、瀍合，是二水，東入千金渠，故瀆存焉。(《水經注》卷十五。)

洛水

洛水東入於中提山間，東流會於伊是也。昔黃帝之時，天大霧三日，帝遊洛水之上，見大魚，殺五牲以醮之，天乃甚雨，七日七夜魚流，始得圖書，今《河圖視萌篇》是也。昔王子晉好吹鳳笙，招延道士，與浮丘同遊伊洛之浦，含始又受玉雞之瑞於此水，亦洛神宓妃之所在也。(《水經注》卷十五。)

二泉

河東郡青山東山中有二泉，下南流者嬀水，北流者汭水。二水異源，合流出谷，西注河。嬀水北曰汭也。(《史記・五帝本紀》張守節正義。)

舜廟

河東縣二里故蒲坂城，舜所都也。城中有舜廟，城外有舜宅及二妃壇。(《史記・五帝本紀》張守節正義。)

滄浪水

水出荊山，東南流爲滄浪水。(《史記・夏本紀》張守節正義。)

唐城

唐氏在大夏之墟，屬河東安縣。今在絳城西北一百里有唐城者，以爲唐舊國。（《史記·鄭世家》張守節正義。）

南耿城

皮氏縣汾水南耿城，是故耿國也。（《史記·晉世家》司馬貞索隱。）

回雁

衡山一峰極高，雁不能過，過春北歸，故名迴雁，或曰峰勢如雁之回，故名。（《北堂書鈔》卷一百六十。）

山猨

攝山有山猨，赤足，或見涉冬積雪，輒有一行跡。（《錦繡萬花谷》後集卷三十九。此條，《初學記》言出《江乘地記》。）

長洲苑

長洲苑在姑蘇之太湖北岸，闔閭所遊獵處也。（《詳注昌黎先生文集》卷五。）

錫縣

漢中郡之東界有錫縣，即古之錫穴也。（《太平寰宇記》卷一百四十三。）

武侯道

今昆明道渡所見，有武侯道在。（《太平御覽》卷六十五、《太平御覽》卷一百六十六。）

空桑

空桑南杞而北陳留，各三十里，有伊尹村。（《路史》卷三。）

三皇山

（中皇氏）居皇人山之西，是爲嵌鄗山，《地記》謂之三皇山。（《路史》卷六。）

涿鹿

濁鹿有凶黎丘，今幽州懷戎有涿鹿山，下有涿鹿城，涿水出焉，即縣冢山。美頡山有泉，廣百步，深無底。四時一色，古之阪泉城。東二百步泉上有黃帝祠，西一里爲涿鹿城。（《路史》卷十三。）

闕流

河水東流貫柱，觸於流者在南，河水峻，害舟一十九，灘勢三。陝所言「龍門下駛如竹箭者，鴻嘉中楊焉」，言底柱淤遠，成帝使鐫沒水鑿之，不能去，水益怒，至今伯禹爲萬世慮，豈有可鑿留以俟焉者。西河觸華山之北，故妄者遂謂巨靈分山，遂有二華之說。(《路史》卷二十二。)

羽山

（羽山）舊在朐山縣西北九十里，今屬沂州，東南百二十里殛鯀山也。(《(至元)齊乘》卷一。)

壯武城

即墨西六十里古夷國，漢壯武縣屬膠東國，晉封張華爲壯武侯，今華廟在膠州西南，即壯武地。(《(至元)齊乘》卷四。)

庸生廟

庸生宅在掖縣。(《(至元)齊乘》卷四。)

存疑

弱水

弱水西流入合黎山腹，餘波入於流沙，通於南海。(《史記‧夏本紀》裴駰集解。)

三危山

三危山在鳥鼠之西南。(《史記‧夏本紀》裴駰集解。)

以上二條《地記》，出《史記》裴駰集解。裴駰爲劉宋時人，而任昉爲南朝梁時人，則《集解》所引此條《地記》當不屬任昉《地記》。

《西河舊事》　佚名

《西河舊事》，《新唐書‧藝文志》言一卷，作者不詳。劉孝標《世說新語》注已引其條目，則其成書當早於此。《西河舊事》，諸書所引又有作《河西舊事》、《西河故事》者，其條目多同，應爲一書。是書北宋時《太

平御覽》、《太平寰宇記》多引，南宋諸書所引條目無出北宋諸書外者，其或亡於兩宋之交。

白山

天山最〔一〕高，冬夏長雪，故曰白山，山中有好木、鐵，匈奴謂之天山，過之皆下馬拜，在蒲類海東一百里，即漢貳師擊右賢王〔二〕處。（《太平寰宇記》卷一百五十三。又見《太平御覽》卷五十。）

〔校記〕

〔一〕最，《太平御覽》無。

〔二〕《太平御覽》此處有「之」字。

白山冬夏有雪，故曰白山，匈奴謂之天山，過之皆下馬拜焉。去蒲類海百里之內。（《後漢書·顯宗孝明帝紀》李賢等注。）

白山之中有好木，匈奴謂之天山，去蒲類海百里。（《後漢書·班梁列傳》李賢等注。）

繞蒲海

繞蒲海肥美良田，水草沃衍。（《初學記》卷八。）

葱領

葱領，山名，在敦煌西。其山高大多葱，故以爲名焉。（《後漢書·肅宗孝章帝紀》李賢等注、《冊府元龜》卷八十二。）

葱嶺在敦煌西八千里，其山高大，上悉〔一〕生葱，故名葱嶺。河潛發其嶺，分爲二水。（《太平寰宇記》卷一百五十四。又見《編珠》卷四、《藝文類聚》卷八十二。）

〔校記〕

〔一〕悉，《編珠》、《藝文類聚》無。

葱嶺在敦煌西八千里，其山高大，上生葱〔一〕，故曰葱嶺也。河源潛發其嶺，分爲二水，一水西逕休循國南〔二〕，在葱嶺西〔三〕。（《水經注》卷二。又見《太平御覽》卷九百七十七。）

〔校記〕

〔一〕此句，《太平御覽》無。

〔二〕南，《太平御覽》無。

〔三〕此句，《太平御覽》作「國在葱嶺也」。

葱嶺其山高大，上悉生葱，故以名焉。（《漢書·西域傳》顏師古注。）

葱領山，其上多葱，因以爲名。（《後漢書·班梁列傳》李賢等注。）

嶺上多葱，因以名焉。（《後漢書·馬融列傳上》李賢等注。）

葱嶺，西域國名，在天竺東。其山高大，上悉生葱，故名葱嶺。（《通鑑綱目》卷十上。）

涼州城

涼州城，昔匈奴故蓋臧城。（《後漢書·竇融列傳》李賢等注、《通典》卷一百七十四、《文獻通考》卷三百二十二。）

河西酪

河西牛羊肥，酪過精好，但寫酪置革上，都不解散也。（《世説新語·言語》劉孝標注。）

祁連山冬夏寒涼，宜牧，牛羊充肥，乳酪好。（《藝文類聚》卷七十二、《緯略》卷九。）

祁連山在張掖、酒泉二郡界之上，有松栢五木，美水茂草。山中冬溫夏涼，宜放牧，牛羊充肥，乳酪醲好，夏瀉酪不用器物，刈草著其上不解散，作酥特好，一斛酪得酥斗餘。又有仙樹，人行山中，饑渴者食之既飽，不得持去，平居時亦不可見。（《太平寰宇記》卷一百五十二。）

祁連山宜牧牛羊，羊肥乳酪好，不用器物，刈草著其上，不解散，一斛酪升餘酥。（《太平御覽》卷八百五十八。）

祁連山

匈奴失祁連、焉支〔一〕二山，乃歌曰：「亡我祁連山，使我六畜不蕃息；失我焉支山，使我婦女無顏色。」（《史記·匈奴列傳》張守節正義。又見《北堂書鈔》卷一百三十五。）

〔校記〕

〔一〕祁連、焉支，《北堂書鈔》無。

山在張掖、酒泉二界上〔一〕，東西二百餘里〔二〕，南北百里〔三〕，〔四〕有松柏五木，美水草〔五〕，冬溫夏涼〔六〕，宜畜牧。〔七〕匈奴失〔八〕二山，乃歌

曰：「失我祁連山，使我六畜不蕃〔九〕息；失我燕支山，使我嫁婦無顏色。」（《史記·匈奴列傳》司馬貞索隱。又見《太平寰宇記》卷一百五十二。）

〔校記〕

〔一〕此句，《太平寰宇記》作「焉支山」。

〔二〕二百餘里，《太平寰宇記》作「百餘里」。

〔三〕百里，《太平寰宇記》作「二十里」。

〔四〕《太平寰宇記》此處有「有」字。

〔五〕此句，《太平寰宇記》作「其水草茂美」。

〔六〕此句，《太平寰宇記》無。

〔七〕《太平寰宇記》此處有「與祁連山同」句。

〔八〕《太平寰宇記》此處有「祁連山、焉支山」數字。

〔九〕蕃，《太平寰宇記》作「繁」。

祁連山、焉支山宜畜養，匈奴失此二山〔一〕，乃歌曰〔二〕：「失我祁連山〔三〕，使我六畜不蕃息；失我焉支山，使我婦女無顏色。」（《太平御覽》卷七百一十九。又見《北戶錄》卷三、《苕溪漁隱叢話》後集卷四十。）

〔校記〕

〔一〕此二句，《北戶錄》、《苕溪漁隱叢話》無。

〔二〕此句，《北戶錄》作「歌曰」，《苕溪漁隱叢話》無。

〔三〕山，《苕溪漁隱叢話》作「嶺」。

祁連山在張掖、酒泉二界焉，支山在刪丹故縣，東西百餘里，南北二十里，亦宜畜。匈奴失二山，乃歌曰：「亡我祁連山，使我六畜不蕃息；失我焉支山，使我婦女無顏色。」（《太平御覽》卷五十。）

祁連山在張掖、酒泉二郡界，去焉支山北可千里。初，匈奴失此二山，乃歌曰：「亡我祁連山，使我六畜不蕃息；失我焉支山，使我婦女無顏色。」（《通鑒綱目》卷四下。）

焉支山去祁連山南可千里。（《通鑒綱目》卷四下。）

仙樹

祁連山有仙樹〔一〕。人行山中，以療飢〔二〕渴者，輒得之。飽〔三〕，不得持去。平居時，亦不得見。（《齊民要術》卷十。又見《太平御覽》卷九百六十一。）

〔校記〕

〔一〕此句，《太平御覽》作「連山有仙樹」。

〔二〕此句，《太平御覽》無。

〔三〕此句，《太平御覽》作「饑渴者輒得之，可飽。」

三危山

三危山有三峰，故曰三危，俗亦爲昇雨山，在縣南二十里。（《太平御覽》卷五十。）

沙角山

沙州，天氣晴朗即沙鳴〔一〕，聞於城內。（《太平寰宇記》卷一百五十三。又見《太平御覽》卷五十。）

〔校記〕

〔一〕即沙鳴，《太平御覽》作「沙即鳴」。

沙山

人遊沙山，結侶少或曾〔一〕遊，即生怖懼，莫敢前，其沙或隨人足自頓下，經宿却自還山上。（《太平御覽》卷五十。又見《太平寰宇記》卷一百五十三。）

〔校記〕

〔一〕曾，《太平寰宇記》作「未」。

張掖縣

此地本匈奴觻得王所居，因以名縣。（《太平寰宇記》卷一百五十二。）

丹嶺山

丹嶺山在縣南一百二十八里。（《太平寰宇記》卷一百五十二。此條摘錄自文淵閣四庫全書補配古逸叢書本《寰宇記》，金陵書局本《寰宇記》無此條。）

福祿城

福祿城因謝艾所築，城下有金泉，味如酒，故曰酒泉。（《太平寰宇記》卷一百五十二。）

流沙積

流沙積在玉門關外，有三斷石，極大，呼爲三隴。（《太平寰宇記》卷一百五十三。）

侯馬亭

漢武遣貳師將軍伐大宛，得天馬。馬感西風思歸，遂頓羈絆，驤首而馳，晨發京城，食時至敦煌北塞山下，嘶鳴而去，因名此處爲侯馬亭。(《太平寰宇記》卷一百五十三。)

《江表行記》 佚名

《江表行記》，《隋書·經籍志》言一卷，不著作者，新、舊《唐書》皆不載。或以爲此書爲北使聘南行記。是書作者不可考，後代書目徵引其條目不多，或其早亡也。

鱉州

(長)江中有鱉州，長三里，與蕪湖相接。(《太平寰宇記》卷一百零五。此條，《太平寰宇記》作《江表記》，《初學記》卷八亦引此條，言出《江記》，按，庚仲雍有《江記》一種，所記亦爲長江一線事，二書所言，不知孰對。)

存疑

除《太平寰宇記》所引《江表記》一條爲記長江一帶地理外，《建康實錄》又引《江表記》數條，並多記人。按，晉虞溥又有《江表傳》一種，其多記人，或以爲以下數條《江表記》，或出自虞溥《江表傳》。另外，曾慥《類說》亦引《江表記》一條，多記靈異事。

孫堅

堅爲下邳丞生，權廣額大口，目有精光，堅異之，以必有大貴，隨兄榮征伐，每立奇謀，榮顧權謂衆曰：「此眞諸君將軍也。」(《建康實錄》卷一。)

孫權

權謂將相曰：「往年寡人以玄德方向西鄙，故先命陸遜選衆以待之。聞北部分兵欲以助寡人，寡人內嫌其狀，若不受其拜，是相折辱，而趣其速發，

便當與西俱至二處受敵，於國爲劇，故自抑就其封王低屈之趣。諸君未盡，故相解耳。」（《建康實錄》卷一。）

顧和

自晉中興，東遷舊章，多闕而冕旒飾以翡翠珊瑚及雜珠等。至此，顧和始奏，帝詔太常改之。（《建康實錄》卷七。）

孫策

孫策得太史慈即勑破械，使沐浴，賜衣巾，並設酒食。（《太平御覽》卷六百四十四。）

雲舟

成帝於太液以沙棠木爲舟，取其不沉，以珍怪飾鷁首，名雲舟。（《類説》卷四十。）

榴環

吳王潘夫人因觧唾於壺中，傾之得火齊指環，因掛於石榴枝，起臺名環榴。或白今與蜀爭雄，環榴之名不祥，改爲榴環。（《類説》卷四十。）

《土地記》　佚名

《土地記》，卷亡，作者不詳。其不言所記範圍，六朝以《土地記》爲名的地記有顧長生《三吳土地記》、《魏土地記》、《荊州土地記》、張氏《土地記》等。另外，林寶《元和姓纂》則載晉有樗里播，著《春秋土地記》三卷。《水經注》、《太平寰宇記》所引《土地記》數條，皆不言所記範圍，因不能判斷作者歸屬，茲單列。

枚廻嶺

鹵城東三十八里有枚廻嶺，北與高是山連麓接勢，通爲高是山。（《太平寰宇記》卷五十一。）

枝廻嶺與高是山連麓接勢。（《元和郡縣志》卷十八。）

梅嶺

鹵地東州四十八里有梅嶺焉。(《初學記》卷八。)

驪山

驪山即藍田山。(《史記·周本紀》張守節正義。)

嶢關

藍田縣南有嶢關,地名嶢柳道,通荊州。(《水經注》卷十九。)

藍田縣城,本嶢都城,魏置青泥軍於其城外,而俗謂之青泥城。(《杜工部草堂詩箋》卷七。)

《建安記》　洪氏

除蕭子開《建安記》外,《太平寰宇記》卷一百零一又徵引洪氏《建安記》「止馬亭」一條。此條,《太平御覽》卷一百九十四亦引,但不著作者。洪氏,始末亦不可考。茲將此條單列於下。

止馬亭

止馬亭在〔一〕飛蝯嶺口,馬之登降,於此止息,故名之。(《太平御覽》卷一百九十四。又見《太平寰宇記》卷一百零一。)

〔校記〕

〔一〕在,《太平寰宇記》作「當」。

《建安記》　佚名

除蕭子開《建安記》、洪氏《建安記》外,諸書徵引又有不著作者《建安記》一種,姑另置。

三石山

　　山上有三石，一高七百尺，一高五百尺，一高四百尺，〔一〕其石色紅白，似人形，其俗呼爲〔二〕「三郎石」。(《太平寰宇記》卷一百。又見《輿地紀勝》卷一百三十三。)

　　〔校記〕

　　〔一〕此三句，《輿地紀勝》無。

　　〔二〕爲，《輿地紀勝》無。

百丈山

　　百丈山鳥道，昔越王於上設置臺榭，與撫州南豐縣分界，上有古蘭若存。(《太平寰宇記》卷一百。)

　　越王臺榭，在劍浦縣北，地名百丈山，昔越王於此山建置臺榭。(《輿地紀勝》卷一百三十三。)

樂野官

　　越王以七百里山澗之地，畋獵〔一〕縱樂。(《輿地紀勝》卷一百三十四。又見《新定九域志》卷九。)

　　〔校記〕

　　〔一〕畋獵，《新定九域志》作「岐戈」。

長樂村

　　長樂村，後漢時，此川民居殷富，地土廣闊，孫策將欲檢其江左，時鄰郡亡逃，或爲公私苛亂，悉投於此，因是有長樂、將檢二村之名。(《太平寰宇記》卷一百零一。)

廢鳥阪城

　　昔越王拒漢，其城六，此城一也。(《太平寰宇記》卷一百零一。)

綏安縣

　　晉隆安三年，又改將樂之〔一〕西鄉，置綏安縣。(《輿地紀勝》卷一百三十三。又見《太平寰宇記》卷一百零一。)

　　〔校記〕

　　〔一〕之，《太平寰宇記》無。

大湖山

大湖山，在浦城縣西南一百里，一名聖湖山，湖在山頂。昔有採藥者止此湖畔，見滿湖芙蓉，涉水採之，乃石也。亦有禽鳥，遠望如飛〔一〕，近視則石。（《太平御覽》卷四十七。又見《太平寰宇記》卷一百零一。）

〔校記〕

〔一〕遠望如飛，《太平寰宇記》作「遠如飛翔」。

溫山

此山有泉，夏寒冬煖。（《太平寰宇記》卷一百零一。）

西陽山

宋時西陽太守全景文所居，故有是名。（《海錄碎事》卷三上。）

落星穴

晉義熙年，長星墮其處爲此穴也。（《新定九域志》卷九。）

闌干山

闌干山，南與武夷山相對，半巖有石室，可容六千〔一〕人，巖口有木欄干，飛閣棧道。遠望石室中，隱隱有床帳案几之屬，巖石間悉生古栢，懸棺仙葬，多類武夷。（《太平御覽》卷四十七。又見《太平寰宇記》卷一百零一。）

〔校記〕

〔一〕千，《太平寰宇記》作「十」。

欄杆山，南與武夷山相對，巖石間懸棺仙葬，多類武夷。（《輿地紀勝》卷一百二十九。）

雞巖

雞巖，隔澗西與武夷山相對，半巖有雞窠四枚，石峭上不可登履，時有群雞數百飛翔，雄者類鸕鶿。（《太平御覽》卷四十七。）

雞巖與武夷山相對，半巖有雞巢〔一〕焉。（《輿地紀勝》卷一百二十九。又見《新定九域志》卷九。）

〔校記〕

〔一〕巢，《新定九域志》作「窠」。

演仙山

演仙山，古老相傳云，演氏煉丹於此山，灶之餘基近猶存焉。此山東面亦略通人徑，山中出橘，其味甘，人有食者即可，攜之出山即迷道。又有演仙水出此山，當郡城北爲大河，莫知其深淺，兼下有暗竇入城，流出於劍潭，居人資之，常流不絕。（《太平御覽》卷四十七。）

禱嶺、飛猿嶺

建安縣有禱嶺，與泉州分界，言嶺高，禱而方過。〔一〕又有飛猿嶺，喬木造天，猿猱之所飛走，故曰飛猿嶺。（《太平御覽》卷五十四。又見《太平寰宇記》卷一百零一。）

〔校記〕

〔一〕此數句，《太平寰宇記》無。

飛猿嶺，猿猱之所飛走，故名。（《輿地紀勝》卷一百三十四。）

子期山

華子期嘗師角里先生，得隱仙靈寶之法，後居此山（子期山）。（《輿地紀勝》卷一百二十九、《新定九域志》卷九。）

子期山

子期山乃溪畔小石峰也，四面巖巒峭拔，昔秦、漢之間偃人華子期曾師商山四皓，後居此山，山因名之。（《太平寰宇記》卷一百零一。）

烏君山

烏君山者，建安之名山也，在縣西一百里。近世有道士徐仲山者，少求神仙，專一爲志，貧居苦節，年久彌勵。與人遇於道，修禮，無少長皆讓之。或果穀新熟，輒祭，先獻虛空，次均宿老。鄉人有偷者坐罪當死。仲山詣官，承其偷罪，白偷者不死，無辜而誅，情所未忍，乃免冠解帶，抵承嚴法，所司疑而赦之。仲山又嘗山行，遇暴雨，苦風雷，迷失道徑，忽於電光之中，見一舍宅，有類府州，因投以避雨。至門，見一錦衣人，顧仲山，乃稱此鄉道士徐仲山拜。其錦衣人稱監門使者蕭衡，亦拜。因敘風雨之故，深相延引。仲山問曰：「自有鄉，無此府舍。」監門曰：「此神仙之所處，僕即監門官也。」俄有一女郎，梳縮雙鬟，衣絳赭裙青文羅衫，左手執金柄麈尾幢旄，傳呼曰：「使者外與何人交通，而不報也？」答云：「此鄉道士徐仲山。」須臾，又傳

呼云：「仙官召徐仲山入。」向所見女郎，引仲山自廊進。至堂南小庭，見一丈夫，年可五十餘，膚體鬚髮盡白，戴紗搭腦冠，白羅銀鏤帔，而謂仲山曰：「知卿精修多年，超越凡俗。吾有小女頗閑道教，以其夙業，合與卿爲妻，今當吉辰耳。」仲山降階稱謝拜起，而復請謁夫人，乃止之曰：「吾喪偶已七年，吾有九子，三男六女，爲卿妻者，最小女也。」乃命後堂備吉禮。既而陳酒肴，與仲山對食訖，漸夜聞環珮之聲，異香芬鬱，熒煌燈燭，引去別室。禮畢三日，仲山悅其所居，巡行屋室，西向廠舍，見衣竿上懸皮羽十四枚，是翠碧皮，餘悉烏皮耳。烏皮之中，有一枚是白烏皮。又至西南，有一廠舍，衣竿之上，見皮羽四十九枚，皆鸕鶿。仲山私怪之，卻至室中，其妻問其夫曰：「子適遊行，有何所見，乃沉悴至此？」仲山未之應，其妻曰：「夫神仙輕舉，皆假羽翼。不爾，何以倏忽而致萬里乎？」因問曰：「烏皮羽爲誰？」曰：「此大人之衣也。」又問曰：「翠碧皮羽爲誰？」曰：「此常使通引婢之衣也。」「又餘烏皮羽爲誰？」曰：「新婦兄弟姊妹之衣也。」又問：「鸕鶿皮羽爲誰？」曰：「司更巡夜者衣，即監門蕭衡之倫也。」語未畢，忽然舉宅驚懼，問其故，妻謂之曰：「村人將獵，縱火燒山。」須臾皆云：「竟未與徐郎造得衣。今日之別，可謂邂逅矣。」乃悉取皮羽，隨方飛去。即向所見舍屋，一無其處。因號其地爲烏君山。（《太平廣記》卷四百六十一。）

烏石山

　　山頂有二石，各十丈，形蒼黑間，葉分枝，狀如雙蔓，謂之雙石。（《新定九域志》卷九。）

　　山頂有二石，一高十丈，一高八丈，形皆蒼黑，鬪葉分枝，狀如雙蔓，謂之雙石。又秦、漢之代，有徐仲山者，於此山遇神仙妃偶，多假烏皮爲羽，飛走上下，故山因名之。今有烏君石存焉。（《太平寰宇記》卷一百零一。此條，《太平寰宇記》言出《記》，其與《太平廣記》卷四百六十一以及《新定九域志》所引《建安記》「烏君山」條類，《記》，當即《建安記》。）

存疑

泉山

　　山頂有泉，分爲兩派。一入處州，一入建溪。即《漢書》朱買臣言東越王保泉山，一人守險，千人不得上。即此山。（《太平寰宇記》卷一百零一。）

吳山

（吳）山四面秀異，人居其側多吳姓。漢興，有吳氏六千戶別屯大澤，即此之民也。（《太平寰宇記》卷一百零一。）

大姥山

大姥山即魏夫山也。（《太平寰宇記》卷一百零一。）

梨嶺

（梨嶺）南嶺下道東，有鍾離古亭跡尚存。（《太平寰宇記》卷一百零一。）

按，以上數條，《太平寰宇記》皆言出《記》，其中，《太平寰宇記》所引「泉山」條下又有「太湖山」一條，《太平寰宇記》亦言出《記》，考「太湖山」條，《太平御覽》亦引，言出《建安記》，此處數條，與「太湖山」條並列，應出自一書，或皆爲《建安記》。

《臨汝記》　桓氏

桓氏《臨汝記》，卷亡，史志不著錄，今見有《編珠》所引一條，其應成書於隋前。具體成書年代不詳。

靈谷山

靈谷山半巖有瀑布，晴日望之如挈練。（《編珠》卷一。）

《終南山記》　佚名

《終南山記》，卷亡，史志不著錄。今所見僅《編珠》卷一所引一條，其當成書於隋前。

神水

神水，一名地肺，可避洪水。（《編珠》卷一。）

《泰山記》 佚名

《泰山記》，卷亡，史志不著錄。作者不詳。唐代《藝文類聚》、《初學記》、《白氏六帖事類集》等書已引，則其成書至遲不晚於唐初。或以爲其成書與魏晉南北朝時期。諸書所引《泰山記》，條目有與《漢官儀》同者。

泰山

泰山盤道屈曲而上凡五十餘，盤經小天門、大天門。仰視天門，如從穴中視天窗矣。自下至古封禪處，凡四十里。山頂西巖爲仙人石，闆東巖爲介邱，東南巖名日觀，日觀者，雞一鳴時見日始欲出，長三丈所。又東南名秦觀，秦觀者，望見長安；吳觀者，望見會稽；周觀者，望見齊黃河。去泰山二百餘里，於祠所瞻黃河如帶，若在山阯。山南有廟，悉種柏千株，大者十五六圍，相傳云漢武所種。小天門有秦時五大夫松見在。（《初學記》卷五、《太平御覽》卷三十九。此條，《初學記》及《太平御覽》皆言出《漢官儀》及《泰山記》。《初學記》及《太平御覽》此條所引較長，除此條外，《白氏六帖事類集》、《太平寰宇記》等書所引數條內容較簡短，內容皆不出此條內容之外。或以爲，此條內容爲《泰山記》版本較完整者，他書所引數條內容較簡短者，皆從此條截取文字而成。）

日觀

（太山）東南巉〔一〕名日日觀，言〔二〕雞一鳴，時見日出。秦觀者，望見長安；吳觀者，望見會稽；周觀，望鎬也〔三〕。黃河去嶽三百餘里，望見之如帶。〔四〕（《白氏六帖事類集》卷二。又見《錦繡萬花谷》卷五。）

〔校記〕
〔一〕巉，《錦繡萬花谷》無。
〔二〕言，《錦繡萬花谷》無。
〔三〕望鎬也，《錦繡萬花谷》作「望見嵩山」。
〔四〕此二句，《錦繡萬花谷》作「見黃河如帶」。

東南峰名日觀，雞一鳴，見日出〔一〕。（《施注蘇詩》卷十。又見《紺珠集》卷十三。）

〔校記〕
〔一〕見日出，《紺珠集》作「時見日」。

東岩名日觀，雞一鳴，見日出高數丈。(《三體唐詩》卷三。)

周觀者，望見鎬。黃河去嶺三百餘里，望見如帶。(《緯略》卷六。)

長城

太山西北〔一〕有長城緣河，經太山千餘里〔二〕，至瑯琊〔三〕入海。〔四〕(《史記・趙世家》張守節正義。又見《史記・蘇秦列傳》張守節正義、《太平寰宇記》卷十三、《戰國策・秦卷》吳師道校注。)

〔校記〕

〔一〕西北，《史記・蘇秦列傳》張守節正義、《戰國策・秦卷》吳師道校注作「西」。

〔二〕千餘里，《史記・蘇秦列傳》張守節正義作「餘一千里」，《戰國策・秦卷》吳師道校注作「一千里」。

〔三〕瑯琊，《史記・蘇秦列傳》張守節正義、《太平寰宇記》、《戰國策・秦卷》吳師道校注皆作「瑯琊臺」。

〔四〕《太平寰宇記》此句後有「往往有璧門邸閣四五處猶在」一句。

漢武種栢

泰山廟在山南，悉種栢樹千株，大者十五、十六圍，長老傳云漢武所種。廟及東西房三十餘間，並高樓三處，春秋饗祀泰山君，常在此壇。(《太平御覽》卷三十九。)

山南有太山廟，種柏千樹〔一〕，大者十五六圍，長老傳云漢武帝〔二〕所種。晉有華林園柏二株。〔三〕(《初學記》卷二十八。又見《藝文類聚》卷八十八、《太平御覽》卷九百五十四。)

〔校記〕

〔一〕此句，《藝文類聚》、《太平御覽》作「種柏樹千株」。

〔二〕帝，《藝文類聚》、《太平御覽》無。

〔三〕此句，《藝文類聚》、《太平御覽》無。

泰山南有廟〔一〕，悉〔二〕種栢千株，大者十五六圍，相傳漢武所種〔三〕。(《事類備要》前集卷五。又見《杜工部草堂詩箋》補遺卷六。)

〔校記〕

〔一〕此句，《杜工部草堂詩箋》補遺作「山南有太山廟」。

〔二〕悉，《杜工部草堂詩箋》補遺無。

〔三〕此句，《杜工部草堂詩箋》補遺無。

泰山廟在山南，悉種栢樹千株。(《初學記》卷五。)

鍾乳

山有鍾乳，但不好耳。(《太平御覽》卷九百八十七。)

天門

泰山盤道屈曲而上，凡五十餘。盤經小天門、大天門，仰視天門，如從〔一〕穴中視天惣〔二〕矣。(《杜工部草堂詩箋》補遺卷一。又見《施注蘇詩》卷二十三。)

〔校記〕

〔一〕從，《施注蘇詩》無。

〔二〕惣，《施注蘇詩》作「悤」。

泰山盤道屈曲而上凡五十餘，盤經小天門、大天門。西岩爲仙人石，閭〔一〕東岩爲介丘，東〔二〕南岩名日觀，黃河去泰山二百餘里，祠所望黃河如帶。(《事文類聚》前集卷十三。又見《事類備要》前集卷五。)

〔校記〕

〔一〕閭，《事類備要》無。

〔二〕東，《事類備要》無。

登泰山凡五十餘，盤東上七十里，經小天門、大天門。仰視天門，如穴中視天悤。(《錦繡萬花谷》卷五。)

山頂有大天門、小天門。黃河去嶽三百餘里，日觀望之如帶。(《施注蘇詩》卷三十。)

上有小天門，大天門。仰視天門，如從穴中望天悤。(《施注蘇詩》卷十五。)

五大夫松

岱宗小天門有秦時五大夫松在。(《藝文類聚》卷八十八。)

《十二州記》　佚名

《十二州記》卷亡，作者不詳。今所見有《北堂書鈔》所引一條，《太平御覽》所引二條。其中，《御覽》卷五百二十六所引「禹治洪水」條與《北堂書鈔》條同，皆不著作者。《梁史》載吳均嘗作《十二州記》十六卷，不知此數條是否爲吳均《十二州記》，茲單列。

汾水

汾水出周武縣之燕京山。盖管涔之異名也。(《太平御覽》卷四十五。)

禹治洪水

昔禹治洪水既畢，乃乘橋車到東〔一〕山，祀上帝於北河，歸大功九天〔二〕。
(《北堂書鈔》卷八十八。又見《太平御覽》卷五百二十六。)

〔校記〕
〔一〕東，《太平御覽》作「鐘」。
〔二〕此句，《太平御覽》作「歸大功於九河」。

《十二州志》　佚名

《十二州志》，卷亡，作者不詳，今所見僅《太平御覽》卷四十五所引
一條。闞駰《十三州志》，時有作《十二州志》者，不知此條是否爲闞駰《十
三州志》，茲單列。

羊腸

晉陽有羊腸蟠曲，在其西北九十里也。(《太平御覽》卷四十五。)

《廣梁南徐州記》　虞孝恭

虞孝恭《廣梁南徐州記》，《隋書經籍志》言「五卷，虞孝敬撰」。孝敬，
或即孝恭之誤。《通志》、《國史藝文志》均言九卷，章宗源《隋書經籍志考
證》言「此爲廣州、梁州、南徐州三記合併爲帙者，似梁代地記之殘臍。」
虞孝恭，生卒年、里籍未詳。

信郎王廟

東海信郎王廟，在無錫縣東，中廢，復建。(《(咸淳)毗陵志》卷十四。)

《荊湘記》 佚名

《荊湘記》，卷亡，史志不著錄，今所見有《太平寰宇記》所引一條。南宋《輿地紀勝》所引一條與《寰宇記》同。其作者、成書年代皆不可考，茲列於下。

舊汝南城

金水北岸〔一〕有汝南舊城〔二〕是也。(《太平寰宇記》卷一百一十二。又見《輿地紀勝》卷六十六。)

〔校記〕

〔一〕北岸，《輿地紀勝》作「岸北」。

〔二〕汝南舊城，《輿地紀勝》作「舊汝南城」。

《晉地記》 佚名

《晉地記》，卷亡，史志不著錄，作者亦不詳。《晉地記》，所記地理範圍多爲山西附近事，此處「晉」，應爲地理範圍，而非朝代名。《宋書·州郡志》引《晉地記》數條，皆爲《晉書·地理志》。《晉地記》，北宋時《太平寰宇記》引數條，此後書多不見引。

窮谷

河南有窮谷，蓋本有窮氏所遷也。(《史記·夏本紀》張守節正義。)

陽曲

黃河千里一曲，此當其陽，故曰陽曲。(《太平寰宇記》卷四十。)

穀遠

穀遠，今名孤遠，因後〔一〕語訛耳。(《太平寰宇記》卷五十。又見《太平御覽》卷一百六十三。)

〔校記〕

〔一〕因後，《太平御覽》作「後代」。

少山

少山，即太谷水出，經祁縣界。(《太平寰宇記》卷四十。此條，金陵書局本《太平寰宇記》言出《晉地理記》，文淵閣四庫全書補配古逸叢書本《太平寰宇記》則言出《晉地記》，二者當爲一書也。)

博浪沙

鄭州陽武縣有博浪沙。(《史紀·留侯世家》張守節正義。此條，《史記》正義言出《晉地理記》。)

《陽城記》　佚名

《陽城記》，卷亡，史志不著錄。陽城郡，晉置隋廢。其應作於隋前。文中又有言晉永康年間事，則其成書當晚於此。

牧牛山

牧牛山在陽城東八十里，下有九十六泉，即滄河之上源也。父老云：「昔有一神駿，身自山而降，下飲泉竭，故以爲名。(《太平御覽》卷四十二。)

九山

九山在縣南三十五里。《注水經》云：相澗水經九山東。仲長子云：「昔有上者，身遊九山之上，施心不拘之鄉，即此山也。山陰有九山廟碑，晉永康二年立，文曰：「九山府君者，太華元子之稱也。」(《太平御覽》卷四十二。)

大嵬山

大嵬山在密縣東南五十里，即具茨之山，黃帝登具茨之山，升於供隄之上，受神芝圖於黃蓋童子，即此也，又名具茨山也。又有方山，一名浮戲山，氾水出焉；又有洧水出密縣西南馬嶺山。(《太平御覽》卷四十二。)

《西域道里記》　　程士章

除丘淵之《征齊道里記》、江德藻《聘北道里記》外，陳姚察又有《西聘道里記》，《隋·志》又載有《西域道里記》一卷，不著作者；《新唐書·藝文志》又載《西域道里記》三卷，程士章撰，或與《隋·志》所載爲一書。此書《隋·志》所載，或成書於南北朝時期。《太平寰宇記》引一條。

喝汗國

本康國王之先，兄弟十人，分居王國，其一即喝汗國也。城可十餘里，有戶二萬。（《太平寰宇記》卷一百八十四。）

《交州以南外國傳》　　佚名

《交州以南外國傳》，《隋書·經籍志》言一卷，《舊唐書·經籍志》同，唯「南」作「來」，章宗源《隋書經籍志考證》以爲此書與吳康泰《吳時外國傳》爲一書。茲存疑，單列。

西屠國

有銅柱表，爲漢之南極界，左右十餘小國悉屬西屠，有夷民，所在二千餘家。（《太平御覽》卷七百九十四。）

《肅愼國記》　　佚名

《肅愼國記》，卷亡，作者不詳。肅愼國，爲我國東北地區的原始民族，約消亡於南北朝時期。傅郎雲有《〈肅愼國記〉從考》一文，見《圖書館學研究》，1983 年第 3 期。

肅愼氏

　　肅愼氏其地，在夫餘國北，可六十日行，東濱大海，夏則巢居，冬則穴
處。父子世爲君長，無文墨，以言語爲約，其畜有馬豬牛羊，不知乘馬，以
爲財產而已。豬放山谷中，食其肉，唑其皮，績豬毛以爲布，無井竃，人作
瓦鬲四五升以食，唑則箕踞足袂肉而啖之。得凍肉，唑其上令煥。土地無鹽，
燒木作灰，灌取汁食之。俗皆編髮，以布作襜裙，俓尺餘，以蔽前。嫁娶之
法，男以毛羽插女頭，女和則持歸，然後致禮娉之，婦貞而女淫，貴壯賤老，
寡居終身不嫁。性凶悍，以無憂喪相尙。父母死，男子不哭，哭者謂之不壯。
相盜贓物無多少盡誅殺之，雖野處而不相犯。死者即日便葬於野，交木作小
槨，殺豬積槨上，富室數百，貧者數十，以爲死者之粮。以土覆之，以繩繫
於槨，頭出土上，以酒灌酹纔繩，腐而止，無時祭祀也。其檀弓三尺五寸，
括矢長尺有咫，石砮皮骨。申石山在國東北，取之必先祈神，石利入鐵。(《太
平御覽》卷七百八十四。)

　　肅愼氏，其地在夫餘國北，東濱大海。(《後漢書·鄭孔荀列傳》李賢等注。)

　　肅愼，其地在夫餘國東北，河(可)六十日行。其弓四尺，強勁弩射四百
步，今之靺鞨國方有此矢。(《史記·孔子世家》張守節正義。)

附錄：漢魏六朝地記存目

1. 《甘泉宮圖》，漢武帝撰，見《歷代名畫記》。
2. 《五嶽真形圖》，漢武帝撰，見《漢武帝內傳》。
3. 《風俗記》，西漢朱贛撰，見《隋書・經籍志》地理類敘。
4. 《漢輿地圖》，佚名，見《晉書・裴秀傳》。
5. 《地形圖》，東漢張衡撰，見《歷代名畫記》。
6. 《山川屯田聚落》，百餘卷，東漢李恂撰，見《後漢書・李恂傳》。
7. 《西域風土記》，東漢班超撰，見《後漢書・西域傳序》。
8. 《西域傳》，東漢班勇撰，見《後漢書・班勇傳》。
9. 《西域風土記》，東漢班勇撰，見《後漢書・西域傳序》。
10. 《黃河流勢圖》，三國魏曹髦撰，見《歷代名畫記》。
11. 《西京圖》，三國魏楊脩撰，見《歷代名畫記》。
12. 《扶南異物志》，一卷，三國吳朱應撰，見《隋書・經籍志》、《舊唐書・經籍志》、《新唐書・藝文志》。
13. 《潮水論》，三國吳嚴畯撰，見《三國志・吳書・嚴畯傳》。
14. 《江湖九州山嶽之勢圖》，三國吳孫權趙夫人撰，見《歷代名畫記》。
15. 《哀牢夷圖譜》，三國蜀諸葛亮撰，見《華陽國志・南中志》。
16. 《蜀郡鄉俗記》，三國蜀趙寧撰，見《華陽國志・蜀志》。
17. 《地形方丈圖》，西晉裴秀撰，見《歷代名畫記》。
18. 《州郡縣名》，五卷，太康三年撰，見《舊唐書・經籍志》。
19. 《神異經注》，一卷，西晉張華撰，見《隋書・經籍志》。《舊唐書・經籍志》、《新唐書・藝文志》著錄為二卷。
20. 《耆闍崛山解》，西晉竺法護撰，見《法苑珠林・傳記篇》。

21.《太康州郡縣名》，佚名，見《舊唐書·經籍志》、《新唐書·藝文志》。

22.《元康六年戶口簿記》，三卷，佚名，見《隋書·經籍志》。

23.《上林苑圖》，西晉衛協撰，見《歷代名畫記》。

24.《太清石壁記》（又名《太清石壁靈草記》），晉蘇元明撰。《新唐書·藝文志》撰三卷，《通志·藝文略》撰一卷。

25.《異物志》，十卷，晉續咸撰，見《晉書·續咸傳》。

26.《遠遊志》，十卷，晉續咸撰，見《晉書·續咸傳》。

27.《九州名山圖》，晉戴勃撰，見《貞觀公私畫史》《歷代名畫記》。

28.《四海百川水源記》，一卷，晉釋道安撰，見《隋書·經籍志》。

29.《遊西域傳》，晉釋寶雲撰，見唐釋道宣《釋迦方志》卷下《遊履篇》。

30.《梁州巴記》，晉黃容撰，見《華陽國志·後賢志》。

31.《蜀志》，一卷，東晉常寬撰，見《隋書·經籍志》。

32.《畫雲龍山記》，東晉顧愷之撰，見《歷代名畫記》。

33.《廬山會圖》，東晉顧愷之撰，見《歷代名畫記》。

34.《蜀都賦圖》，晉史道碩撰，見《歷代名畫記》。

35.《金谷圖》，晉史道碩撰，見《歷代名畫記》。

36.《南都賦圖》，東晉戴逵撰，見《世說新語·巧藝》《歷代名畫記》。

37.《吳中溪山邑居圖》，東晉戴逵撰，見《歷代名畫記》。

38.《九州郡縣名》，九卷，佚名，見《隋書·經籍志》。

39.《洛陽記》，一卷，晉宋戴延之撰，見《舊唐書·經籍志》。

40.《遊歷外國傳》，晉釋寶雲撰，《高僧傳》卷三載，「其遊履外國，別有記傳」，當是記述遊歷外國之書。

41.《司空郡國輿地圖》，佚名，見《周禮·地官·大司徒》注。

42.《山海經圖》，佚名，見《歷代名畫記》。

43.《大荒經圖》，佚名，見《歷代名畫記》。

44.《河圖括地象圖》，佚名，見《歷代名畫記》。

45.《江圖》，一卷，張氏撰，見《隋書·經籍志》。

46.《江圖》，二卷，劉氏撰，見《隋書·經籍志》。

47.《越中風俗圖》，宋顧寶先撰，見《歷代名畫記》卷六。

48.《蒼梧圖》，宋袁倩撰，見《歷代名畫記》卷六。

49.《張平子西京賦圖》，宋敬文撰，見《歷代名畫記》卷六。

50.《元嘉六年地記》，佚名，見《隋書·經籍志》。

51.《地理書鈔》十卷，劉黃門撰，見《隋書·經籍志》。

52. 《木方丈圖》，宋謝莊撰，見《宋書・謝莊傳》。

53. 《隋王入沔記》，六卷，宋沈懷文撰，見《隋書・經籍志》。

54. 《沙門智猛遊行外國傳》，宋釋智猛撰，見唐釋道宣《釋迦方志》卷下《遊履篇》。

55. 《遊西域傳》，宋釋法勇撰，見唐釋道宣《釋迦方志》卷下《遊履篇》。

56. 《遊西域記》，釋法獻撰，見《高僧傳》卷二。

57. 《會稽記》，南齊虞愿撰，見《南史・虞愿傳》。

58. 《衡陽郡記》，南齊顧憲之撰，見《南史・顧憲之傳》。

59. 《廬山衡山記》，南齊宗測撰，見《南齊書・高逸傳》。

60. 《地理書》，一百四十九卷，錄一卷，南齊陸澄撰，見《隋書・經籍志》。

61. 《地理書鈔》，南齊陸澄撰，見《隋書・經籍志》。

62. 《江州記》，三卷，梁元帝蕭繹撰，見《金樓子・著書篇》。

63. 《長洲苑記》，三卷，梁元帝蕭繹撰，見《金樓子・著書篇》。

64. 《十二州記》，十六卷，梁吳均撰，見《南史・吳均傳》。

65. 《廟記》，十卷，梁吳均撰，見《南史・吳均傳》。

66. 《古今州郡記》，梁陶弘景撰，見《南史・陶弘景傳》。

67. 《西域圖》，一卷，梁陶弘景撰，見梁陶翊《華陽隱居先生本起錄》。

68. 《續伍端休江陵記》，一卷，梁庾詵撰，見《南史・庾詵傳》。

69. 《述行記》，四卷，梁許懋撰，見《南史・許懋傳》。

70. 《萬國使圖》一卷，梁裴子野撰，見《梁書・裴子野傳》。

71. 《職貢圖》，梁江僧寶撰，見《歷代名畫記》卷七。

72. 《續黃圖》，梁江子一撰，見《南史・江子一傳》。

73. 《山海經圖》，十卷，梁張僧繇撰，見《玉海・地理書》引《中興書目》。

74. 《世界記》，五卷，梁釋僧佑撰，見《隋書・經籍志》。

75. 《地理書鈔》，九卷，梁任昉撰，見《隋書・經籍志》。

76. 《地記》，二百五十二卷，梁任昉撰，見《隋書・經籍志》。

77. 《眾家地理書鈔》，二十卷，梁庾仲容撰，見《梁書・庾仲容傳》。

78. 《陸氏驪泉志》，梁陸煦撰，見《梁書・陸煦傳》。

79. 《十國都城記》，十卷，陳顧野王撰，見《新唐書・藝文志》。

80. 《建安地記》，二篇，陳顧野王撰，見《南史・顧野王傳》。

81. 《分野樞要》，一卷，陳顧野王撰，見《冊府元龜》卷五六○。

82. 《西聘道里記》，一卷，陳姚察撰，見《陳書・姚察傳》。

83. 《建康三鍾記》，陳姚察撰，見《陳書・姚察傳》。

84.《百國人圖》，佚名，見《歷代名畫記·述古之秘畫珍圖》。

85.《輿地圖》，北魏元懌、李義徽撰，見《北史·元懌傳》《北史·李先傳》。

86.《行傳》，一卷，北魏道藥（一作榮）撰，見唐釋道宣《釋迦方志》卷下《遊履篇》。

87.《行傳》（又名《外國傳》、《歷諸國傳》），四卷，北魏法盛撰，見唐釋道宣《釋迦方志》卷下《遊履篇》。

88.《三晉記》，十卷，北魏王遵業撰，見《魏書·王慧龍傳》。

89.《徐州人地錄》，二十卷，北魏劉芳撰，見《魏書·劉芳傳》。

90.《李諧行記》，一卷，北魏李諧撰，見《隋書·經籍志》。

91.《晉祠記》，北齊祖鴻勛撰，見《史通·雜說下》《北齊書·祖鴻勛傳》。

92.《行記》三卷，北周姚僧垣撰，見《周書·姚僧垣傳》。

93.《國都城記》，九卷，北周宇文毓撰，見《新唐書·藝文志》。

94.《分吳會丹陽三郡記》，三卷，佚名，見《舊唐書·經籍志》。

地記輯校引用參考書目

1. 《十三經注疏》，〔清〕阮元校刊，北京：中華書局，1980 年。
2. 《經典釋文序錄疏證》，〔唐〕陸德明撰，吳承仕疏證，北京：中華書局，2008 年。
3. 《史記》，〔漢〕司馬遷撰、〔南朝宋〕裴駰集解、〔唐〕司馬貞索隱、〔唐〕張守節正義，北京：中華書局，1959 年。
4. 《漢書》，〔漢〕班固撰、〔唐〕顏師古注，北京：中華書局，1962 年。
5. 《後漢書》，〔南朝宋〕范曄撰、〔唐〕李賢等注，北京：中華書局，1965 年。
6 《兩漢紀》，〔漢〕荀悅、〔晉〕袁宏撰，張烈點校，北京：中華書局，2002 年。
7. 《三國志》，〔晉〕陳壽撰、〔南朝宋〕裴松之注，北京：中華書局，1959 年。
8. 《三國志集解》，〔晉〕陳壽撰、〔南朝宋〕裴松之注，盧弼集解，錢劍夫整理，上海：上海古籍出版社，2009 年。
9. 《晉書》，〔唐〕房玄齡等撰，北京：中華書局，1974 年。
10. 《魏書》，〔北齊〕魏收撰，北京：中華書局，1974 年。
11. 《宋書》，〔梁〕沈約撰，北京：中華書局，1974 年。
12. 《南齊書》，〔梁〕蕭子顯撰，北京：中華書局，1972 年。
13. 《梁書》，〔唐〕姚思廉撰，北京：中華書局，1972 年。
14. 《陳書》，〔唐〕姚思廉撰，北京：中華書局，1972 年。
15. 《北齊書》，〔唐〕李百藥撰，北京：中華書局，1972 年。

16. 《周書》，〔唐〕令狐德棻等撰，北京：中華書局，1971 年。

17. 《隋書》，〔唐〕魏徵等撰，北京：中華書局，1973 年。

18. 《南史》，〔唐〕李延壽撰，北京：中華書局，1975 年。

19. 《北史》，〔唐〕李延壽撰，北京：中華書局，1974 年。

20. 《舊唐書》，〔後晉〕劉昫等撰，北京：中華書局，1975 年。

21. 《新唐書》，〔宋〕歐陽修、宋祁撰，北京：中華書局，1975 年。

22. 《宋史》，〔元〕脫脫等撰，北京：中華書局，1977 年。

23. 《東觀漢紀校注》，〔漢〕劉珍等撰，吳樹平校注，北京：中華書局，2008 年。

24. 《八家後漢書輯注》，周天遊輯注，上海：上海古籍出版社，1986 年。

25. 《九家舊晉書輯本》，〔清〕湯球輯，楊朝明校補，鄭州：中州古籍出版社，1991 年。

26. 《晉書斠注》，〔清〕吳士鑒、劉承幹注，北京：中華書局，2008 年。

27. 《眾家編年體晉史》，喬致忠輯注，天津：天津古籍出版社，1989 年。

28. 《資治通鑑》，〔宋〕司馬光主撰、〔元〕胡三省音注，北京：中華書局，1962 年。

29. 《通鑑地理通釋》，〔宋〕王應麟著，傅祥林點校，北京：中華書局，2013 年。

30. 《通鑑地理通釋校注》，〔宋〕王應麟撰，張保見校注，成都：四川大學出版社，2009 年。

31. 《通鑑綱目》，〔宋〕朱熹撰，臺北：世界書局，1988 年。

32. 《華陽國志校補圖志》，〔晉〕常璩撰，任乃強校注，上海：上海古籍出版社，1987 年。

33. 《華陽國志校注》(修訂版)，〔晉〕常璩撰，劉琳校注，成都：成都時代出版社，2007 年。

34. 《襄陽耆舊記校注》，〔晉〕習鑿齒原著，舒焚、張林川校注，武漢：荊楚書社，1986 年。

35. 《建康實錄》，〔唐〕許嵩撰，張忱石點校，北京：中華書局，1986 年。

36. 《渚宮舊事》，〔唐〕余知古著，北京：中華書局，1985 年。

37. 《六朝事蹟編類》，〔宋〕張敦頤著，南京：南京出版社，2007 年。

38. 《高僧傳》，〔梁〕釋慧皎撰，湯用彤校注，北京：中華書局，1992 年。

39. 《水經注校證》，〔北魏〕酈道元撰，陳橋驛校證，北京：中華書局，2007 年。

40. 《水經注疏》，〔北魏〕酈道元著，楊守敬、熊會貞疏，段熙仲點校，陳橋驛復校，南京：江蘇古籍出版社，1989 年。

41. 《洛陽伽藍記》，〔北齊〕楊衒之撰，楊勇校釋，北京：中華書局，2006 年。

42. 《元和郡縣圖志》，〔唐〕李吉甫撰，北京：中華書局，1983 年。

43. 《太平寰宇記》，〔宋〕樂史撰，王文楚點校：北京：中華書局，2007 年。

44. 《元豐九域志》，〔宋〕王存、魏嵩山撰，王文楚點校，北京：中華書局，1984 年。

45. 《輿地紀勝》，〔宋〕王象之等撰，北京：中華書局，1992 年。

46. 《方輿勝覽》，〔宋〕祝穆撰、祝洙增訂，施金和點校，北京：中華書局，2003 年。

47. 《三輔黃圖校釋》，何清谷校釋，北京：中華書局，2005 年。

48. 《異物志輯佚校注》，〔漢〕楊孚撰，吳永章輯佚校注，廣州：廣東人民出版社，2010 年。

49. 《嶺南古代方志輯佚》，駱偉、駱廷，廣州：廣東人民出版社，2002 年。

50. 《臨海水土異物志輯校》，〔吳〕沈瑩撰，張崇根輯校，北京：農業出版社，1981 年。

51. 《漢魏六朝嶺南植物「志錄」輯釋》，繆啟愉、邱澤奇輯釋，北京：農業出版社，1990 年。

52. 《路史》，〔宋〕羅泌，臺北：臺北商務印書館，1986 年。

53. 《蜀鑒》，〔宋〕郭允蹈，臺北：臺北商務印書館，1986 年。

54. 《雍錄》，〔宋〕程大昌撰，黃永年點校，北京：中華書局，2002 年。

55. 《吳郡圖經續記》，〔宋〕朱長文，南京：江蘇古籍出版社，1999 年。

56. 《（咸淳）毗陵志》，〔宋〕史能之撰，朱玉林、張平生點校，揚州：廣陵書社，2005 年。

57. 《會稽二志點校》，〔宋〕李能成，合肥：安徽文藝出版社，2012 年。

58. 《（嘉定）剡錄》，〔宋〕高似孫，臺北：成文出版社，1970 年。

59. 《（嘉泰）吳興志》，〔宋〕談鑰，臺北：成文出版社，1983 年。

60. 《（淳熙）嚴州圖經》，〔宋〕陳公亮、劉文富纂修，上海：上海古籍出版社，2002 年。

61. 《（乾道）四明圖經》，〔宋〕張豐，臺北：成文出版社，1983 年。

62. 《岳陽風土記》，〔宋〕范致明，臺北：成文出版社，1976 年。

63. 《廬山記》，〔宋〕陳舜俞撰，北京：中華書局，1985 年。

64. 《南嶽總勝集》，〔宋〕陳田夫，北京：北京圖書館出版社，2002 年。

65.《會稽三賦》，〔宋〕王十朋，北京：中華書局，1985 年。

66.《長安志》，〔宋〕宋敏求編，北京：國家圖書館出版社，2012 年。

67.《南海百詠》，〔宋〕方信孺編，北京：中華書局，1985 年。

68.《類編長安志》，〔元〕駱天驤編，上海：上海古籍出版社，2002 年。

69.《延祐四明志》，〔元〕袁桷編，臺北：成文出版社，1983 年。

70.《至大金陵新志》，〔元〕張鉉編，臺北：臺灣商務印書館，1986 年。

71.《百越先賢志》，〔明〕歐大任編，北京：中華書局，1985 年。

72.《廣東新語》，〔清〕屈大均撰，北京：中華書局，1985 年。

73.《史通通釋》，〔唐〕劉知幾撰〔清〕浦起龍釋，上海古籍出版社，1978 年。

74.《史略·子略》，〔宋〕高似孫撰，張豔雲、楊朝霞校點，沈陽：遼寧教育出版社，1998 年。

75.《文史通義校注》，〔清〕章學誠撰，葉瑛校注，北京：中華書局，1994 年。

76.《通典》，〔唐〕杜佑撰，王文錦等點校，北京：中華書局，1988 年。

77.《通志二十略》，〔宋〕鄭樵撰，王樹民點校，北京：中華書局，1995 年。

78.《神仙傳校釋》，〔晉〕葛洪撰，胡守為校釋，北京：中華書局，2010 年。

79.《法顯傳校注》，〔晉〕釋法顯撰，章巽校注，北京：中華書局，2008 年。

80.《比丘尼傳校注》，〔梁〕釋寶唱撰，王孺童校注，北京：中華書局，2006 年。

81.《釋迦方志》，〔唐〕道宣撰，范祥雍點校，北京：中華書局，2000 年。

82.《續高僧傳》，〔唐〕道宣撰，郭紹林點校，北京：中華書局，2014 年。

83.《括地志輯校》，〔唐〕李泰等著，賀次君輯校，北京：中華書局，1980 年版。

84.《北戶錄》，〔唐〕段公路，北京：中華書局，1985 年。

85.《齊乘校釋》，〔元〕于欽撰，劉敦願、宋百川、劉伯勤校釋，北京：中華書局，2012 年。

86.《宋元方志叢刊》，中華書局編輯部編，北京：中華書局，1990 年。

87.《漢唐地理書鈔》，〔清〕王謨輯，北京：中華書局，1961 年。

88.《永樂大典方志輯佚》，馬蓉等點校，北京：中華書局，2004 年。

89.《二十五史補編》，二十五史刊行委員會編，北京：中華書局，1958 年。

90.《隋書經籍志詳考》，〔日〕興膳宏、川合康三撰，東京：汲古書院，1995 年。

91.《郡齋讀書志校證》，〔宋〕晁公武撰，孫猛校證，上海：上海古籍出版社，1990 年。

92. 《直齋書錄解題》，〔宋〕陳振孫撰，徐小蠻、顧美華點校，上海：上海古籍出版社，1987年。

93. 《四庫全書總目》，〔清〕永瑢等撰，北京：中華書局，1965年。

94. 《抱朴子外篇校箋》，〔晉〕葛洪撰，楊明照校箋，北京：中華書局，1997年。

95. 《抱朴子內篇校釋》，〔晉〕葛洪撰，王明校釋，北京：中華書局，2002年。

96. 《齊民要術譯注》，〔北魏〕賈思勰撰，繆啓愉、繆桂龍譯注，上海古籍出版社，2006年。

97. 《金樓子校箋》，〔梁〕蕭繹撰，許逸民校箋，北京：中華書局，2011年。

98. 《弘明集·廣弘明集》，〔梁〕僧佑、〔唐〕道宣撰，上海：上海古籍出版社，1991年。

99. 《出三藏記集》，〔梁〕釋僧祐撰，蘇晉仁、蕭鍊子點校，北京：中華書局，1995年。

100. 《真誥》，〔南朝梁〕陶弘景撰，趙益點校，北京：中華書局，2011年。

101. 《真誥校注》，〔日〕吉川忠夫、麥谷邦夫撰，朱越利譯，北京：中國社會科學出版社，2006年。

102. 《法苑珠林校注》，〔唐〕釋道世撰，周叔迦、蘇晉仁校注，北京：中華書局，2003年。

103. 《獨異志》，〔唐〕李冗撰，北京：中華書局，1983年。

104. 《唐開元占經》，〔唐〕瞿曇悉達，北京：中國書店，1989年。

105. 《雲笈七籤》，〔宋〕張君房編，李永晟點校，北京：中華書局，2003年。

106. 《世說新語箋疏》，〔南朝宋〕劉義慶撰、〔梁〕劉峻注，余嘉錫箋疏，北京：中華書局，1983年。

107. 《世說新語校箋》，〔南朝宋〕劉義慶撰、〔梁〕劉峻注，楊勇校箋，北京：中華書局，2006年。

108. 《編珠》，〔隋〕杜公瞻，臺北：臺灣商務印書館，1983年。

109. 《北堂書鈔》，〔隋〕虞世南撰，天津：天津古籍出版社，1988年。

110. 《藝文類聚》，〔唐〕歐陽詢撰，汪紹楹校，上海：上海古籍出版社，1982年。

111. 《初學記》，〔唐〕徐堅等撰，北京：中華書局，1962年。

112. 《白氏六帖事類集》，〔唐〕白居易，北京：文物出版社，1985年。

113. 《白孔六帖》，〔唐〕白居易原本，〔宋〕孔傳續撰，臺北：臺灣商務印書館，1986年。

114. 《酉陽雜俎》，〔唐〕段成式撰，方南生點校，北京：中華書局，1981年。

115.《雲仙雜記》，〔唐〕馮贄，北京：中華書局，1985 年。

116.《歲華紀麗》，〔唐〕韓鄂，北京：中華書局，1985 年。

117.《元和姓纂》，〔唐〕林寶撰，岑仲勉校記，郁賢浩、陶敏整理，北京：中華書局，1994 年。

118.《職官分紀》，〔宋〕孫逢吉撰，上海：商務印書館，1935 年。

119.《事類賦注》，〔宋〕吳淑撰注，冀勤、王秀梅、馬蓉校點，北京：中華書局，1989 年。

120.《太平御覽》，〔宋〕李昉等撰，北京：中華書局，1960 年。

121.《太平廣記》，〔宋〕李昉等編，北京：中華書局，1961 年。

122.《冊府元龜》，〔宋〕王欽若等編，北京：中華書局，1960 年。

123.《玉海》，〔宋〕王應麟，南京：江蘇古籍出版社，1987 年。

124.《海錄碎事》，〔宋〕葉延珪撰，李之亮校點，北京：中華書局，2002 年。

125.《續談助》，〔宋〕晁載之，北京：中華書局，1988 年。

126.《錦繡萬花谷》，〔宋〕佚名，上海：上海古籍出版社，1991 年。

127.《古今事文類聚》，〔宋〕祝穆，臺北：臺灣商務印書館，1986 年。

128.《古今合璧事類備要》，〔宋〕謝維新，臺北：臺灣商務印書館，1986 年。

129.《全芳備祖》，〔宋〕陳景沂編輯，祝穆訂正，杭州：浙江古籍出版社，2014 年。

130.《東坡先生物類相感志》，〔宋〕釋贊寧，濟南：齊魯書社，1995 年。

131.《記纂淵海》，〔宋〕潘自牧編，北京：中華書局，1988 年。

132.《事物紀原》，〔宋〕高承、〔明〕李果撰，北京：中華書局，1989 年。

133.《書敘指南》，〔宋〕任廣，上海：商務印書館，1937 年。

134.《韻府群玉》，〔元〕陰勁弦，陰復春編，臺北：臺灣商務印書館，1986 年。

135.《天中記》，〔明〕陳耀文撰，揚州：廣陵書社，2007 年。

136.《廣博物志》，〔明〕董斯張撰，長沙：嶽麓書社，1991 年。

137.《御定淵鑒類函》，〔清〕張英，王士禎撰，臺北：臺灣商務印書館，1986 年。

138.《格致鏡原》，〔清〕陳元龍，臺北：臺灣商務印書館，1986 年。

139.《江西考古錄》，〔清〕王謨，臺北：成文出版社，1970 年影印版。

140.《說郛三種》，〔明〕陶宗儀等編，上海：上海古籍出版社，2012 年。

141.《玉函山房輯佚書》，〔清〕馬國翰輯，揚州：廣陵書社，2005 年。

142.《玉函山房輯佚書續編三種》，〔清〕王仁俊輯，上海：上海古籍出版社，1989 年。

143. 《叢書集成初編》，王雲五主編，北京：中華書局，1985 年。

144. 《文淵閣四庫全書》〔清〕永瑢、紀昀等編纂，臺北：臺灣商務印書館，1986 年。

145. 《二酉堂叢書》，〔清〕張澍輯，蘭州：蘭州古籍書店，1990 年。

146. 《漢學堂知足齋叢書》，〔清〕黃奭編校，北京：書目文獻出版社，1992 年。

147. 《黃氏逸書考》，〔清〕黃奭輯，揚州：江蘇廣陵古籍刻印社，1984 年。

148. 《麓山精舍叢書》，〔清〕陳運溶輯撰，長沙：嶽麓書社，2008 年。

149. 《經訓堂叢書》，〔清〕畢沅輯，西安：三秦出版社，2008 年。

150. 《魯迅輯錄古籍叢編》，魯迅輯，北京：人民文學出版社，1999 年。

151. 《文選》，〔南朝梁〕蕭統編、〔唐〕李善注，上海：上海古籍出版社，1986 年。

152. 《六臣注文選》，〔南朝梁〕蕭統編、〔唐〕李善、呂延濟等注，杭州：浙江古籍出版社，1999 年。

153. 《文苑英華》，〔宋〕李昉等編，北京：中華書局，1966 年。

154. 《古文苑》，〔宋〕章樵注，北京：中國書店，2012 年。

155. 《全上古三代秦漢三國六朝文》，〔清〕嚴可均輯，北京：中華書局，1958 年。

156. 《建安七子集》，俞紹初輯校，北京：中華書局，1989 年。

157. 《嵇康集校注》，戴明揚校注，北京：人民文學出版社，1962 年。

158. 《阮籍集校注》，陳伯君校注，北京：中華書局，1987 年。

159. 《陸機集》，金濤聲點校，北京：中華書局，1982 年。

160. 《謝靈運集校注》，顧紹柏校注，鄭州：中州古籍出版社，1987 年。

161. 《江淹集校注》，俞紹初、張亞新校注，鄭州：中州古籍出版社，1994 年。

162. 《劉孝標集校注》，羅國威校注，北京：學苑出版社，2003 年。

163. 《庾子山集注》，〔清〕倪璠注，許逸民校點，北京：中華書局，1980 年。

164. 《日藏弘仁本文館詞林校證》，〔唐〕許敬宗編，羅國威整理，北京：中華書局，2001 年。

165. 《杜工部草堂詩箋》，〔宋〕蔡夢弼，上海：上海古籍出版社，2002 年。

166. 《九家集注杜詩》，〔宋〕郭知達，臺北：臺灣商務印書館，1986 年。

167. 《五百家注昌黎集》，〔宋〕魏仲舉，臺北：世界書局，1988 年。

168. 《施注蘇詩》，〔宋〕施元之，臺北：世界書局，1988 年。

169. 《中國古方志考》，張國淦撰，北京：中華書局，1962 年。

170. 《金明館叢稿初編》，陳寅恪撰，上海：上海古籍出版社，1980 年。

171.《漢魏兩晉南北朝佛教史》，湯用彤撰，北京：中華書局，1983 年。

172.《中國目錄學史論叢》，王重民撰，北京：中華書局，1984 年。

173.《閑堂文藪》，程千帆撰，濟南：齊魯書社，1984 年。

174.《通鑒地理注詞典》，馮惠民等編，濟南；齊魯書社，1986 年。

175.《中國歷史地圖集》，譚其驤主編，北京：中國地圖出版社，1987 年。

176.《清人文集地理類彙編》，譚其驤主編，杭州；浙江人民出版社，1988 年。

177.《中國文學中所表現的自然與自然觀》，〔日〕小尾郊一著，邵毅平譯，上海：上海古籍出版社，1989 年。

178.《中國文學家大辭典》（先秦漢魏晉南北朝卷），曹道衡、沈玉成撰，北京：中華書局，1996 年。

179.《北魏佚書考》，朱祖延撰，鄭州：中州古籍出版社，1985 年。

180.《漢唐方志輯佚》，劉緯毅輯，北京：北京圖書館出版社，1997 年。

181.《古佚書輯本目錄》，孫啟治、陳建華編著，上海：上古籍出版社，1997 年。

182.《魏晉南北朝文學論叢》，周勳初撰，南京：江蘇古籍出版社，1999 年。

183.《余嘉錫說文獻學》，余嘉錫撰，上海：上海古籍出版社，2001 年。

184.《漢唐間史學的發展》，胡寶國撰，北京：商務印書館，2003 年。

185.《中古文學史料叢考》，曹道衡、沈玉成撰，人民文學出版社，2003 年。

186.《中西交通史料彙編》，張星烺、朱傑勤編，北京：中華書局，2003 年。

187.《四庫提要辨證》，余嘉錫撰，昆明：雲南人民出版社，2004 年。

188.《中國學術思想史論叢》（卷三），錢穆撰，合肥：安徽教育出版社，2004 年。

189.《關中佚志輯注》，陳曉捷輯注，西安：三秦出版社，2006 年。

190.《劉咸炘學術論集》（史學編），劉咸炘撰，黃曙輝編校，桂林：廣西師範大學出版社，2007 年。

191.《蜀志類鈔》，王文才、王炎編著，成都：巴蜀書社，2010 年。

192.《魏晉南北朝佛教地理稿》，嚴耕望撰，李啟文整理，上海：上海古籍出版社，2007 年。

193.《敦煌石室地志殘卷考釋》，王仲犖撰，鄭宜秀整理，北京：中華書局，2007 年。

194.《新出魏晉南北朝墓誌疏證》，羅新、葉煒編著，北京：中華書局，2005 年。

195.《漢魏南北朝墓誌彙編》，趙超撰，天津：天津古籍出版社，2008 年版

196.《六朝政區》，胡阿祥、張文華撰，南京：南京出版社，2008 年。

197. 《晉唐兩宋行記輯校》，李德輝輯校，沈陽：遼海出版社，2009 年。

198. 《早期絲綢之路文獻研究》，余太山撰，上海：上海人民出版社，2009 年。

199. 《敦煌古籍敍錄》，王重民撰，北京：中華書局，2010 年。

200. 《道藏源流考》，陳國符撰，北京：中華書局，2012 年。

201. 《中國行政區劃通史》（三國兩晉南朝卷），胡阿祥、孔祥軍、徐成撰，上海：復旦大學出版社，2015 年。